VIAGEM ASTRAL

Mme ERNEST BOSC

VIAGEM ASTRAL

Vinte noites consecutivas de desprendimento consciente

Tradução:
E.P.

EDITORA PENSAMENTO
SÃO PAULO

Título do original:
Voyage en Astral

MCMLXXVIII

EDITORA PENSAMENTO

Rua Conselheiro Furtado, 648, fone 278-4811, 01511 S. Paulo, SP.

Impresso no Brasil
Printed in Brazil

SUMÁRIO

AO LEITOR

É preciso ser louco, audacioso, presumido ou pedante para escrever em nossos dias! Depois de tantos mestres de natureza variada, de gênio tão fecundo, que resta por fazer que já não tenha sido feito? Que resta por dizer que já não tenha sido dito?

GUY DE MAUPASSANT

Como o exprime muito bem esta epígrafe, é muito difícil, senão impossível, produzir hoje algo de novo e original em literatura e, particularmente, em romance.

Todos os gêneros foram tratados com talento, e tivemos, alternadamente, o romance histórico e militar, de capa e espada, o romance sentimental, psicológico, aristocrático, democrático, patriótico, o romance filosófico, místico, religioso, profano, o romance clássico, simbólico, realista ou naturalista, o romance decadente, etc.

Aí estão vários gêneros, e o escritor que pretendesse sair das vias antigas, sendas já traçadas, provaria certamente sérias dificuldades. De todos os gêneros de romance, o que goza atualmente a preferência do público é o romance naturalista.

A escola realista ou naturalista pretende, como as testemunhas diante do tribunal, dizer a verdade e nada mais que a verdade!

Ora, muitas vezes a vida real não poderia ser exposta inteiramente no livro, no romance. A imagem exata da vida é, o mais das vezes, demasiado feia e algumas vezes parece falsa, apesar do talento do escritor.

Por isso o autor que, sob pretexto de realismo, não se elevasse acima da vida real, não poderia ser um artista, pois, segundo Bacon: a arte é o homem somado à natureza. **Homo additus naturae**!

Ora, a escola naturalista pretende mostrar-nos a fotografia escrita da natureza, a vida banal fotografada!

Seria mil vezes preferível dar ao leitor visões sintéticas, empolgantes e completas, de uma realidade imaginada e, portanto, mais surpreendente, pois podemos ser verdadeiros dando a ilusão completa da verdade por um encadeamento lógico dos fatos referidos.

Os grandes artistas são ilusionistas verdadeiros, quando nos colocam em sua aura para nos mostrar o que urdiu sua imaginação, esta "louca do lar" *; em resumo, o que vê o gênio do artista. Os naturalistas estão pois muito distanciados da arte. Ora, em nossos dias, sob o pretexto de naturalismo, um grande número de autores descambou na pornografia; é o gênero de maior furor no momento, sendo, aliás, muito lucrativo.

O escritor tem, entretanto, outra missão a cumprir. O que importa é que nos obrigue a refletir, a pensar, a compreender e a explicar o sentido profundo e filosófico que está muitas vezes oculto nos acontecimentos da vida.

O escritor digno deste nome deve conhecer os homens e as coisas, o mundo e o universo; deve conhecê-los bastante para tirar deles um conjunto de vistas e observações que possa levar seus leitores a refletir.

Mencionamos um grande número de gêneros de romance. Há um todavia pouco conhecido, mas que começa a chamar a atenção — é o Romance Esotérico previsto por Théophile Gautier com **Espírita**; por Georges Sand com **Espiridião**; por Bulwer Lyton, com **Os Últimos Dias de Pompéia** e, sobretudo, com **Zanoni**.

Estes últimos romances entram na via esotérica inaugurada por Balzac, com Louis Lambert, Seraphita, francamente atacada por Sar Péladan, com a sua série de volumes sobre a decadência latina.

Faz igualmente parte desta família o romance que apresentamos ao público, e que poderia muito bem dispensar padrinhos, pois recomenda-se por si mesmo, por seu valor, e disso o leitor poderá se convencer.

Viagem Astral, bem escrito e demoradamente pensado, é um romance esotérico, mas essencialmente clássico por sua forma, estilo, composição e, sobretudo, pela matéria de que trata.

Dir-se-ia que a autora, escrevendo sua obra, esforçou-se para que saísse da banalidade da maioria dos romances atuais, muito estimados todavia.

(*) Expressão familiar com que os franceses designam a "imaginação". (N. do T.)

Tentou com êxito um novo caminho, pouco franqueado, poderíamos mesmo dizer ainda não franqueado, mas que não tardaria a sê-lo.

Apresentamos, pois, um romance interessantíssimo, sem, todavia, ser de capa e espada; habilmente construído de forma a tornar uma aventura cada vez mais empolgante, à medida que a ação se vai desenrolando e caminhando para o desfecho.

A habilidade do plano desta obra consiste na reunião de fatos numerosos, narrações, histórias cheias de encanto ou de tristeza, de alegrias ou lágrimas. O que confere a esta obra um alto interesse é que ela mostra — com realismo — ao mesmo tempo o avesso e o direito da Humanidade; ela apresenta a alma humana pensando, o mais das vezes, diferentemente daquilo que manifesta em palavras.

A **Viagem Astral** estuda a vida humana sob aspectos muito diferentes, o dos sentidos físicos e o dos sentidos psíquicos. Mostra a alma humana despida, e tanto o libertino como o homem honesto se desnudam por si mesmos e sem o saberem, portanto, de modo franco e livre de preconceitos.

Este romance não foi escrito somente para o pensador e para o filósofo, pois comporta vários sentidos: um **inteligível** para a maioria dos leitores, outro, **iniciador** para o estudante de ocultismo; enfim, o sentido **esotérico**, ou oculto, para o iniciado, para o que conhece os Arcanos da Arte Sagrada da Doutrina Esotérica.

A composição é digna de nota, no sentido de que, em lugar de erigir sua obra sobre dados mais ou menos vulgares, fazendo-a repousar, por exemplo, num elemento único, digamos a palavra, sobre um só fio, digamos a intriga, a escritora compôs sua obra de sutilezas, de observações, de sentido dúplice, de subentendidos espirituais que passarão talvez despercebidos para muitos leitores, porém, que o leitor espiritual e delicado — o artista — compreenderá e apreciará. Enfim, como deveriam ser todos os romances, a **Viagem Astral** é uma obra eminentemente instrutiva para todos os tipos de leitores. Nem poderia deixar de sê-lo, pois o romance que não é instrutivo deve forçosamente corromper o leitor para o interessar.

As paixões, as fraquezas, todos os ridículos da vida estão apresentados aqui com muito vigor, nitidez e franqueza para instruir mesmo as almas fracas, mas não para as tentar!

Pois se este romance mostra os vícios inerentes à natureza humana, sobretudo os de uma sociedade decadente, não naturaliza demasiado, como certos romances que tão marcantemente objetivam o vício, que o animam, por assim dizer, e o tornam antes apreciado que odiado pela maior parte dos leitores. É por isso que achamos perigoso para a pureza da alma e do espírito o romance que expõe e esmiúça todas as brutalidades, todas as torpezas da vida.

A maior parte dos romancistas contemporâneos, embora tenha escrito obras cuidadosamente estudadas, perfeitas mesmo, do ponto de vista literário, nos mostra pessoas com as quais não desejaríamos privar; por isso podemos dizer com razão que os que lêem tais obras não levam nenhuma vantagem sobre os sujeitos descritos em tais romances obscenos, e que os autores sádicos transformam assim em instrumento de desmoralização o romance, isto é, o livro feito por excelência para instruir e moralizar as massas e, amiúde, o romance é pois a escola do escândalo em vez de ser exemplo de moralidade.

A **Viagem Astral** é o oposto: um livro instrutivo, moral, filosófico e, apesar disso, não contém prolixidades nem estirões que fatigam e entediam o leitor.

Podemos mesmo dizer, sem exagerar, que ele dá aos leitores tudo o que o espirituoso Guy de Maupassant julga que grupos numerosos de leitores reclamam, gritando ao escritor: *

— Consolai-me.

— Recreai-me.

— Entristecei-me.

— Enternecei-me.

— Fazei-me rir.

— Fazei-me fremir.

— Fazei-me chorar.

— Fazei-me pensar.

Apenas alguns espíritos de elite dizem:

— Apresentai-me alguma coisa de belo na forma que mais vos convier, segundo o vosso temperamento.

Não receamos afirmar que a **Viagem Astral** consolará, recreará, entristecerá, enternecerá, fará rir, fremir, chorar, pensar a generalidade dos leitores; que espíritos delicados acharão belo em sua forma original este romance esotérico.

(*) Em **Pierre e Jean**, pág. VII.

Ainda uma observação, para finalizar:

Muitos leitores pouco versados em esoterismo poderão dizer: mas, afinal, tudo isto é tão fantástico, que não lhe poderemos dar crédito!

A estes respondemos que tudo o que se encerra no volume é absolutamente verdadeiro; que todos os fatos relatados nele são absolutamente autênticos, vividos, e teremos o cuidado de lhes lembrar que o verdadeiro pode, algumas vezes, não ser verossímil.

J. Marcus de Vèze

Nice, 15 de março de 1896.

PRÓLOGO

Henrique e eu estávamos ligados desde a infância por uma afeição fraternal; nascidos ambos de famílias, da mesma classe, de posição econômica e social mais ou menos semelhante, nossos pais se visitavam diariamente, em virtude da conformidade de seus gostos, de suas opiniões religiosas e políticas.

Ambas as famílias formavam, pois, um meio harmônico onde nossas almas desabrochavam em uma atmosfera de paz e de amor. Henrique era dois anos mais moço do que eu; tinha duas irmãs e um irmãozinho, o mais novo da família. Este menino era franzino, mas de uma inteligência precoce; desses meninos que causam admiração pela justeza de suas reflexões e de suas respostas e sobretudo pela maturidade temporã de sua razão.

Em minha família eu era o mais velho e o único filho, de muitos irmãos e irmãs que tinham morrido em tenra idade. Uma irmãzinha, vinda tardiamente, era objeto de adoração de todos nós, e Henrique já a chamava sua **mulherzinha,** embora tivesse, na época de seu nascimento, quatorze anos.

A casa de Henrique era muito próxima da nossa; seus pais receberam-na como herança de uma velha parenta afastada. Na frente da casa havia um grande jardim; ao norte da casa uma velha igreja, subtraída ao culto no tempo da Revolução, servia desde então de depósito de tonéis vazios. Como não tínhamos jardim, contíguo à nossa casa, o de Henrique tornara-se o ponto favorito de nossos brinquedos: por isso posso dizer que passei ao seu lado uma grande parte de minha infância; juntos tomamos as nossas primeiras lições.

Quando nossos pais se reuniam para longos serões de inverno, se adormecíamos à mesma hora, deitavam-nos ambos no mesmo leito e ficávamos encantados ao despertar por nos acharmos um ao lado do outro. Éramos irmãos pelo coração. Uma união tão perfeita constituía uma rara felicidade sobre a terra; por isso mesmo, não poderia prolongar-se!...

Bateu a doença à nossa porta, e a morte à de meu amigo; seu pai morreu quase subitamente; estávamos então no colégio, onde terminávamos agradabilíssimos estudos, tendo cedo recebido excelentes exemplos de nossa família, assim como uma sábia direção em nosso desenvolvimento intelectual; instruir-nos, alargar nossas percepções não foi nunca para nós uma ocupação desagradável ou penosa. Henrique e eu andávamos juntos, nossos gostos e aptidões eram semelhantes, mas eu era intelectualmente menos ativo do que ele.

Quando meu amigo perdeu o pai estava no fim dos seus quinze anos. Nesta idade crítica para o adolescente, não pôde resistir ao abatimento de sua tristeza e caiu perigosamente doente, sendo que longos meses se passaram antes que os médicos pudessem dar à pobre mãe a esperança de conservar seu querido filho.

Henrique recuperou, todavia, a saúde, pelo menos aparentemente, mas sua mãe não julgou prudente que continuasse os estudos, primeiro para poupar suas forças físicas, depois para auxiliá-la na direção da família, cuidando de suas numerosas propriedades territoriais.

Dali por diante, Henrique devia desempenhar o ofício de pai de família, e representou o seu papel com todo o devotamento e toda a gravidade de um homem maduro. Não pertenceu mais a si, mas deu-se inteiramente aos seus. Nossa correspondência o confirma: eu tive que deixar minha cidade natal para seguir a carreira de engenheiro, à qual me induzira meu pai. Parti, pois, para Paris a fim de entrar na Escola Politécnica, onde segui os cursos durante dois anos, no fim dos quais saí classificado em terceiro lugar, o que me permitiu entrar na Escola de Minas e obter meu diploma de engenheiro.

Mantive com meu amigo Henrique uma correspondência bastante longa, durante minha permanência em Paris. Esta correspondência, que eu conservei e que releio muitas vezes, patenteia o que era este coração de elite, que considerava a abnegação e o devotamento completo como algo natural que não sofria restrições. Todas as vezes em que retornava à família por ocasião das férias anuais, achava Henrique sempre terno e afetuoso para mim. Por este motivo passava grande parte das minhas férias ao lado do meu amigo, acompanhando-o às suas propriedades rurais onde velava, como verdadeiro pai de família pelos bens dos seus. Fazíamos juntos longos passeios a cavalo, durante os quais eu lhe fazia minhas confidências de moço. Ele zombava amavelmente de minhas pretensiosas conquistas e acabava sempre por me dizer:

— Tu te divertes por nós dois.

Um dia eu lhe disse: — Admira-me não teres em tua idade iguais confidências a fazer-me.

— Ah, meu caro Roberto, respondeu ele, eu sou casto por força das circunstâncias, talvez por temperamento. Além disso, os amores fáceis repugnam minha delicadeza e meu amor-próprio. Qualquer grosseirão cujas mãos, embora sujas, estejam cheias de ouro será sempre preferido ao cavalheiro que se recusa a falar ou agir como um patife com esses traficantes do prazer; de resto, não penses que eu tenha conservado minha inocência batismal; gozei do amor físico o bastante para saber quão pouco vale. Se eu fosse o mais novo da família teria voluntariamente abandonado a minha parte de herança a meus irmãos para ingressar nas Ordens, mas a Providência resolveu de outro modo.

— Espero, todavia, meu caro Henrique, disse-lhe eu, que perpetues o belo e nobre nome que tens; tua mãe deseja ardentemente que faças logo a escolha de uma esposa.

Henrique sorriu tristemente e respondeu:

— Não me casarei jamais senão com uma pessoa: tua irmã. É ainda jovem demais mas eu espero os seus dezoito anos. Então, se os meus trinta e dois não a atemorizarem, ela se tornará Condessa de Montzag. Se não, eu me consagrarei para o resto da vida às minhas sobrinhas e meus futuros sobrinhos, os quais procurarei aproximar de teus filhos futuros... Casa-te logo, meu caro Roberto, a vida de rapaz, principalmente nas grandes cidades, é cheia de perigos de toda espécie e a alma se enfraquece ao contato das mulheres galantes, que matam os bons sentimentos e afastam os jovens sistematicamente, das puras afeições familiares.

Isto, caros leitores, vos dá a prova da precoce sabedoria de meu amigo. Embora fosse mais moço do que eu, tornara-se meu mentor, e tão doces eram suas admoestações, que eu cortei, em tempo, todos os liames frívolos que impediam o adiantamento de meus estudos.

Passaram-se alguns anos. Saí da Escola das Minas com o meu diploma de engenheiro e uni-me, nesta qualidade, a uma sociedade mineira de cobre, do Chile.

O engenheiro-chefe, impedido, pela convalescença de uma grave doença, de fazer o reconhecimento do estado da escavação de uma mina recentemente adquirida, encarregou-me de substituí-lo nesta inspeção.

Depois de breve estadia em T., minha cidade natal, despedi-me dos meus e da família de Henrique para me dirigir a Santiago. Meu amigo despediu-se, comovido, de mim, e fez-me as melhores recomendações, felicitando-me calorosamente pela estréia de minha carreira.

Eu devia ficar ausente durante cinco ou seis meses no máximo. Prometi a Henrique cuidar do matrimônio quando voltasse, a menos que, acrescentei sorrindo, os belos olhos de uma americana não me obriguem a casar na América.

— Por isso não, protestou Henrique. Um francesa tem mais valor: é a mulher que reúne as qualidades das outras mulheres e não tem defeitos além dos seus próprios, e se estes são algumas vezes numerosos, ela os atenua pelo seu encanto natural. Demais, a francesa bem-educada leva a palma a todas as mulheres. É esta pelo menos minha opinião...

Abracei-o tristemente, prometendo-lhe escrever muitas vezes; porém, no momento em que o trem começou a andar e eu fazia os últimos acenos de despedida àquele que eu estimava como a um irmão, apertou-se fortemente o meu coração sem que eu pudesse compreender o motivo. Não o compreendi senão alguns meses mais tarde: era um pressentimento de nossa separação na terra.

Desde minha chegada à América enviei notícias à família e a meu amigo. Enviei-lhe uma carta relatando-lhe minuciosamente com entusiasmo de jovem, as peripécias de minha viagem, sobretudo as da travessia, bem como o novo meio em que eu habitava. Contava-lhe que estava bem e gozava de plena liberdade.

Dirigira-me ao meu posto, orgulhoso por estar revestido de um encargo de alta confiança, e preocupava-me seriamente em cumpri-lo com inteligência, atividade e exatidão.

Distração e trabalho expulsaram logo da memória o pressentimento penoso de minha partida. Além disso, Henrique, pela alegria e vivacidade de suas cartas, não me deu oportunidade de relembrá-lo.

No fim de minha permanência na América, duas de minhas cartas ficaram sem resposta. Eu julguei que uma delas se havia extraviado, ou que meu amigo Henrique, preocupado com seus múltiplos afazeres, não se apressava em respondê-las. Notei, além disso, que meu pai — tutor da família — e que via diariamente meu amigo, não me fazia, como de costume, em suas cartas, alusão a qualquer incidente ocorrido à família, sabendo quanto me interessava tudo que dizia respeito ao meu amigo. Fiz-lhe esta observação. Foi minha mãe quem respondeu à minha interrogação, dando-me uma explicação ambígua.

Neste entretempo eu tivera um sonho horrível: era uma noite de sábado, a 18 de março. Deitei-me cedo, fatigado, oprimido; achei que isto era devido ao dia que passara na mina e nos arredores, mas na verdade pesava sobre mim angústia inexplicável. Adormeci logo e vi em sonhos Henrique, pálido e abatido, deitado de costas sobre as águas de um rio impetuoso e fazendo-me com a mão o mesmo sinal de adeus que fizera por ocasião de minha partida de T. Apenas os olhos pareciam vivos, olhando com serenidade angélica o sombrio firmamento pontilhado de estrelas. Quis lançar-me para ele julgando que ia afogar-se, porém, este esforço mental me despertou.

Eu estava oprimido pela tristeza... ela persistiu por muitos dias. Enfim o meu trabalho terminou e eu me apressava a voltar à Europa, inquieto pelo estado de saúde de meu amigo. Por uma carta expressa recebi a notícia: **gravemente enfermo.**

Meu pai me esperava, só, na estação de T. Atirei-me chorando em seus braços, pois lera nos olhos deste excelente pai que meu amigo, meu irmão, nos havia deixado. Perguntei-lhe em que dia o fizera.

— Dezoito de março, às nove horas da noite... Falou de ti até os últimos instantes; adormeceu na morte como um sábio ou um santo, dizendo adeus a todos os que lhe eram caros.

Estas últimas palavras de meu pai me fizeram recordar subitamente que, em várias discussões sobre o problema da vida futura, Henrique me assegurava que tinha sobre o assunto uma convicção firme: que a morte era apenas um desdobramento do ser, persistindo a parte imortal ainda mais viva que em sua união com a parte material, de que a morte a desembaraça e que, certamente, não apenas os sentimentos sinceros persistiam como também tomavam uma forma invisível; enfim, que os corações que se amam, se tornam ainda mais ternos. Conhecendo menos que ele o espiritualismo, não podia partilhar inteiramente da sua fé no além-túmulo.

Entretanto, tínhamos prometido que daríamos um ao outro uma prova desta existência depois da morte.

Henrique tinha acrescentado: "Penso que não direi **adeus** aos meus entes queridos, mas sim **até logo**, pois tenho certeza de que..."

Impressionado pelas últimas palavras de Henrique, conservei-as na lembrança e fiquei persuadido de que meu amigo não tardaria a cumprir sua promessa. Esta esperança abrandou consideravelmente meu pesar; tinha mesmo, para consolar sua mãe e sua família, expressões de fé ardente, de religiosa resignação que causariam admiração a todos; minha mãe, que era muito piedosa, pensou que a alma de Henrique influenciava a minha e que doravante eu a imitaria.

Alguns dias dedicados à felicidade de me encontrar em família, depois de uma longa ausência, passaram depressa.

Voltei a Paris, onde reencontrei, com alegria, os mesmos conhecidos e esse meio tão animado, tão intelectual, que só existe nesta cidade.

Não obstante o trabalho e as distrações, ficou sempre viva em meu coração a imagem do amigo desaparecido; e eu esperava, todavia, com um pouco de impaciência, a prometida visita...

Mas ele não vinha... Eu me impacientava; ia até acusá-lo de esquecimento porque sua querida imagem não me aparecia em sonhos para me consolar de sua ausência. Eu estava profundamente desesperançado.

Uma senhora amiga de minha família, em cuja casa eu costumava fazer meus serões e a quem, com prazer, falava de Henrique, escutava-me sempre com benevolência, sobretudo quando lhe falava de nossa rara amizade.

Um dia ela me disse:

— Meu caro Roberto, por que não tentais evocar a sombra de vosso amigo, por intermédio de médiuns? Dizem que é possível. Agora me lembro: tenho por vizinha uma senhora idosa, da alta sociedade, que se preocupa há muito tempo com esse gênero de estudos; ela reúne em sua casa, em certos dias, várias pessoas de seu conhecimento, convida uma excelente médium tiptóloga, a Sra. Royer, com quem obtém maravilhas; foi, pelo menos, o que ela me disse, convidando-me muito gentilmente para assistir a essas sessões espíritas. Tenho sempre me desculpado por não comparecer, pois não me sinto inclinada a conversar com defuntos, sem dúvida porque a Providência, havendo-me conservado até hoje os seres que amo, não me fez provar, como a vós, a necessidade de sondar os mistérios do outro mundo. Mas para vós, meu caro Roberto, eu solicitaria à Sra. Delandre admissão em seu **Círculo de Experiências** como ela lhe chama.

Agradeci à minha encantadora anfitriã observando, todavia, que tinha minhas dúvidas a respeito de médiuns pagos.

— Oh! retrucou ela, sou da mesma opinião; porém, há, entre as pessoas que fazem parte do círculo, duas senhoras, excelentes videntes, que vos podem ser úteis.

Concordei, agradecido.

Alguns dias depois desta conversa, recebi da Sra. Curtier um pequeno comunicado prevenindo-me de que, com grande pesar seu, a Sra. Delandre, sua vizinha, partira para Dieppe, onde devia passar todo o verão; indicava-me porém o endereço de uma atriz, outrora célebre, que fazia reuniões muito freqüentadas por espiritistas.

"Não duvido, acrescentava, que achareis neste meio, se não o que procurais, pelo menos um passatempo agradável; muitos homens de letras fazem parte do grupo."

Fui muito bem recebido em casa desta atriz, a Sra. Ugde, que teve todo o empenho em chamar a atenção dos médiuns para mim. Não obtive absolutamente nada. Outros assistentes, ao contrário, pareciam muito favorecidos pelos espíritos e muito convencidos da presença dos seus entes queridos. Eu não era crente, diziam em torno de mim, eis por que não obtinha nada; ou então, era uma prova e, certamente, se eu persistisse ou comparecesse assiduamente às sessões, seria recompensado por minha perseverança.

Voltei, mas inutilmente; encaminhei-me à sede da Sociedade Espírita, à rua Lille, para obter algumas palavras que me introduzissem em outros grupos de diferentes classes da mesma Sociedade; porém, não fui mais feliz.

Entretanto, um dia, ao entrar em um salão, encontrei uma senhora que falava, aos que a rodeavam, deste gênero de fenômenos; disseram-me que era uma excelente vidente natural.

Narrei-lhe as minhas estéreis experiências feitas com perseverança para obter notícias de meu amigo e solicitei-lhe o favor de fazer uma nova tentativa para mim. Recolheu-se um instante, depois disse-me:

— Vejo um sentor de cerca de quarenta anos (deu sinais exatos: a inicial de seu nome é M, bem como a época de sua morte).

— Ah! exclamei. Não é o amigo que chamo; é seu pai com quem ele se parece muito. Mas por que Henrique não o acompanhou?

A dama escutou com atenção.

— Vosso amigo, disse ela, não pode ainda se manifestar, mas conhece vossos esforços para atraí-lo. Ele continua a estimar-vos. Cessai de evocá-lo, pois ele virá quando a hora soar.

Em seguida, através da benevolente intermediária, deu-me a sombra do Sr. M. circunstanciadas referências, que deram certa firmeza às minhas convicções.

Cessei as investigações e esperei, meio convencido, rever meu amigo.

Passaram-se meses. Travei conhecimento com um jovem amável e alegre, que me revelou fazer parte de uma sociedade de rapazes de sua idade, muito instruídos e versados nos mistérios da Cabala. Tinham reuniões muito restritas em que obtinham maravilhosas revelações do mundo **post-mortem**; algumas vezes, mesmo, os habitantes do mundo astral, ou melhor, os desencarnados, respondiam às suas intimações irresistíveis, e os espíritos elementares privavam com eles, muitas vezes sob formas hediondas para atemorizá-los; mas alguns, transformados em magos, não sei por que poder oculto, forçavam depressa esses maus espíritos a retomarem sua forma usual e obedecerem às suas ordens.

— Gostaria imensamente de ser apresentado aos vossos amigos, disse-lhe eu.

— Oh! Por isso não! Vinde ver-me amanhã mesmo, se quiserdes, às nove horas; moro perto da rua Lafayette, onde se fazem as reuniões.

Compareci pontualmente ao encontro. Interessei-me mas a sessão era semi-restrita e os espectros permaneceram invisíveis. Adquiri conhecimentos que abriram um novo horizonte ao meu espírito; comprei muitos livros e adquiri um famoso talismã, que nada operou, porque parece que eu não estava suficientemente instruído para possuir uma fé robusta, principal elemento para operar com tais objetos. Instaram comigo para que entrasse para a Sociedade, pois somente seus membros podiam fazer parte do grupo restrito, mas eu adiava esta vantagem, querendo, primeiro, esclarecer-me melhor por minhas leituras.

Pus-me então, sem **parti-pris** (pelo menos era o que eu supunha), a percorrer febrilmente muitas das obras volumosas ao meu alcance; queria aprender tudo ao mesmo tempo, tanto que introduzi no cérebro um amontoado de idéias desordenadas, aparentemente contraditórias, e que não levavam senão a uma enorme fadiga, com o único resultado de me desgastar com esta espécie de estudos. E não se podia esperar outra coisa; a muitos homens, embora inteligentes e letrados, deve ter sucedido o mesmo, por falta de método, de um progresso prudente neste vasto e maravilhoso domínio do misticismo.

Além disso, os cérebros europeus cheios de falsa ciência — hoje, ao escrever estas linhas, reconheço-o — e de preconceitos estreitos, quase pueris, são inadequados para armazenar concepções de ordem mais elevada.

Esta dificuldade de conceber noções mais justas de nossa natureza, assim como do meio em que vivemos, é certamente maior para os materialistas do que para os adeptos de uma religião qualquer do globo. Estes, porém, aceitam ao pé da letra e levam em consideração mitos cheios de verdades vivas, pois os clérigos julgam prudente não divulgar a transposição, que o homem deve fazer em sua fé, do símbolo à realidade.

Fecho, porém, aqui o parêntese. Na época já longínqua de que falo, eu pensava e julgava como a maior parte dentre vós, por ignorar, dentre as ciências ocultas, as únicas que merecem este nome.

Pus de lado meus livros, que passei a considerar absurdos, por não poder compreendê-los, e, irritado contra seus autores, eu me afastava de sua seita.

Voltei para T., onde minha mãe necessitava de minha presença para, com meu pai, decidir o casamento de minha cara irmã Mina que, desde a morte de Henrique, recusara-se a fazer uma escolha entre os numerosos pretendentes que se lhe haviam apresentado.

Desta vez ainda, Mina não pôde decidir-se, mas aliou-se a meus pais para, juntos, me persuadirem a esposar uma de suas amigas, mais nova do que ela, Teresa Fontaine, que perdera a mãe há apenas um ano, e era filha única, rica, cheia de graça e encanto, gozando de boa saúde e de instrução esmerada, sem, todavia, trazer consigo esses diplomas com que os maridos, muitas vezes, têm que lutar. O que me teria feito pedir-lhe a mão, se no momento eu estivesse **apto a decidir-me**, seria a pureza angélica desta meiga criança, jóia mirífica que um homem aprecia descobrir na alma de sua esposa, descoberta que lhe dá uma felicidade insuspeitada pelo comum das pessoas. Eu disse a Mina:

— Dá-me o bom exemplo, talvez eu sinta então a vocação conjugal.

Eu pilheriava, mas intimamente sentia profunda tristeza, e a vida parecia-me um beco sem saída; minhas idéias, perturbadas por leituras apressadas, abriram uma brecha em minhas convicções católicas até então bem firmes, ainda que relegadas ao terceiro plano de minha consciência, e que certamente teriam reaparecido vivas e intactas nos anos da velhice, ou ao golpe de uma catástrofe...

Revelei à minha mãe o meu estado de alma e a causa que o provocara; contei-lhe minuciosamente todos os esforços que até então tentara para obter a realização do juramento de Henrique. Minhas confidências emocionaram minha boa e indulgente mãe; ela escutou-me com sua inesgotável bondade e, em vez de censurar-me, disse-me que exemplos de tais aparições, suposto que raros, tinham sido confirmados muitas vezes, mas que não era prudente provocá-los; que a Igreja, vedando a evocação dos mortos, agia sabiamente; que ela não via senão um meio por que pudese serenar minha alma: mandar dizer missas para o repouso da alma de meu amigo, sem dúvida aflita e atormentada pelo juramento imprudente que me fizera e do qual eu deveria dispensá-la.

No dia seguinte, eu assistia, com minha mãe e minha irmã, à missa que mandei dizer por intenção de Henrique. Havia muito tempo que eu não orava com tal fervor. "Cometi um grande erro — dizia a mim mesmo — por ter tomado à letra a promessa de aparecer-nos um ao outro depois da morte, sendo nós completamente ignorantes das leis do além-túmulo. Este breve instante de fervor deixou pouca impressão em mim, mas tendo perdido a esperança de rever Henrique neste mundo, deixei de lado ou releguei ao esquecimento todas as minhas experiências de emancipação intelectual; pensava, como a maioria, que a religião, interditando tais investigações além de nossos sentidos físicos, levantava uma barreira útil à razão humana.

Tinha vinte e oito anos e amava a vida. Era saudável de corpo e de espírito e meus negócios prosperavam; sentia-me feliz. Larguei velas para Citera, aonde me chamavam alguns amigos, encantados — diziam — por me verem, livre de minhas idéias malucas, retomar, enfim, a única orientação sensata para um homem jovem e robusto: a do prazer.

Deixei-me convencer facilmente, sendo natural nossa tendência para o mal. Tornei-me logo pior que meus amigos; tombei no pessimismo, mais desastroso ainda para a alma que o materialismo. Meu autor favorito era Schopenhauer, e suas obras, meus livros de cabeceira. Embebia o cérebro e o coração com suas enganosas máximas, e ria ao mesmo tempo de meus sentimentos cristãos, e principalmente de minhas tentações espiritualistas. Descuidei até mesmo de minha família, o que era fatal! Fui finalmente arrastado ao jogo... Foi uma decadência completa!

Ainda que meus honorários de engenheiro fossem elevados e a pensão que minha família me fornecia fosse mais do que suficiente para viver honradamente na alta sociedade parisiense, não tardei a recorrer a usurários, temendo dirigir-me a meu pai, cuja severidade era extrema, e que, além disso, já havia provido largamente às necessidades de minha situação.

Fiz mil e uma tolices para me embaraçar cada vez mais, esperando não sei o que para modificar o estado de minhas finanças. Sobreveio a doença, sem dúvida inesperada, pois jamais sofrera a mínima indisposição. Meus antepassados me haviam legado um sangue puro, assim com uma constituição robusta.

Era pois culpa minha se a doença me abatia, o que sem dúvida reconheci com prazer, agradecendo à minha querida mãe os assíduos cuidados que ela me prodigalizou; por isso o perigo real foi prontamente afastado, mas, em compensação, minha convalescença foi demorada e dolorosa. Foi no fim desta convalescença que um grave acontecimento veio mudar totalmente a direção de minha vida, matando em mim o velho homem; nele, leitores amáveis, encontrareis a história que vos prometi, por ordem ou, antes, a conselho de meu irmão Henrique que finalmente cumpriu sua promessa!

I

A convalescença de uma grave enfermidade que levou o doente às portas do túmulo é um estado transitório cheio de encanto, sobretudo para as pessoas jovens, para as quais a vida promete ainda belos dias; é uma primavera que dá realce e gosto às coisas mais simples, às mais pueris. Sentem-se as mesmas sensações que um homem feliz experimenta ao entrar em sua casa depois de uma longa ausência, ao retomar seus menores hábitos, ao reencontrar nos lugares as mil ninharias queridas às quais atribui um valor até então ignorado. O céu parece de um azul mais intenso, a brisa, cheia de doçura, e o mais insignificante incidente da vida cotidiana é um acontecimento agradável e interessante.

Eu me encontrava nesse estado de preguiçosa beatitude em que o sonho disputa ainda à realidade a alma, cuja função consciente o mal interrompera. O meu pensamento não se fixava por muito tempo em nada, eu me sentia facilmente cansado. O passado me parecia bem longínquo, para sempre sepultado sob um amontoado de nuvens cinzentas; quanto ao futuro, não me preocupava: eu via tudo róseo depois que as forças me voltavam. Devo confessá-lo? A recordação de meu amigo, até então tão viva, aos poucos se desvanecia da minha memória. O doente habituado aos cuidados constantes que sua cura exige, vendo-se objeto das atenções constantes de todos à sua volta, facilmente se torna egoísta, mesmo que não possua tal defeito, estando são.

Certa noite despertei subitamente, mais ou menos às onze horas. Ouvira um leve ruído em meu quarto, onde durante tantas noites haviam velado por mim. Tendo-se apagado a minha lamparina antes da hora, supus que minha mãe viesse acendê-la. O rumor era semelhante ao ruge-ruge do vestido de seda que minha mãe vestia habitualmente.

— Sois vós, minha cara mãe? perguntei. Como sois boa por vos incomodardes por tão pouca coisa; eu mesmo poderia, sem qualquer fadiga, acender a lamparina...

Não recebi resposta! As minhas idéias ainda não eram muito claras; procurei a caixa de fósforos às apalpadelas, acendi a lamparina, abaixei a cortina do leito e fechei os olhos, sem conseguir, contudo, dormir.

De repente, o mesmo ruído que eu ouvira antes, fez-se ouvir de novo, mais distinto, porém, do que da primeira vez; o ruge-ruge de um tecido bem engomado pareceu tocar o meu leito. Reabri os olhos para me certificar da origem desse ruído anormal, mas encontrei-me mergulhado na obscuridade: a lamparina apagara-se de novo. Fiquei perplexo, mas como todo esforço de imaginação era um trabalho para meu cérebro, esperei, com os olhos muito abertos, se o ruge-ruge iria recomeçar. Nada aconteceu. Ocorreu-me então que a gata predileta de Mina se introduzira num armário e que, à aproximação do parto, improvisara entre a minha roupa um leito confortável para seus gatinhos. Eu participava do amor de minha irmã pela gata, a Riri, e prometi a mim mesmo não expulsá-la do lugar que ela escolhera. Pediria apenas à minha irmã que retirasse os objetos que pudessem se estragar.

Mal eu tomara essa resolução, um sopro ligeiro me roçou a fronte e depois um débil suspiro exalou-se perto de mim.

Ansioso, olhei na obscuridade profunda do quarto e vi uma brancura láctea, de forma irregular, flutuando a um metro acima do assoalho. Depois, aos poucos essa nuvem vaporosa foi tomando a forma humana até que, numa luz mais viva, Henrique me apareceu, tal como ele era no dia de nossas últimas despedidas.

Ainda que perfeitamente reconhecível, sua fisionomia estava diferente.

Não sei que luz interior lhe transfigurava o semblante e lhe dava uma beleza angélica; embora conservasse a forma humana, ela já não era feita da substância de outrora. Apenas o tronco se destacava dessa brancura láctea.

— Henrique, exclamei, transportado de alegria. Enfim!

E estendi as mãos para prendê-lo, mas a forma se esquivou.

— Sim, sou eu, respondeu o meu amigo, mas com voz tão débil, que me admirei de poder ouvi-la.

— Sou eu que não pude mostrar-me a teus olhos antes desta noite, embora tenha visitado várias vezes a tua casa, pois contribuí, com meus cuidados, para o teu restabelecimento...

— Quê? Tu me seguiste na vida? Tu sabes, pois?...

— Sim. Eu sei tudo, tornou Henrique, acenando com a mão para que me calasse. Conheci teus esforços, tuas dúvidas, deplorei teus erros, o mau uso que fizeste de tua liberdade, deixando-te convencer pelas opiniões materialistas, que fariam recuar a Humanidade até a barbárie, se almas corajosas e devotas não viessem, por enégicos esforço, sustar o mal que Satã sopra na Humanidade, nos nossos dias mais do que outrora, pois é chegado o fim de uma idade: aquela em que a raça humana deve lançar-se em uma nova corrente. O momento é crítico, decisivo; o inimigo do gênero humano redobra a sua astúcia, e numerosas são as armadilhas a que ele expõe os homens. Não escapaste à epidemia moral que ameaça todo o globo. Feliz a crise que te forçou a deixar o meio deletério no qual deleitavas a tua bestialidade, esquecido da família; e eu — acrescentou sorrindo tristemente — não podendo cumprir minha promessa, por motivos que te confiarei mais tarde, enviei um irmão espiritual que fez o possível para desviar o teu espírito dos prazeres corruptos da juventude atual, prazeres todos superficiais, onde a vaidade impera. Em vão esse protetor invisível te impeliu para o estudo dos místicos de todas as escolas, a fim de te levar a fazer uma escolha entre eles. Julgavas o esforço penoso demais e, depois de um exame mais do que superficial, classificaste de absurdos os dados filosóficos que possuem em seu sentido oculto (esotérico), a soma de verdade de ciência acessível ao homem, única que pode elevá-lo à liberdade real, ao seu verdadeiro Criador.

Caíste num erro, infelizmente muito comum. Viste de perto os homens que, neste fim de século, despertaram, levados por um impulso providencial, a atenção do público para essas doutrinas, através da publicação (muitas vezes onerosa para eles) de obras que se propunham a tornar compreensíveis, para os intelectuais indiferentes, as grande verdades até aqui restritas aos **GRANDES INICIADOS.** Supuseste charlatães ou mistificadores aqueles homens por terem muitas das tuas fraquezas, em desacordo com os altos ensinamentos que professavam!... Pobre Roberto, ignoras que as idéias do homem participam da natureza dos anjos, e seus atos, da condição animal. Além disso, quase sempre não passamos de instrumentos, mais ou menos devotados, mais ou menos destros ao serviço de vontades diretoras, invisíveis aos nossos olhos e, contudo, ativas em um meio mais etéreo. Julga a obra, meu irmão, mas abstém-te de julgar o autor!

O meu amigo levou apenas alguns instantes para dizer o que precede. Compreendi então que ele não falava e, no entanto, eu lhe percebia o pensamento. Isso explica a rapidez com que eu compreendia o seu pensamento.

— Ah! meu caro Henrique, eu seguirei teus conselhos, mas, por favor, não me abandones. Oh! volta, volta, eu te suplico; sinto minha fraqueza e me arrependo de haver malbaratado o tempo que deveria ter dedicado à elevação de minha alma e ao alargamento de minhas concepções! Henrique, eu me tornarei um apóstolo dessas verdades desconhecidas, o auxiliar devotado e impessoal desses seres superiores de que falas...

E, exaltando-me demasiado, acrescentei:

— Sim, eu rompo para sempre com essa sociedade enganadora, com seus costumes e suas máximas que o inferno sugere aos homens para fazê-los perder de vista o fim único de suas vidas: a salvação. Vou deixar Paris, instalo-me aqui, caso-me com Teresa Fontaine.

— Vamos, vamos! disse Henrique, acalma-te. Espera que eu te erga mais largamente o véu, explicando-te o significado dos principais símbolos; quando conheceres melhor o caminho a seguir para servir eficientemente a verdade, será tempo de tomar uma resolução.

— Em primeiro lugar não desposarás Teresa; o tempo em que este casamento poderia se realizar já passou. Vou imprimir à tua vida uma nova direção, além de que a da senhorita Fontaine recebeu do destino um desvio do traçado primitivo. A morte da mãe deixou-a sem defesa contra a investida dos satânicos que têm por auxiliares os infernais. Eu te explicarei isso em outra oportunidade. A governanta da pobre Teresa é uma infernal... Tu o verás, de resto, numa de tuas saídas astrais.

— Minhas saídas astrais? interrompi com surpresa. Que queres dizer, meu irmão?

— Espera. Não posso explicar-te tudo ao mesmo tempo. Saibas somente que eu tornarei para conversar contigo, e que, juntos, faremos um grande número de excursões curiosas e instrutivas, para te iniciares prontamente na grande vida misteriosa da qual a existência terrestre não é senão uma manifestação particular, sofrendo efeitos que lhe são estranhos e produzindo inconscientemente coisas que devem modificar, para bem ou para mal, a vida da futura Humanidade. Quando tua vista estiver assaz desenvolvida para olhar sem sofrimento nem receio um raio da verdade total, só então poderás decidir-te, com certa possibilidade, a alcançar sem desfalecimento o caminho de abnegação, no qual tuas faculdades e tua força de alma te permitem seguir...

A figura de Henrique pareceu aumentar; seus olhos de um azul cinzento tinham um brilho que eu não podia sustentar. Seria o meu amigo, ou era um semideus que me falava?

Ele se calou por um momento.

— Roberto, prosseguiu, guarda silêncio sobre nosso colóquio, mas reflete a respeito de nossa conversa. Finda a tua convalescença, eu voltarei para te dar instruções para a nossa grande viagem; nesse ínterim, retoma as obras abandonadas e, sem ires até à fadiga, faze todos os dias uma leitura substancial para a tua alma. Lê os Evangelhos, medita principalmente sobre o de São João, o apóstolo bem-amado, que, repousando sobre o coração de Jesus, compreendeu seu inextinguível amor pela Humanidade.

Atualmente a Literatura conta com numerosas obras que são poderosos veículos de iniciação às ciências herméticas, tais como: **Os Grandes Iniciados**, de Eduardo Schuré; **A Vida Perfeita**, de Maitland e Ana Kingsford; **O Mundo Oculto** e **O Budismo Esotérico**, de Sinett; as **Obras**, de Alber Jhouney e de Papus; **Como se Tornar Fada** e **Como se Fazer Mago**, de Sâr Péladan; as obras de J. K. Huymans e de Jules Bois; **O Segredo do Absoluto**, de Amaravella; as obras de Annie Besant e de sua mestra Blavatsky; sem esquecer os precursores dessa nova literatura, as obras de Fauvety de Eugène Nus, do doutor Gibier; **Louis Lambert** e **Seraphita**, de Balzac; **Zanoni**, de Bulwer Lytton; **A Alma e Suas Manifestações Através da História**, de Bonnemère; **A Psicologia Diante da Ciência e dos Sábios**, de Ernest Bosc; **Ísis sem Véu**, do mesmo autor; **O Poema da Alma**, de René Caillé; **As Crenças Fundamentais do Budismo**, de Artur Arnould; enfim as obras de Cláudio de Saint-Martin, de Michel, de Figanières, de Lady Caithnesse, de Eliphas Levi, do Abade Rocca, e nos opúsculos de menor importância: **Páginas Para Queimar**, de Lermina; **A Reencarnação**, do Dr. Pascal; **A Voz do Silêncio** e **A Luz no Caminho**, duas jóias teosóficas, etc. Após essas, tu poderás achar outras.

Penso que será mais útil, desde que ainda não estás completamente restabelecido, não tendo o teu cérebro recuperado a sua força normal e estando assim mais acessível, começar os estudos pelos livros recentemente escritos sobre o misticismo, o ocultismo e a Teosofia. Mais tarde abordarás os livros técnicos sobre a matéria.

Uma recomendação que eu te peço levar em conta: o excelente Dr. Marmon vai aconselhar-te, sob o pretexto de te fortaleceres, comeres bifes e suculentas fatias de carne de carneiro, etc. Pois bem, rejeita completamente este regime; alega a razão que julgares melhor, porém nada de carnes nem de vinhos, por melhores que sejam. Isto vai surpreender o bom doutor e contrariar os teus; não importa, faze tuas primeiras armas, resistindo sabiamente às observações que não faltarão para tentar convencer-te. Compreenderás mais tarde a obrigação que te imponho de uma alimentação vegetariana.

— Eis aqui, concluiu ele, fazendo-me aspirar, por não sei que processo, o conteúdo de um frasquinho, o que vai reparar as tuas forças.

Senti então um doce calor penetrar-me o peito e experimentei na língua um sabor frio e doce. Henrique beijou-me a fronte e desapareceu, deixando após si algumas luzes fosforescentes. Uma calma de deliciosa doçura espalhou-se sobre todo o meu ser e dormi um profundo sono.

Ao romper do dia, Gilberto, o velho criado de quarto de meu pai, entreabriu discretamente a porta do meu quarto para saber se eu tinha necessidade de seus serviços; embora acordado, fiquei imóvel e nada lhe disse. Rememorei tudo o que Henrique me havia dito, primeiro, para não me esquecer de nada; segundo, para conservar, tão intacta quanto possível, a sensação, até ali desconhecida, que o meu amigo me fizera experimentar. Retive de memória o menor gesto, a mínima expressão dessa querida aparição. Sentia-me de algum modo um homem diferente do que fora; demais, o contato desse ser querido me havia eletrizado, e minhas forças físicas haviam certamente aumentado. Eu não me movia, pois; Gilberto retirou-se na ponta dos pés e eu o ouvia dizer à minha querida mãe, que entreabrira a porta do quarto para saber como eu passara a noite:

— Ah! Senhora! O Senhor Roberto dorme ainda um sono tão calmo como o de uma criança; isto não lhe sucedera ainda desde que ficou doente.

— Louvado seja Deus, exclamou minha mãe. Gilberto, dizei à cozinheira para não fazer muito barulho.

Às nove horas, acompanhado pelo nosso excelente Dr. Marmon, meu pai entrou no quarto.

— Bem, meu filho, não te pergunto se passaste uma boa noite; Gilberto me assegurou que dormias ainda há uma hora. Aqui está o doutor, muito contente com a notícia!

— Sim, meu jovem amigo, acudiu o médico, é excelente esta volta ao sono normal; vejamos se ainda há febre; estamos no dia em que esta desagradável personagem costumava visitar-nos.

O médico tomou-me o pulso e continuou:

— Nada de febre. Afastai as cortinas para que lhe examine a língua e os olhos. Ah! os olhos! É neles que reconheço as melhoras de meus doentes, desde que os visite, a tempos. Oh! aqui estão uns olhos que brilham, não de febre, mas de saúde e mocidade. A língua está limpa. A convalescença caminha a passos de gigante, a ponto de parecer haver saltado as etapas comuns; dir-se-ia que durante o sono se operou um milagre. Podeis começar a dar-lhe vinho velho, a princípio misturado com um pouco de água, depois puro e em pequenos copos; carne assada, muito caldo. Deixai as tisanas, o apetite lhe virá mais depressa.

— Doutor, perguntou Mina, podeis permitir-lhe que se assente no terraço, sob o pavilhão?

— Como não? respondeu o médico. Ele está bom, completamente restabelecido. Que maravilhosos recursos possui a mocidade!

E apertando-me afetuosamente a mão:

— Roberto, não voltarei como médico, mas como amigo. Poupai as vossas forças, segui o regime que vos ordeno e dentro de quinze dias estareis de pé; em um mês podereis retomar vossos trabalhos de engenheiro.

E o médico despediu-se de mim.

No corredor da escada, eu o ouvi reafirmar sua admiração pelo rápido progresso de minha convalescença.

Levantei-me à hora do almoço, para assistir à refeição da família: todos estavam contentes; Mina, com sua voz doce e de belo timbre, não cessava de cantarolar as árias que muitas vezes havíamos cantado jutos. A nossa linda gata, embaraçada com a sua prenhez e já a ponto de parir, saltou sobre os meus joelhos, procurando por todos os modos e ronrons bem nutridos, manifestar sua alegria de me ver na sala de jantar, no meu lugar à mesa da família. Teria porventura se insinuado em seu pensamento que ela e seus filhotes, prestes a irromperem em nossa casa, teriam em mim mais um protetor? Ora, neste gênero de cálculos egoístas, os animais muitas vezes levam vantagem aos homens.

Ao entrar na sala de jantar, apoiado no braço de meu pai, senti o perfume de um assado apetitoso; não vos nego que achei o cheiro agradável e excitante e que, não fora a promessa feita a Henrique, eu teria considerado o assado com a gulodice peculiar aos doentes que vão recobrando a saúde. O que mais me contrariava, porém, não era a privação de um alimento até ali muito apreciado e, sim, a idéia de que eu iria inquietar toda a casa, de que se uniriam para tentar vencer a minha resolução de não tocar na vianda e de que, enfim, eu iria tornar triste essa pequena festa familiar.

Todavia, isto é necessário — disse comigo mesmo — tenhamos coragem... Esta manhã eu ouvi o médico dizer a minha mãe: "ele pode comer praticamente de tudo. Não o contrarieis".

Fortalecido pelo conhecimento dessa faculdade, que julgavam que eu ignorasse, cobrei ânimo e quando meu pai quis me dar o melhor pedaço do carneiro, recusei-o dizendo que não tinha nenhuma vontade de prová-lo: preferia legumes e outros pratos intermediários. Aconteceu o que eu previra, e até os criados antigos, considerados pessoas da família, protestaram contra a minha recusa.

Perseverei, baixando os olhos para resistir à tentação de ceder ante os olhares entristecidos pela minha determinação.

Minha mãe, porém, interveio a meu favor:

— É um capricho de doente. Se não lhe apetece o assado, não o contrariemos, conforme a recomendação do médico.

Recobrei ânimo. Somente a gata ficou a protestar com os seus miados. Atirei-lhe um pedaço de gigote e encerrou-se o incidente.

Puseram-me numa poltrona no terraço, a escutar a conversação dos meus.

Eu pensava em Henrique, ansioso para completar o meu restabelecimento para iniciar, em sua companhia, a estranha viagem de que me falara.

Segundo as previsões do Dr. Marmon, quinze dias depois, eu me senti bastante forte para fazer, todas as manhãs, entre as nove e as dez horas, um passeio de carruagem, acompanhado de minha mãe e de Mina; a mudança de ar fez-me considerável bem. Retomei a ocupação da vida comum do homem de saúde. Tive que lutar para conservar o regime puramente vegetal, porém como ele era muito útil para mim, o bom médico, embora surpreendido com os resultados, não fazia nenhuma objeção a esse respeito. Isso me causava admiração, pois intimamente eu fazia grandes esforços para perseverar na louvável resolução; para dizer a verdade, se a ordem me houvesse sido dada por outra pessoa que não fosse o meu amigo **transfigurado**, eu não me conformaria com ela, pois que a minha natureza física fora até ali grandemente alimentada pela necrofagia.

Hoje, que meus estudos me esclareceram sobre as conseqüências absolutamente desastrosas desse gênero de alimentação para o homem e, sobretudo para o intelecto, tomei tal horror a essa nutrição cadavérica, que cessou toda a luta entre meu estômago e minha vontade.

II

Podendo doravante ler sem fadiga as obras de ciência oculta dum modo metódico, tal como me aconselhara meu amigo, fiz rápidos progressos na compreensão de seus mistérios. Fiquei mesmo admirado com a facilidade que experimentei em ordenar na memória as numerosas séries desses árduos problemas e quanta facilidade tive em afastar os antigos preconceitos religiosos e científicos. No que concerne especialmente à religião católica, na qual eu estava integrado, pude, graças à leitura assídua e meditada dos Evangelhos, compreender-lhes as belezas veladas sob os dogmas estreitos e símbolos incompreendidos. Meu espírito retrocedeu dezoito séculos; revi o divino Nazareno pregando na Montanha sua doutrina de paz e de amor, e me senti para sempre seu discípulo devotado, pois a verdade que ensinava aos ignorantes que o cercavam, e que viam nele apenas o futuro restaurador da autonomia israelita, jamais foi compreendida. Nada do que esse mestre divino ensinou está de acordo com os outros ensinamentos legados pelos diversos iniciadores das raças humanas. Minha inteligência satisfeita, e apaixonado meu coração pela imensa ternura do doce mártir do Gólgota, inclinei-me imediatamente a escolher o caminho indicado por ele a seus apóstolos, caminho pouco trilhado por seus sucessores. Sonhava muitas vezes com Henrique desde sua aparição; não me lembrava do que ele me dizia, mas atribuo aos esclarecimentos, que me dava em tais sonhos, minha lucidez ao analisar leituras tão complexas e sobre elas meditar.

Minha família via contrafeita o ardor com que me entregava a essas leituras; a própria Bíblia que eu usava com freqüência não lhes agradava; diziam que eu me fatigava inutilmente, deplorando, a publicação dessas obras que abalavam a fé indiscutível da igreja apostólica e romana, na qual era tão agradável deixar-se conduzir ao céu. Através das leituras e do regime frugal meu caráter abrandou-se, minha inteligência tornou-se mais firme, minha conversão mais benevolente, e deixaram de me contrariar. Não disse Cristo: "A árvore se conhece pelos frutos"?

Uma coisa, sobretudo, acabou por conciliar minha família com minha nova conduta. Minha mãe, feliz por me ver freqüentemente ao seu lado, disse-me uma noite:

— Ah! Gostaria tanto que tua convalescença durasse ainda alguns meses para te conservar mais tempo junto a nós. Inteiramente restabelecido, pensarás em voltar a Paris! A tua Paris! Como me entristece esse pensamento!

— Renuncio completamente a Paris, caros pais, minha resolução está tomada. Ficarei junto a vós de hoje em diante.

Meu pai e minha mãe julgavam ter compreendido mal.

— Quê!? exclamou Mina, rompendo o silêncio. Quê! querido irmão; é verdade o que acabas de dizer? Não nos deixarás mais? Ah! realmente Deus te provou rudemente pelo sofrimento, mas saíste ainda melhor da crise.

Minha mãe abraçou-me; meu pai, com os olhos úmidos, tomou-me as mãos nas suas e com voz profundamente emocionada me disse:

— Roberto, satisfazes inteiramente nossos desejos; jamais ousaríamos te impor ou mesmo te solicitar tal sacrifício, pois sabemos que a permanência em sua cidade natal te parecia enfadonha e contrária aos teus gostos.

Minha mãe acrescentou entusiasmada: — Tu me farás avó, meu Roberto! Teresa continua encantadora!

Beijei minha mãe para evitar responder-lhe; não convinha prejudicar tão belo momento com uma recusa.

Esperava a vinda de Henrique sentindo-me quase restabelecido; falávamos freqüentemente dele em nossas reuniões com os seus; seu irmão Ludovico entrava nos seus vinte anos, era um belo jovem moreno, de tez queimada, de olhos negros e meigos, profundos e melancólicos, como os dos orientais; tinha o tipo de sua raça; era o retrato vivo do pai, mais nítido. Diferia completamente de Henrique, que lembrava, por alguns traços, a mãe; era louro como ela. A família toda, inclusive os antepassados, cujos retratos decoravam todas as salas da casa, e várias salas de seu bonito e pequeno solar, testemunhavam a preferência pelas cabeleiras escuras.

Na família de Henrique todos, e particularmente Ludovico, estavam persuadidos de que o filho mais velho, morto, continuava a velar pelos seus.

Ludovico assegurava ter visto várias vezes seu irmão ao pé do seu leito, principalmente quando estivera doente, e a velha zeladora Sra. Blaizois, um tanto sonâmbula, afirmava tê-lo visto perfeitamente, por duas vezes, atravessar a grande alameda do jardim e entrar na casa; que o vira mesmo aproxmar-se de Folette, a pequena cadela, para afagá-la. Notou justamente a boa Blaizois que o animalzinho, que latia enfurecido a propósito de tudo, contentava-se em festejar o Sr. Henrique sem qualquer latido.

Eu não disse a Ludovico que havia visto seu irmão, pois este me havia proibido; porém confirmei sua crença nas aparições de Henrique, conversando com ele a respeito do que eu tinha aprendido nas minhas recentes leituras. Fiz isto com muita prudência a fim de não perturbar este caro jovem, persuadido de que Henrique, invisível ao meu lado em minhas visitas à sua família, sentia-se feliz com minha discreta atitude.

Uma noite, depois do jantar, atravessei o gabinete de minha mãe para ir ao terraço, onde costumávamos passar uma meia hora antes de começar o serão na grande sala, ao repor da mesa revestida de mármore colorido. Esta obra de marchetaria florentina era uma lembrança viva da cidade dos Médicis, trazida por nosso pai por ocasião da sua viagem de núpcias. Tal mesa tinha para nós um sentido especial, pois todos gostávamos de admirar os seus mosaicos: belos frutos, que nos despertavam o apetite, e pássaros de belas plumagens, que gostaríamos de tirar de seus lugares para nos divertir com eles.

Sobre a lareira do gabinete se achava um espelho sem aço, através do qual se via o salão que, neste momento, estava escuro; as persianas estavam baixadas não sei por quê.

Ao passar, lancei um olhar ao espelho e — que surpresa! — vi Henrique que, do outro lado do vidro, me disse estas palavras:

— Até à noite!

Corri ao salão, talvez Henrique estivesse me esperando; mas não, não havia ali ninguém. A sombra desaparecera... Meu coração batia fortemente quando cheguei ao terraço. Meu pai fumava do outro lado; minha mãe e minha irmã preparavam o **menu** para o jantar que devíamos oferecer, dentro de alguns dias, à família de Montzag, para festejar a vinda de Sua Eminência o Cardeal de Montzag, tio de Ludovico, chegado na véspera à casa de sua cunhada, acompanhado de seu vigário-geral. Alguns amigos deviam reunir-se à família de Montzag. Entre estes estava o doutor Marmon, assim como o bom cura de nossa paróquia, M. Moutonnet, o qual tinha em grande estima o doutor Marmon, mas não deixava passar nenhuma oportunidade de discutir com ele sobre as máximas deístas que o doutor lhe opunha obstinada e corajosamente, como homem verdadeiramente convicto das superstições errôneas da igreja romana.

Sentei-me numa cadeira, aturdido, gozando antecipadamente o prazer de rever meu amigo. Achava-me inteiramente absorto quando meu pai me chamou e disse:

— Estás muito pensativo, meu filho. Sentes algo? Fizeste má digestão?

— De nenhum modo, meu caro pai. Sinto-me até muito bem; pensava justamente que jamais me sentira tão feliz.

— Tanto melhor, respondeu meu pai, afastando-se. Agora estou tranqüilo; temo sempre pela tua saúde depois que te vimos tão doente!

Resolvido o **menu**, minha mãe tinha sobre os joelhos nossa gata, a bela Riri que, sentindo aproximar-se o momento de dar à luz, se tornava cada vez mais carinhosa, especialmente com mamãe que lhe dera o mau hábito de tê-la junto de si nesse momento difícil.

Apoiada à coluna do terraço, Mina olhava para o lado do jardim da Sra. Montzag. Tomado de uma exaltação de alegria, erguia-a subitamente pela cintura e obriguei-a, depois, a dar alguns passos de valsa.

— Estás alegre, meu irmão! Como me sinto contente de te ver assim. Oh! não é verdade que tuas leituras te fazem mal e que alteram teu coração! Tu nos fazes felizes por teu gênio sempre igual, bem mais que outrora.

— Quem fez tal apreciação sobre as minhas leituras, Mina?

Mina, um pouco embaraçada por ter deixado escapar esta reflexão, disse:

— Foi o padre Dulac, meu confessor.

— Com que então, minha cara irmã, repliquei-lhe sorrindo, é assim que confessas os meus pretensos pecados, em lugar dos teus?

— Mas, Roberto, não fui eu quem falou de tuas leituras, e sim o padre Dulac. — Eu sei, disse-me, que vosso irmão possui maus livros que podem perturbar a consciência. Evitai-os e, como cristã, quando tiverdes oportunidade, na ausência de vosso irmão e de acordo com vossa piedosa mãe, dai cabo deles. Vosso irmão, não os tendo mais à mão, se esquecerá deles. Dizei à senhora vossa mãe que ela pode endereçá-los cuidadosamente a mim; eu vos livrarei dessa causa de perdição.

— Mas vós os lereis então, meu padre? objetei-lhe.

— Sim, minha filha, nosso ministério obriga-nos a conhecer toda espécie de livros, a fim de podermos, com conhecimento de causa, proibir a nossos penitentes a sua leitura.

Perturbado, sem dúvida, pela minha reflexão, o padre esqueceu-se de dar-me uma penitência e, concedendo-me absolvição, cerrou bruscamente a porta do confessionário.

— Ah, o homem quer despojar-me de meu bem para se apropriar dele! Teu confessor está decididamente bem desejoso disto, porém, quem diabo pôde instruí-lo tão bem e dar-lhe o título dos livros em questão?

— Eu penso, tornou Mina, que foi a cozinheira, pois a tagarela se confessa justamente ao abade Dulac.

Meu pai estava presente. Não o víramos aproximar-se.

— Mina, — observou — gostaria muito que tomasses um outro diretor de consciência; eu não gosto do fato de se preocuparem com o que se passa em minha casa. O padre deve limitar-se ao seu ministério. Não quero mais receber eclesiásticos em nossa intimidade; estes senhores não devem vir senão quando chamados à cabeceira dos doentes.

Escutamos admirados a furiosa invectiva de meu pai, justificada, aliás, pelo que contara Mina.

Meu pai, dirigindo-se para minha mãe, continuou:

— Amintas, se tínheis a intenção de escrever ao cura Moutonnet, convidando-o a comparecer quinta-feira para festejar o cardeal, não mandeis convite.

— Já foi enviado, meu caro.

— Neste caso, será o último, e quanto à cozinheira...

Esta justamente atravessava o terraço. Era uma jovem grande, magra, morena, feiosa, a qual, antes de se empregar em nossa casa, tentara duas vezes fazer-se religiosa. O regime frugal dos conversos a tinha desgostado. Conservara-se fiel às práticas minuciosas da religião, no que esta possui de mais estreito; tinha igualmente conservado do claustro um hábito herdado de sacristia, o qual consistia em se preocupar sempre com a salvação dos outros para alcançar a sua.

A pobre moça atravessava o terraço num momento desfavorável; meu pai, furioso, alcançou-a a grandes passos, parou diante dela e disse:

— Clorinda, o ensopado de enguias estava detestável, e de agora em diante peço-vos que deixeis de levar ao abade Dulac o que se passa em casa de vossos patrões.

Perturbada, Clorinda nada respondeu. Baixou a cabeça, curvou a espinha para se fazer ainda menor, e desapareceu prontamente.

Minha irmã e eu a custo pudemos conter a vontade de rir, tão estranhamente foi feita a admoestação de meu pai. Nossa mãe, que nos olhava de soslaio, mordia os lábios para não estourar de riso. Meu pai andava, agitado.

— Sim, continuou ele, como se concluísse uma conversação interior, sim, com razão se censura o clero... Há muita coisa a expurgar neste setor. Vejamos: há em nossa paróquia um velho clérigo que

Mina possa tomar como diretor sem temer que se repita o mesmo inconveniente?

— Sim, respondeu minha mãe, há um velho padre, antigo missionário, que está fora do clero regular; diz sempre a primeira missa, e seu confessionário é pouco freqüentado; despacha logo as penitentes; elas se queixam disso e quase todas o abandonaram.

— Isto. Ele é sério, não escuta a tagarelice dos devotos e não os excita à espionagem piedosa.

Depois desta última apóstrofe, meu pai pediu a Gilberto o chapéu e a bengala e disse-nos que ia saber notícias do tio Hilário, que um acesso de gota pusera de cama.

— Não me espereis para o chá, meus filhos, voltarei tarde!

E dizendo-nos boa noite, saiu.

A vontade de rir passou. Estávamos todos em torno da mesa de mármore, refletindo, cada um com seu ponto de vista, sobre o veemente ataque de nosso pai aos padres, o que nunca havia acontecido. Era bom católico, embora não-praticante, mas via com satisfação minha mãe e Mina seguirem exatamente os ritos da Igreja; acompanhava-as voluntariamente, nos dias de grandes festas, às missas solenes e ia escutar com prazer os bons pregadores. Recebíamos como visita, bem como em nossa mesa, o cura Moutonnet e o superior do Grande Seminário, antigo colega de meu pai no Colégio dos Jesuítas de T.

Meu pai acabara de declarar que não queria mais ver eclesiásticos em sua casa! Que se passava pois? A indiscrição de Mina não fora senão um sopro ao fogo ardente até ali encoberto. Minha mãe deu-me a chave de suas reflexões, dizendo:

— Teu pai é muito bom para meu tio, mas temo que este voltairiano endurecido o influencie.

— O tio Hilário, acrescentei, é um filósofo que prova, por sua resignação nas provações da vida, que sabe harmonizar seus atos com seus princípios.

— E, além disso, ele é tão instruído, disse Mina.

— Viajou tanto que sua conversação tornou-se interessante e vária, disse eu, fechando o livro de Jacolliot que tinha nas mãos.

— O que conta de sua viagem às Índias, ajuntou minha irmã, é maravilhoso. Que os faquires fazem milagres como os santos católicos. Meu tio contou-nos um dia sua conversação com um brâmane muito distinto de quem se tornara amigo e que lhe deu curiosas informações acerca do culto budista...

— És bem instruída, minha filha, interrompeu nossa mãe. Preferia que o fosses menos nesses assuntos. Pedirei ao teu tio que seja prudente nessas narrativas de viagem quando estiveres presente.

Mina, com ar triste, baixou a cabeça sobre o bordado.

Prossegui minha leitura dissimulando o título da obra, que tratava justamente das matérias que minha mãe proibira como atentatórias à fé católica.

Suzete, a criada de quarto, trouxe o chá; alegrei-me por ver terminado esse serão, por entrar em meu quarto, onde Henrique viria para começar minha iniciação. Se minha mãe suspeitasse da jornada que eu ia empreender, da ciência cujos arcanos eu ia tentar desvendar, outras seriam suas apreensões.

Nossa mãe abraçou-nos. Mina foi a primeira a retirar-se; minha mãe, que já saíra do salão onde eu reunia alguns volumes para levar ao meu quarto, voltou e disse-me, preocupada:

— Roberto, não deixes espalhados sobre os móveis teus livros de ciência maldita. Temo que eles alterem as consciências em torno de ti. É penoso para mim que saibam que te dás a tais leituras... Viste o que já sucedeu esta noite... Não reconheci teu pai, sempre tão benevolente...

— Tranqüilizai-vos, minha cara mãe, vou levar meus livros para o meu quarto.

— Sim, meu filho, acrescentou, abraçando-me outra vez. Fecha-os a sete chaves, assim estarão mais seguros. Bastaria a Gilberto e Mina folheá-los para se perturbarem.

Minha mãe saiu. Arrumando meus livros para não esquecer nenhum dos que se achavam no salão, tive uma idéia: minha mãe havia dito que se Gilberto e Mina abrissem meus livros ficariam perturbados. É por meu pai que ela teme, sobretudo, estas leituras, pensei. Mina é por demais ajuizada para dar-se a uma leitura sem prévia autorização de seus pais. Quanto a Gilberto, é um excelente criado, muito devotado, cuja inteligência, porém, obtusa, não ultrapassaria os lugares-comuns da existência e a tagarelice incoerente das conversações do ofício... Não, não! O que minha mãe acaba de dizer refere-se apenas a meu pai!

E, passando em revista os livros, verifiquei que faltava um. Ah! ah! exclamei, esfregando as mãos. Meu pai se interessa pelas ciências ocultas. Vejamos se o volume que me falta está com ele.

E como meu pai estava ainda ausente, fui ao seu quarto. O primeiro volume do **Dogma e Ritual de Alta Magia,** de Eliphas Levi, estava sobre a sua mesa de cabeceira. Uma fita indicava o lugar onde ele interrompera a leitura.

Retirei-me satisfeito; meu pai, que eu adorava, podia sem dúvida tornar-se mais tarde o confidente de minhas investigações no domínio do oculto, que eu ia tentar com o auxílio de Henrique. Por isso, resolvi ser menos obediente aos desejos de minha mãe e deixar discretamente (ao menos no meu quarto) os meus livros à disposição de meu pai, compreendendo muito bem que, por muito tempo ainda, lhe seria agradável que eu não percebesse que ele os lia.

III

Uma vez deitado, depois de ter apagado minha vela, esperei com ansiedade a vinda de meu amigo. Eram quase dez horas; ouvi os passos de meu pai que entrava em seu aposento, e o boa-noite de Gilberto que acabava de ajudá-lo a pôr-se no leito; pouco a pouco os ruídos da casa cessaram e o silêncio era completo. Onze horas. Eu estava inquieto... Henrique não vinha!

Teria eu entendido bem aquele "Até à noite?" Todavia, estava tão claro... Enfim, enquanto não soar meia-noite esperarei e, para distrair-me, para acalmar-me, pus-me a recitar à meia voz os sublimes **Versos Áureos**, de Pitágoras, que eu sabia de cor. Eu recitava estes versos:

Tu saberás se o céu o permitir, que a natureza,

Uma voz concluiu:

Semelhante em tudo é a mesma em todos os lugares.

— Henrique! exclamei, contente, reconhecendo a voz de meu amigo. Ouço-te, mas não te vejo. Por quê?

— Tu me verás logo, Roberto; mas calma, peço-te. O excesso de desejo é, muitas vezes, um obstáculo às manifestações astrais, respondeu Henrique. Assim, há uma hora atrás eu estava ali, perto de ti, mas teus fluidos se achavam em tal estado de vibração, que eu não podia manipular-lhe a substância... Porém, graças à modificação produzida pelos **Versos Áureos,** agrupando teus espíritos animais num harmonioso todo, pude, enfim, aproximar-me de tua pessoa.

— Eis-me, pois, aqui, dócil. Faze de mim o que quiseres. Estou pronto para seguir-te até o fim do mundo e aos confins do mundo astral...

— Eu vou, disse Henrique, ajudar-te, ensinando-te a extrair conscientemente tua personalidade fluídica de seu invólucro corpóreo material, pois, se bem que no estado fluídico possuamos ainda um invólucro sujeito à atração planetária, bem como às modificações terrestres, a matéria de que é constituído o corpo astral é de substância menos densa que a do corpo físico; eis toda a diferença.

— Sim, confirmei. Aprendi isto no curso de minhas leituras, nas quais reconheço ter sido auxiliado e guiado por ti.

— Quero, meu caro Roberto, que experimentes tuas forças com prudência esta noite, a primeira das vinte consagradas à tua instrução. Não sairemos de teu quarto. Tenho muitas coisas a ensinar-te, as quais te serão úteis durante a nossa viagem, que começaremos depois de amanhã, sexta-feira, não querendo desviar-te das atenções que deves dar ao cardeal meu tio, assim como aos outros convidados.

De repente, lembrei-me da decisão de meu pai e de tudo o que se passara depois do jantar. Inquiria a mim mesmo qual seria o pensamento de Henrique, quando lhe revelasse o que havia acontecido.

Porém, Henrique, pegando-me pelo braço, embora invisível, disse:

— Leio em teu pensamento, Roberto, tão facilmente como teu pai no livro de Eliphas Levi, que atualmente lê, esquecido da hora, tão embebido está na leitura.

Ao escutar Henrique, admirando-me de sua lucidez, senti um formigamento geral no corpo e uma opressão no epigastro; depois, com uma sensação semelhante à vertigem, porém agradável, cerrei os olhos. Foi breve. Abri-os de novo, respirando deliciosamente, com o peito dilatado, sentindo-me leve e disposto como nunca.

Eu estava de pé, junto à lareira. Uma luz estava acesa e Henrique, sentado numa cadeira, à minha frente, sorria-me...

Fiquei maravilhado, sentindo-me mais vivo do que nunca, se assim posso dizer, vendo meu corpo, o que até ali eu tinha considerado como o meu **verdadeiro eu,** profundamente adormecido...

Fui subtraído ao meu pasmo por um pensamento repentino que me terrificou: Cessei de viver... pensei. Henrique, vens procurar-me... Estou morto... Ah! Devias prevenir-me... Eu poderia despedir-me de meus pais, de Mina, minha querida irmã...

Desfalecia; um movimento convulsivo agitou meu corpo; senti uma aspiração muito forte atrair-me para o leito; reabri os olhos, sufocado; meu coração batia agitadamente; estava inundado de suor...

Ah! meu Deus, que sonho acabo de ter! Acreditava ter deixado a terra... Mas lembro-me de ter visto Henrique. Ele estava ali há pouco! Meu Deus! Meu Deus! Tenho novamente febre, e me senti aniquilado.

A noite era profunda... A voz doce, mas triste, de Henrique interpelou-me:

— Roberto, tu não estás doente, não estás sonhando, mas acabas de receber a primeira lição de desprendimento astral. Felizmente, não te afastaste do teu invólucro material... O abalo físico foi benigno... Eu tinha previsto este acidente, comum nas primeiras tentativas de desdobramento; e é por isso que não permiti que fosses mais longe, esta noite.

Durante esta explicação, tranqüilizei-me; o coração voltou a pulsar normalmente; no íntimo, lamentei ter mostrado tal terror.

Henrique tomou-me pela mão:

— Meu amigo, o instinto de conservação é comum a tudo que tem vida temporária; ele é tão poderoso apenas porque é a barreira indispensável, tanto aos desesperados de toda espécie, como aos intelectuais clarividentes que, percebendo um modo de existência em melhores condições e menos material, se apressariam a trocar a sua prisão de carne para ingressar no país das fadas...

— Existem, pois, as fadas? perguntei, aturdido, chocado.

— Claro, confirmou Henrique, e espero levar-te a elas, mas não hoje. Esta noite convém repetir tua saída do corpo: vou ajudar-te! Desta vez penso que poderemos conversar tranqüilamente. Deita-te de costas, estira os membros, respira profundamente fechando os olhos e, retendo tua aspiração, pensa em vir para os meus braços. Vais sentir o formigamento que já experimentaste anteriormente, depois a sensação de algo, que é o teu duplo astral, dobrar-se suavemente nas extremidades até o epigastro; sentirás um calor e uma atividade maior nos pulmões, depois uma leve perturbação no cérebro, devido à tua vontade fortemente dirigida para mim...

Caí nos braços de Henrique... menos surpreso do que da primeira vez; estava completamente tranqüilo.

Contudo, eu dirigia meus olhares para o leito, temendo ser ainda atraído pelo corpo; não o olhava, porém, como há pouco, considerava-o apenas com contrariedade, como uma coisa inferior pela qual não queremos ser incomodados, e que desejamos dominar se ela oferece resistência.

Henrique acompanhava a nova expressão de minha fisionomia, o desgosto por me haver deixado dominar um instante por esta corporeidade que eu desprezava!

— Nada de exageros! disse. Aprecia a tua estrutura ou teu invólucro de carne como quiseres; mas sobretudo trata-a bem, pois sereis obrigados a ajudar-vos mutuamente durante muitos anos; apesar de senhor do teu corpo, conserva-te sempre seu amigo; apenas ele no mundo pode servir-te como instrumento e habitação para tua personalidade astral, teu **verdadeiro ego** que se sente feliz por ser protegido contra seus inimigos e trabalhar com menos perigo para seu progresso espiritual... Por isso, disse ele, após uma pausa, aproxima-te sem temor de teu leito, toca teu corpo, tu és o senhor e ele o animal que deve obedecer cegamente.

Com medo, coloquei minha mão fluídica, que eu sentia viva e consistente sobre meu braço físico, rígido, quase gélido. Henrique seguia todos os meus movimentos; recuei um passo; experimentava no momento uma espécie de aversão. Ah! se não fosse a afeição que tinha à minha família, com que satisfação abandonaria esse despojo inerte.

— Eis outro perigo para ti, disse Henrique, ambos são prejudiciais à alma e tornam perigosas, para o ser encarnado, as saídas astrais conscientes, sem contar os inúmeros perigos que corre a personalidade fluídica nesses desdobramentos; sem a intervenção dos protetores espirituais, os óbitos causados por essas libertações dos corpos físicos seriam ainda mais comuns; há aliás doenças contraídas nessas saídas, de que te darei provas; pois sabes que os homens e os animais adormecidos vivem alguns instantes ou algumas horas no plano astral; é uma necessidade para o bom funcionamento de sua dupla natureza; o mundo astral, como a terra, aliás, tem altitudes diversas.

— Assim é que, exclamei, todos nós peregrinamos durante o sono; é lastimável que a lembrança desses passeios divertidos desapareça depois que despertamos; seria divertido, quem sabe se por seu intermédio não poderíamos lembrar-nos de algumas de nossas encarnações anteriores?

— Tua idéia de passeios divertidos vem muito fora de propósito nas minhas explicações. Quando a personalidade fluídica escapa momentaneamente do corpo ele entra num modo de existência mais sério, mais real, quero dizer, que o plano terrestre, ainda que não seja, como o último, senão um meio temporário, uma criação de MAYA[1], mas de uma diversidade, de uma magnificência infinitamente mais grandiosa e de um poder de vida que os planos materiais não podem realizar: o homem em libertação astral não atinge geralmente senão a esfera que rodeia imediatamente o globo, no qual ele está encarnado ou que confina com sua atração; para lá vão, com as almas cujo corpo está ador-

---

(1) MAYA, segundo os **Vedas**, é a aparência que tomam as coisas; é a **ilusão.** É a força primordial que existiu anteriormente a toda criação. Maya é a fonte dos fenômenos e a causa de manifestação das existências individuais. — Cf. E. Bosc, **Dictionnaire de la Science Occulte**, 2 vols. in-18, ilustrados, Paris, 1896.

mecido, as formas fluídicas dos animais idênticos e outras que vivem à sua volta sobre a terra. Depois a multidão inumerável de almas de todas as procedências que sofreram a primeira morte, aquela que rompe o liame fluídico que as prende aos corpos puramente físicos.

Vêem-se ali igualmente as entidades astrais de espécies e de raças desconhecidas pelo homem, das quais algumas, percebidas pelos extáticos ou cantadas pelos poetas — verdadeiros videntes — são consideradas quiméricas, fabulosas, pelos gênios das academias, ou classificadas injustamente entre os demônios, pelos teólogos. Essas populações misturadas, heterogêneas, pelo menos aparentemente, agem, vão e vêm com uma rapidez que perturba e confunde, no cérebro do homem, ao despertar, as noções de distância e de tempo, ainda que esses dois fatores, concebidos pelo homem, existam e impressionem os entendimentos astrais, tanto quanto os nossos, com uma notável diferença, entretanto, para grande vantagem do mundo astral.

O homem nas suas saídas astrais leva consigo, e contra sua vontade, suas preocupações terrestres, confundindo-as com suas percepções astrais; aquelas atraem para ele pensamentos similares, dão-se assim os encontros, agradáveis ou desagradáveis, cuja lembrança se apaga ao despertar, para a maioria dos humanos; fica, porém, dessas visões apagadas ou mal-interpretadas uma intuição algumas vezes persistente, que representa de certa forma a síntese das sensações vividas tão rapidamente no plano fluídico; seria necessário resumir vários anos da vida terrestre para formar um círculo de sensações tão numerosas. Aliás, a lembrança de muitas dessas excursões seria bastante nociva para o avanço do homem; ele teria o segredo de muitos enigmas nos quais deve, sem compreendê-los, desempenhar seu papel. O conhecimento, ainda que parcial, de suas existências passadas eternizaria os ódios, impediria qualquer intercâmbio entre os homens; eis por que eles são reunidos muitas vezes, a fim de melhorar, de dissolver, no seu íntimo, o veneno de discórdia que os sucessivos encontros sobre os planos objetivos fizeram eclodir neles. Eu sou um exemplo, meu caro Roberto.

— Tu, tão bom, Henrique, não posso acreditá-lo; tua doçura, tua bondade...

— Se as reconheces em mim, Roberto, elas são todavia o resultado de muitas lutas, de muitos sofrimentos! Vou, sem afastar-me muito no passado, dar-te um exemplo.

— Estou ouvindo, disse eu aproximando-me dele. No movimento que fiz bati levemente em sua perna e, esquecendo-me que estava no estado fluídico, disse: — Henrique, tu estás, pois, completamente materializado esta noite, estás absolutamente idêntico ao que eras na terra; reconheço até as roupas que usavas alguns anos antes de morrer.

Henrique pôs-se a rir:

— Estamos neste momento no mesmo plano, revestidos da mesma substância; quanto a nossas roupas, obtemo-las nesse meio por um dispêndio de forças fluídicas análogo ao trabalho material ou àquilo que o representa, arbitrariamente, pelo dinheiro. Aqui a ciência, o poder da vontade guiam e garantem a realização do desejo, como das necessidades. Ademais, é-nos permitido chamar novamente ao exercício aquilo que possuímos no passado, quero dizer, do ponto de vista virtual, que nos agrada; isto torna-se uma fonte de satisfação, às vezes também de tentações, que devemos repudiar; é-nos permitido mesmo ceder a outrem essas aquisições que se tornam daí por diante nossa propriedade indiscutível. Tu te admiras, Roberto, de que eu use agora roupas que eu já não usava mais na terra por considerá-las surradas; vê, disse ele erguendo o casaco, foi renovado; não o vesti premeditadamente; ele mesmo me vestiu no momento em que eu me dirigi para tua casa, pensando justamente na ocasião em que o vestia como incorporado. Eis um fenômeno que te será permitido observar freqüentemente. Tu mesmo, Roberto, não estás com o colete que usavas há pouco.

De fato, verifiquei com surpresa que trazia um colete de casimira branca, ao passo que perto de minha cama, sobre uma cadeira, se achava um colete cinza bastante usado, que eu só usava em casa.

— É de fato extraordinário, exclamei. Mas se eu me imaginasse em traje de gala, estaria assim?

— Com certeza, meu caro Roberto.

— E nunca sonhaste que te achavas assim, entrando aturdido num salão ou saindo de tua casa descalço e sem chapéu, com um tempo muito frio?

— É verdade, e rindo muito, contei a Henrique que sonhara com minha prima Clairville passeando, solenemente, em trajes leves, com um livro na mão e que evitara encontrá-la para não ferir seu natural pudor.

— Sim, é assim, disse Henrique, que os mais cômicos acontecimentos se realizam na astralidade mais próxima à superfície terrestre.

— Meu amigo, sou todo ouvidos, começa tua narração. Acho que vou ter dificuldade em compreender que tenhas sido um ser malvado e perverso!

— Parece-nos difícil, com efeito, quando lemos a história dos tempos bárbaros, que tenhamos vivido de um modo tão selvagem, que tenhamos sido atores nas cenas sanguinolentas, anti-humanas contadas nas crônicas antigas. Infelizmente é certo que participamos dos costumes cruéis dessas sociedades, que provocam hoje nossa indignação.

"Os habitantes da terra, para falar somente do nosso pequeno planeta, pertencem, como se sabe, a várias raças diferentes, mas cada uma se subdivide numa multidão de raças diferenciadas entre si por um matiz que escapa à percepção do sábio mais perspicaz. Enfim, no seio dessas divisões tão numerosas existem ainda múltiplas fragmentações ou famílias espirituais. Muitas delas têm certa originalidade primitiva que cultivam com amor, reunindo com a máxima energia seus poderes psíquicos. Sem dúvida tais famílias tiveram como primeiro emanador uma entidade fortemente dotada do sentimento de homogeneidade familial. Sendo a força centrípeta a única empregada por este primeiro pai-mãe, a posteridade direta segue o mesmo modo de desenvolvimento e de conservação. É impossível dar-te uma explicação mais extensa no momento. Continuando, a terra é a escola, o campo de atividade no qual todas essas entidades devem descer muitas vezes para a involução e a evolução, formando e desenvolvendo em cada encarnação uma personalidade, o que constitui uma aquisição preciosa para o espírito que se encarna e que se torna também a riqueza da família inteira; alguns cuidados e algum socorro são dispensados às personalidades encarnadas, que representam, de certa forma, os frutos, os produtos da raça toda. Dispensam-se-lhes alguns cuidados para que elas não se transformem, por atos fluídicos ou materiais, durante sua ausência temporária do centro primitivo. É com razão que os antepassados temem, para o peregrino terrestre, as atrações do amor, o exercício de doutrinas religiosas diferentes que podem diminuir a ação central sobre os filhos saídos do seu círculo.

"Isto explica a severidade com que certas famílias terrenas (sobretudo no passado) evitaram unir-se a outras, igualmente ricas e qualificadas. Casar-se na própria família, na mesma raça, era a preocupação primordial, a fim de não misturar seu sangue com o estrangeiro. Esta preocupação de conservar intacto o caráter familial levou muitos a uma atitude feroz. Tais chefes de família, tão convictos de sua superioridade, tão persistentes em isolar-se na sua aliança, nas suas afeições, assim como no interesse único e egoísta dos seus, eram e são ainda estimulados a isso pelos antepassados, mesmo contra sua vontade.

Manifestei surpresa.

— Eu não aprovo, Roberto, apenas constato. A Providência, que reina e zela por todas as criações, promulgou leis que obrigam todas as suas criaturas, de diferentes proveniências, a se mesclarem na encarnação e, graças a esse jogo de cabra-cega geral, a se aproximarem uns dos outros através do contato, atenuando, através de relações obrigatórias, o egoísmo sempre constritor[1], útil no princípio de organização, mas absolutamente desfavorável ao desenvolvimento espiritual.

"Meu pai e eu somos representantes de família diametralmente opostos em seus princípios e alcançamos um estágio diferente da evolução no grande ciclo presente. Uma guerra homérica perpetuou-se desde longínquos séculos até os últimos tempos entre nós. Tu conheceste bem meu pai e melhor que ninguém podes compreendê-lo. Mais avançado que ele em espiritualidade, esforcei-me ao máximo para chegarmos a um acordo; em cada uma das voltas ao mundo astral eu constatava que havia falhado na minha empresa.

"Por isso, de acordo com os conselhos de nossos chefes espirituais, decido-me à grande prova: a de vencer a torturante mistura de nossos fluidos incompatíveis! Meu pai acabara de unir-se a uma parente muito distante, cuja personalidade, de raça e sangue mesclados, dava-me maior facilidade para operar minha penosa união; a dominante do caráter de minha futura mãe era o devotamento, o espírito de sacrifício pelos seus, que ela conservava do cruzamento com os Montzag, tendo como corretivo desse exclusivismo uma grande doçura e um sentimento inato de justiça.

"Não entrarei em detalhes sobre os sofrimentos para velar pelo meu nascimento, e que foram inauditos; eu desejava algumas vezes que um acidente físico viesse abortar meu sacrifício; creio que o espírito que se desencoraja e perde a resignação pode abandonar no meio do caminho seu trabalho de incorporação e isto para grande prejuízo da mulher que lhe dá abrigo; é um grave erro, do qual o espírito sempre se arrepende.

"Para grande alegria de meu pai, seu primeiro filho foi um homem; foi uma festa para a família inteira; até os parentes mais afastados, todos se rejubilaram com minha entrada no mundo. Ações de graças foram dadas ao Céu, seguidas de esmolas abundantes aos pobres da cidade.

---

(1) Cremos que este termo é um neologismo, porém muito expressivo pois provém de **constrição**, que indica a ação de diminuir o diâmetro de um objeto exercendo sobre ele uma pressão circular.

"Meu pai, inclinado sobre meu berço, examinava-me às vezes com atenção, constatava com tristeza que eu tinha um nariz pequeno, bem pequeno para um Montzag, que meus poucos cabelos eram louros como os de minha mãe; de fato eu me ligara fortemente a ela durante sua gravidez, e isso, conscientemente; eu me havia furtado tão amiúde à presença paterna que não era de admirar que tivesse tomado quase que exclusivamente a marca maternal. Não recebera o seu sexo, mas adotara todos os seus gostos, todas as suas tendências. Minha excelente mãe, encantada de ver em mim sua imagem, pouco se importava de não ver em meu rosto o grande nariz de águia, sinal característico dos Montzag. — Cresci, desenvolvendo simultaneamente os traços físicos de minha mãe e os de seu caráter. Meu pai ficou bem contrariado, mas amava-me ternamente; eu era seu filho, sua criação, sua raça, enfim! Graças a meu gênio cordato, embora firme, eu cativara a afeição de todos os membros de nossa numerosa família; tal como julgas, eu havia perdido de vista a causa que me levara àquela família; eu adorava principalmente minha mãe. Ela me deu várias irmãs, das quais apenas duas viveram: Irene e Paulina. Meu pobre pai ficou desolado porque não nasceram homens. Que pena! dizia ele. Elas reproduziam exatamente os traços de nossa raça. Minhas irmãs são muito bonitas, como o sabes, a cabeleira negra levemente ondulada, o oval puro de seu rosto e o famoso nariz dos Montzag bastante proeminentes para dar ao conjunto um toque de orgulho e de força.

"Muitas preces foram dirigidas ao céu nos santuários, segundo o costume, para obter um exemplar masculino desta raça perseverante no seu tipo com uma vontade inconcebível. Creio que se a Providência não houvesse enviado Ludovico, verdadeiro Montzag, meu pobre pai teria muito antes remontado a seus antepassados.

"Meu irmão nasceu de sete meses. Um susto provocado por um pequeno acidente de carro fez com que minha mãe desse à luz prematuramente; Ludovico foi por isso uma criança doentia que nos fez muitas vezes temer por sua vida. Meu pai sobretudo entristecia-se por vê-lo tão doentio; ocupava-se incessantemente com ele; apesar desta vigilância acontecia a meu irmão toda espécie de acidentes; chocava-se com as coisas, ou caía a todo momento; dir-se-ia que um espírito malfazejo queria sua morte. Depois de minha morte, conheci o porquê desta ação destruidora, sempre disposta a apanhar a ocasião favorável para prejudicá-lo e assim atingir, seguramente, também a meu pai. Aliás, vou te dar a explicação verdadeira do acidente que sobreveio a Ludovico e causou a morte de meu pobre pai. Ele tinha o costume de levar meu irmãozinho, que tinha nessa ocasião quatro anos, aos passeios matinais que fazia nos arredores de nossos campos; andava vagarosamente segurando Ludovico pela mão até o parque, à beira do lago; lá sentava-se para ler, deixando Ludovico à vontade para brincar na relva, junto dele, recomendando-lhe muito que não se aproximasse demais do lago. Uma cabra pastava, amarrada a um arbusto. Ludovico dava-lhe sempre pedaços de bolo, e por isso sempre que o via ela se aproximava. Um dia um forte vento levou o chapéu de meu pai, ele correu para apanhá-lo, mas o vento arrastava-o rapidamente para o lado do lago. Meu pai esqueceu-se um minuto da criança e esta aproveitou-se de sua ausência para aproximar-se da cabra. Esta assustou-se, ou talvez quisesse tomar-lhe o bolo, não sei. Enfim, Ludovico recuou atemorizado e escorregando na margem úmida caiu de costas na água, muito fria nesta época do ano. Meu pai, que acabara de pegar o chapéu a duzentos metros, nem sequer ouviu o barulho da queda. Como não visse mais Ludovico — sendo o terreno neste trecho um descampado muito grande — dirigiu o olhar para o lago, perto da cabra; a superfície da água indicava pelos círculos que a queda se dera naquele ponto. Meu pai mergulhou imediatamente e teve a sorte de retirar meu irmão, já meio asfixiado. Levou-o para casa onde foi prontamente reanimado. Preocupado unicamente com Ludovico, meu pai não pensava em si próprio; assim, uma pneumonia matou-o, oito dias depois.

"Fiquei, por minha vez, como sabes, gravemente doente. No meio de meus maiores sofrimentos não pensava senão em Ludovico. Despertava, muitas vezes, preso de grande desespero que alarmava minha mãe. Torcia convulsivamente os braços, perguntando onde estava meu irmão. Julgava-o ainda no fundo do lago. Queria levantar-me para ir retirá-lo de lá e era preciso, nessas crises, que me trouxessem o menino adormecido. Cobria de beijos suas mãozinhas e me acalmava.

"Um dia, em estado de sonolência, vi o espectro de meu pai; ele estava aterrorizante, os olhos fechados e exatamente como o vira no dia de seu enterro."

— Henrique, disse-me com voz grave, jura-me que hás de velar por meu filho... Não posso, sem esta promessa, afastar-me de meus restos mortais.

— Juro-o! respondi. Minha vida será consagrada inteiramente à felicidade de meu irmão.

"Mal pronunciara estas palavras e a aparição se eclipsou.

"Tu sabes como mantive a promessa. Até o último instante velei por meu irmão e foi por causa dele que morri.

Henrique calou-se um momento, acabrunhado pelas recordações que acabava de evocar.

— Ah, meu caro amigo! disse-lhe eu, continua tua história; explica-me o papel dos maus gênios e por que morreste por teu irmão?

— No tempo em que meu pai e eu éramos inimigos, eu tinha muitas vezes, senão sempre, motivos para censurá-lo. Pensava, desejava constantemente prejudicá-lo. Esta ocupação mental, criou, sem que eu o soubesse, entidades malévolas que, fortemente emanadas de minha vontade se uniram a forças da natureza semi-inteligente e tomaram impulso na região astral mais baixa, tendo por alimento o ódio que as gerara, para prejudicar a todos os representantes da raça de meu pai e a ele principalmente. Quando me tornei seu filho eu ignorava mesmo a existência destas produções de minha maldade; porém, elas agiam cegamente, como uma fatalidade inexorável, sendo sua única preocupação destruir o ser ou o obstáculo designado pelo emanador; trabalhavam sem tréguas para a saciedade do desejo — princípio que a produzira. Assim foi que provocaram o nascimento prematuro de Ludovico, afligindo minha mãe que esperava a morte da criança; enfim, todas as vicissitudes de sua infância doentia teriam sido bem sucedidas se não fosse o amor extremo e os cuidados de que o cercávamos. Todavia, levaram a termo o seu intento com a ventania que arrebatou o chapéu de meu pai, exercendo influência sobre a cabra, a fim de afogar meu irmão e matar meu pai, ao mesmo tempo. Os verdadeiros Montzag teriam desaparecido da terra, pois meu tio, o cardeal, há muito tempo ingressara nas Ordens.

"Pessoalmente, sofri os ataques de meus pensamentos de outrora; estes se voltaram mesmo contra seu senhor, que não mais reconheciam como um Montzag; era preciso feri-lo... Todavia, minha missão de conciliador me havia dotado de uma força fluídica que me protegia. Eu tinha cada vez mais o pressentimento de minha morte próxima; algumas vezes despertava de um sono profundo, com idéias estranhas, cuja proveniência não podia explicar. Chegava a gritar para mim mesmo: "Sim, reconheço-o, é preciso que eu deixe a terra para proteger Ludovico; devo sacrificar-lhe minha vida, ceder-lhe, com o título de primogênito, a minha parte da herança; é ele que deve ter descendência, e não eu."

"Não falava a ninguém de meus sentimentos; mas iniciava meu jovem irmão nos negócios da família; e o fiz diligentemente, pois logo vos deixei. Ao entrar no mundo astral, tornei-me consciente do passado; vi meu pai que abrindo os braços para mim, me disse:

— Henrique, meu filho, estou vencido e te admiro; teu útimo sacrifício é a última prova que reconcilia para sempre nossas raças inimigas.

— Logo avistei uma multidão imensa de seres fluídicos, espantosamente semelhantes entre si, os quais numa harmonia penetrante me festejavam, glorificando o princípio do amor criador. Meu pai, depois das minhas primeiras efusões, levou-me à minha câmara mortuária; preparavam-se para celebrar minhas exéquias. Eu não me arrependia da resolução que me fizera deixar a vida antes da hora fixada pelo destino, para salvaguardar a vida de Ludovico; mas fiquei vivamente sensibilizado pela tristeza dos meus e do irmão que eu amava tanto e que sentia um sincero desespero por minha morte.

"Lembrei-me então dos pressentimentos estranhos que tinham precedido minha doença mortal e das razões sobre-humanas que os motivaram.

Em minhas saídas astrais, quando dormia um sono profundo, revira meu pai; ele me mostrara e reprovara a ação maléfica que pusera em perigo o filho estremecido e que lhe causara a morte antes do tempo necessário para acompanhar esta criança na vida, até a idade adulta, que, aliás, ia atingir graças ao meus cuidados fraternais. Comprazia em reconhecê-lo, mas acrescentava:

— As causas de destruição estão longe de se esgotarem e eu não poderia usufruir do repouso concedido aos homens depois da morte, se continuasse a temer pela vida física de Ludovico; logo, devo confiar-te que esta vida tão cara é o único canal por onde retomarei a cadeia da existência material. Nossos antepassados aconselharam-me esta rápida reencarnação e me instruíram; o coração, livre do ódio, encheu-se imediatamente de amor. Hoje, se amo com acentuada preferência a minha raça, não a isolo, pela minha ternura, das demais criaturas. Quero trabalhar na minha esfera ancestral para o levantamento da Humanidade, escrava do Espírito das trevas, que provoca a discórdia em seu seio, a fim de melhor oprimir cada uma das raças que a compõem. Devo, pois, tornar-me um Montzag sobre a terra, nascer como filho de Ludovico, Porém, como atingir este fim, sem passar por certo período de calma, com auxílio da qual prepararei, através de prévia iniciação, o meu mental, para adquirir na terra um poder oculto, de que meus pais me achem digno?

— Meu pai, respondi-lhe, ofereço-me para vos substituir junto a Ludovico, para guerrear sem tréguas a multidão de inimigos que suscitei outrora contra os Montzag.

As resoluções são rapidamente realizadas no mundo astral. Meu pai deixou-me logo, para começar seu estágio, e eu me dirigi com a rapidez do raio para junto de meu irmão, que não deixava de seguir, como uma sombra ao seu corpo. Combati incessantemente para protegê-lo contra os golpes do destino, emitindo voluntariamente pensamentos defensivos para lutar contra as minhas precedentes criações. As últimas, nascidas num mundo mais ativo e dirigidas conscientemente, acabaram por triunfar; elas não esperavam o inimigo; procuravam-no e provocavam-no. Esgotei, em dois anos terrestres de constantes batalhas, as forças vitais restantes, trazidas de minha corporeidade terrestre, consciente e voluntariamente transfundidas em meu corpo fluídico para este uso. Sem este dispêndio de energia eu teria podido viver no plano astral de dez a doze anos, fim estabelecido para minha vida terrestre.

Por ocasião de minha morte pensei, meu caro Roberto, na promessa que te havia feito. Fiz uma rápida aparição num sonho teu, chocado ainda pelo acidente de Ludovico, com o espírito perturbado pela imagem que mais o afetara na vida. Apareci deitado de costas, levado por uma correnteza.

Desde então, em conseqüência de minha missão junto a Ludovico, não pude dispor de um só instante para vir a ti; mas sabendo meu pai do esgotamento próximo de minha força vital, veio substituir-me junto ao filho, que ele prepara insensivelmente para uma nova incorporação. Satisfeitos os meus guias com minha boa vontade em reparar minhas faltas, deram-me a suave missão de iniciar-te nos arcanos da verdadeira ciência; conferiram-me poderes necessários para agir num lapso de tempo muito curto.

Pertencemos à mesma família espiritual, o que facilitará nossas relações fluídicas. Nossa afeição, que nunca foi desmentida, data de muito antes, não só porque saímos da mesma fonte, mas também porque, em muitas incorporações sobre diversos globos, nós nos afeiçoamos um ao outro, o que nos causará de novo e para sempre grandes felicidades, quando nos tornarmos **Reis de Luz**; mas deixemos isto de lado, pois ainda não podes compreendê-lo.

Deves, meu caro Roberto, instruir-te para te tornares por tua vez um mestre; a Humanidade se inclina a tal ponto para os abismos de Satã, que os antepassados temem uma longa ocultação da ciência santa para os filhos encarnados e o **Rei de Luz**, que dirige a evolução do globo, em sua totalidade, receia que o materialismo dos homens perturbe o desenvolvimento normal dos germes de todas as espécies, que estão em incubação no planeta ou em estado latente na atmosfera. O homem possui um poder mais extenso do que supõe sobre si mesmo, assim como sobre tudo aquilo que entra em contato consigo. Se, pois, cede às solicitações dos baixos instintos de sua natureza, a única sobre a qual Satã (o Espírito perverso) pode agir diretamente, precipita-se para a perda de sua personalidade, perturba e envenena a atmosfera astral imediata, atmosfera que fornece os elementos nutritivos para sua alma, esfera na qual vive durante o sono e se preparam os espíritos para a reencarnação.

Compreendes, meu caro Roberto, a necessidade de tornar-te o auxiliar de nossos antepassados para impedir a influência nefasta do Grande maldito sobre a terra?

És chamado para uma tarefa que exige devotamento. Não falharás, estou certo. Devemos apressar-nos, pois o tempo que me resta para viver sobre a terra é limitado. Devo, daqui a dois meses, sofrer a segunda morte; depois desta última desmaterialização, torna-se impossível à personalidade **manásica** entrar em contato com os habitantes dos planetas materiais; é preciso que eles influenciem seres muito secundários do astral para que levem suas mensagens, mas isto tem grandes inconvenientes; por isso nos casos urgentes (raríssimos), a personalidade que existe nas esferas e cujos fluidos não têm e não podem ter nenhuma relação com os fluidos impuros e densos das superfícies terrestres, atrai a si, no sono ou em estados especiais (a síncope, por exemplo), a alma encarnada que, protegida em seu vôo, atinge os limites da possibilidade de seu desprendimento, encontra a que a atrai e, num instante, toma conhecimento de sua vontade.

A alma, no seu mais elevado desprendimento astral, ouve, muitas vezes sem ver, a entidade que lhe comunica, diretamente neste caso, seus pensamentos; o contato deve ser breve para que a recordação se grave no mental superior da alma peregrina; é certo que o mundo das permutas de pensamentos nesse paraíso não tem sempre o som como veículo, efetuando-se, por isso, com a rapidez do raio.

Estar em contato com uma entidade destes seres elevados é saber a totalidade do que pensam sobre a questão; produz-se um desenvolvimento elétrico de tudo o que concerne à explicação objetiva do assunto.

— Meu irmão, depois do tempo de que me falas, irás viver no Céu?

— Sim, Roberto, lá irei repousar, instruir-me, encontrar-me com seres queridos e esperar-te, se desempenhares abnegadamente tua dolorosa missão, pois, meu amigo, a luta que vais empreender será menor com os humanos do que com o Espírito das trevas, que te dará muitos aborrecimentos; o abandono por parte de teus melhores amigos, talvez de tua família, a perda de uma parte de tua fortuna, enfim, sofrimentos de todos os gêneros, que o missionário não pode evitar no plano em que reina o Príncipe deste mundo.

Se fores fiel e resignado em teu apostolado, nós nos corresponderemos ainda depois de minha segunda morte, e estarás pronto a juntar-te a mim nos confins da atmosfera terrestre.

Quando meu amigo acabou de falar, senti-me tomado de um arrepio gelado, cambaleei. Henrique disse-me:

—Não cobriste suficientemente teu corpo; é ele que tem frio, sem senti-lo; tu experimentas a sensação de frio, mas é um sinal que não convém desprezar, se queres conservar tua saúde.

— Meu Deus! exclamei. É preciso portanto que eu volte ao meu invólucro. Tenho, todavia, duas perguntas importantes para te fazer.

— Eu te responderei, Roberto, quando estiveres incorporado: apenas não me verás, só isso; aliás, já se faz tarde, o dia vai logo aparecer e quero que gozes de um descanso profundo e útil à tua saúde.

Um calafrio ainda mais violento fez-me reintegrar meu invólucro, sem que precisasse realizar o menor ato de vontade.

Tive um breve instante de deslumbramento e despertei absolutamente gelado; puxei as cobertas que estavam fora do lugar.

Henrique fez alguns passes magnéticos longitudinais e retomei bruscamente minha temperatura normal.

Reuni minhas lembranças do momento precedente: — Tenho duas perguntas a fazer-te, meu amigo...

— Não é preciso, disse Henrique. Eu as conheço e vou brevemente responder-te. Queres saber se não cometi uma falta grave deixando voluntariamente a vida terrestre: fazes alusão ao meu suicídio e queres saber o que deves fazer em nossa segunda noite de desprendimento. Vou tranqüilizar-te primeiro a respeito de minha culpabilidade de suicida. Havendo-me encarnado com o fim único de cumprir uma missão definida, eu estava, embora submetido (quanto ao meu corpo físico) às leis terrestres, que regem a matéria, livre de qualquer compromisso alheio a minha missão; era um alistado voluntário, aceitando temporariamente a ordem dos exercícios em vigor no meio escolhido. Podia dirigir minha vontade no plano que julgasse mais favorável para o cumprimento de minha missão, e isto sem que me tornasse culpado de deserção.

— Mas, objetei, como te mataste?

— Ah! De modo simples, respondeu. Seguindo os conselhos de meus guias, exercia minha vontade de libertar, pouco a pouco, a minha personalidade fluídica de meu corpo carnal. Interceptava progressivamente a nutrição essencial que a alma transfunde sob um pequeno, mas substancial volume, na massa de animálculos que constituem o invólucro físico. Sucederam-se graves distúrbios, já não digeria normalmente e, gradativamente, todo o organismo foi atingido. Tive freqüentes desmaios que me causaram grandes sofrimentos; o instinto de conservação, de que a natureza provê todos os organismos que se desenvolvem sob o seu poder, era refratário à minha ação espiritual. No estado de vigília permanecia ignorante de minha influência sobre minha saúde física. Era ao mesmo tempo o sacrificador e a vítima e lutava dolorosamente contra esta fatalidade.

O bom doutor Marmon conferenciou com dois de seus colegas célebres; três facultativos não puderam atinar, não só com o remédio para os meus males como também com a sede da enfermidade. Sucederam-se as síncopes cada vez mais demoradas, até que rompi o laço que me mantinha cativo, não sem agudos sofrimentos.

Atribuíram minha morte a uma embolia... O resto tu conheces... Pensas, Roberto, que se possa atribuir minha **partida** da vida corporal a um suicídio vulgar; ato pusilânime que denota quase sempre falta de energia da personalidade humana e, devo acrescentar, a completa ignorância de sua verdadeira natureza. Daí, meu caro Roberto, a necessidade de esclarecer a sociedade acerca do perigo que cada vez mais leva ao suicídio os desclassificados ou infelizes por não poderem satisfazer de algum modo seus apetites.

Antes de te deixar resta-me fazer algumas recomendações sobre as precauções a tomar, a fim de que nossos passeios noturnos não sejam molestados nem interrompidos. Eis como, em nossa próxima saída, que vou marcar para depois de amanhã, sexta-feira, deverá transpor o umbral de tua casa. Tu poderias, se não estivesses treinado, temer atravessar uma porta fechada, cedendo ao hábito corporal, que deve ter em conta a densidade da matéria com relação à sua própria. Recomendo-te que deixes aberta a porta, bem como a janela de teu quarto de vestir. É por esta última que nós sairemos de tua casa, pois o andar não é muito alto e não terás, na primeira vez, uma apreensão muito forte ao te desprenderes.

— Vejo, meu caro Henrique, que pensas em tudo. Mesmo assim, não deixa de ser engraçado lançar-se assim pelas janelas e isso me faz crer nas narrações dessas mulheres, nas quais o diabo desce prontamente pelas chaminés.

— Realmente, Roberto, estes corredores perpendiculares são, muitas vezes, empregados pelos elementais de diferentes proveniências, os quais ainda conservam a ilusão da opacidade da matéria.

— Toma o cuidado, continuou, de comer pouco; cobre cuidadosamente teu corpo e não receies agasalhar-te demais. Em tua ausência pode haver quedas de temperatura, que agiriam à distância, como viste, o que seria desagradável. Deves deitar-te de costas, alongar os membros, elevar tua alma a Deus em uma breve invocação, fazer um sumário exame de consciência de teus atos e, sobretudo dos pensamentos no dia que acaba de passar; com julgamento imparcial, sem fraqueza, e com a resolução firme e sincera de te emendares. Em seguida, age de acordo com tua vontade, servindo-te da fórmula **transportatória** que te confio.

E mostrou-me rapidamente uma dezena de quadros representativos, com legendas explicativas, que me davam ao mesmo tempo a chave e a repetição dos estados sucessivos que eu ia percorrer em meu desprendimento consciente e sem ajuda, na próxima sexta-feira.

— Às dez horas, acrescentou Henrique, esperar-te-ei na rua, em frente à tua casa, perto do jardim de minha mãe. Coragem e "Até breve" — e, tocando-me levemente a fronte, desapareceu.

IV

Meu sono foi profundo e reparador. Despertei-me alegre. Dirigi-me à sala de refeições onde a família acabava de almoçar; abracei meus pais e Mina.

— Receávamos que estivesses doente, meu filho, disse minha mãe, pois te atrasaste para a primeira refeição, na qual costumas comer tão bem.

— Sim, Roberto é como eu, interveio Mina. Logo que acordamos sentimos necessidade de nos restaurar.

— Estou me sentindo muito bem, meus pais. Passei uma noite excelente e tive belíssimos sonhos, que eu gostaria de prolongar, eis tudo.

— Meu pai levantou-se e disse-me:

— Roberto, vou passear a cavalo até Grisfeuille (nome de uma linda propriedade que possuíamos nos arredores da cidade). Queres acompanhar-me? Creio que estás bastante forte para este passeio; o ar está puro e te fará muito bem.

Descendo ao pátio avistei Gerbaude, nossa antiga mestre-cuca agora aposentada, chamada pelas circunstâncias para ajudar com suas luzes culinárias Clorinda, que se tornara reservada e modesta depois da admoestação de seu amo.

Um vaivém de fornecedores fez-me pensar no grande jantar que se realizaria à noite em honra do cardeal de Montzag, e do qual me esquecera completamente.

Durante o passeio meu pai falou-me justamente das pessoas convidadas.

— Virão o Sr. Fontaine e sua filha Teresa, lourinha encantadora, não achas, Roberto? Se ela te agradasse, pensamos, tua mãe e eu, que seria uma esposa muito conveniente para ti: ela é filha única, tem boa saúde, é bem-educada e o pai tem uma fortuna considerável; supondo mesmo que ele fizesse a tolice de casar-se novamente, a fortuna da mãe de Teresa constituiria por si só dote suficiente. Estou certo de que o Sr. Fontaine está disposto a conceder-te a mão de sua filha.

Calou-se e, olhando-me com ansiedade, parou o cavalo. Fiquei surpreso; estava tão longe, neste momento, de qualquer pensamento deste gênero, que emudeci.

— Não achas essa lourinha bonita? insistiu meu pai.

— Perdoe-me, meu pai, mas confesso-vos que, desde o meu restabelecimento, os laços do matrimônio não me atraem. Prefiro a grande liberdade do celibato. Todavia, querido pai, acrescentei, vendo a penosa impressão que lhe causou minha declaração, esta mudança em meus projetos não é, talvez, definitiva; peço-vos um ano para refletir sobre a vossa proposta. Teresa tem apenas dezoito anos; é muito miúda. Aparenta ter quinze anos e muitas vezes vos ouvi conversar com minha mãe que era preferível deixar desenvolver-se uma jovem antes de casá-la, por muitas razões, a primeira das quais seria assegurar, pelo completo desenvolvimento físico, uma gravidez normal.

— Faremos tua vontade, meu filho. Para dizer a verdade, foi tua mãe que me incumbiu hoje de manhã de falar-te dessa vantajosa união. Tu poderias então, a partir da noite de hoje, cercar Teresa de cuidados especiais. Enfim, tornaremos a falar disso mais tarde.

E fez o cavalo galopar para recuperar o tempo que estivéramos parados.

O jantar à noite foi delicioso e nossos hóspedes comeram muito bem, o que fez a Sra. Gerbaude orgulhosa de seu talento. O cardeal, que a conhecia desde a sua mocidade, bem como o Dr. Marmon, observaram que, se podia reconhecer sem engano, pela perfeição de certos pratos, que ela os havia preparado.

O Sr. Fontaine, o belo Agostinho, como era chamado na intimidade por seus numerosos amigos, veio só e transmitiu a minha mãe as desculpas de Teresa, que uma violenta dor de cabeça obrigara a ir para a cama, bem como seus sentimentos por não poder vir abraçar Mina.

Fiquei encantado com este contratempo, pois, contra a expectativa de minha mãe, eu julgava que meu pai não lhe havia ainda falado de nossa conversa.

O cardeal foi amável com todos. Cumprimentou galantemente minha irmã, pelos progressos de sua beleza; a minha prima Clairville, de quarenta e cinco anos, em quem, sabíamos, ele havia pensado antes de entrar no seminário, fez, com o maior tato possível, cumprimentos cheios de delicadeza, onde a recordação longínqua de seu gosto deixava ainda um penetrante perfume. Notei que a Sra. Clairville percebeu aquele aroma...

O belo Agostinho, este velhinho bem conservado, de cabelos tão louros quanto os de sua filha, graças à habilidade de seu criado de quarto no uso das tinturas, parecia tão feliz quanto eu pela ausência de Teresa, pois sua filhinha o envelhecia sempre um pouco; todos nós sabíamos que tivera esta filha depois de dez anos de casamento.

O cura Moutonnet absteve-se de discutir, como era de seu costume, com o Dr. Marmon, sobre as máximas deístas deste. O serão prolongou-se até tarde. A bela Irene de Cressol, sobrinha do cardeal, cantou para nós, com sua bela voz de soprano, alguns trechos escolhidos. Paulina, sua irmã mais moça, e Mina cantaram um **duo** que foi muito aplaudido. Ludovico, alma de músico, arrebatou-nos, executando ao violino uma de suas composições, tendo sido acompanhado por mim.

Após a saída de nossos convidados, apressei-me em ir repousar, prometendo para mim mesmo que evitaria, daí por diante, todas as ocasiões de distrair-me de minha grande atração: a iniciação oculta, à qual meu amigo devia consagrar-me os dias que lhe restavam a viver invisível aqui na terra.

V

Cumpri exatamente as prescrições de meu amigo; tomei cuidado de agasalhar-me bem, de colocar meu corpo nas condições requeridas, considerando-o já, como continuei a fazer daí em diante, um cômodo e dócil animal pelo qual devemos velar com solicitude, considerando-o não como nós mesmos mas indispensável ao nosso eu real e, certamente, esta diferença de pontos de vista é utilíssima ao homem, que passa a agir então de um modo mais sensato, relacionando todas as coisas a seu eu real, e não à sombra fugitiva pela qual ele entra em relação com a atividade material.

Recolhendo-me ao meu quarto, esperei a hora indicada por Henrique. À primeira badalada das dez, utilizei-me do meio fornecido pelos quadros simbólicos e achei-me de pé diante da janela aberta de meu quarto de vestir; hesitei um instante. Henrique estava em frente, encostado à grade de ferro de sua casa. Desejei reunir-me a ele e, sem nenhum esforço, elevei-me sobre o peitoral da janela e com a segurança e a facilidade de um pássaro transpus o espaço que me separava de Henrique; abraçamo-nos; eu estava maravilhado e absolutamente tranqüilo.

Desde então não tive um único pensamento de apreensão nas minhas saídas astrais e não tive mesmo mais necessidade de recorrer a nenhuma fórmula, produzindo-se o desprendimento como por si mesmo, assim como nos dirigimos no estado corpóreo para onde queremos, sem decidir previamente que será necessário tomar esta ou aquela atitude e pôr um pé diante do outro para efetuar nosso desejo de ir aqui ou ali.

— Aonde iremos nós, caro Henrique? foram minhas primeiras palavras a meu amigo depois de tê-lo abraçado.

— Fazer um passeio pelas ruas e **boulevards** de T.; depois que a cidade estiver adormecida, faremos algumas visitas indiscretas para mostrar-te desnudas consciências que, a estas horas da noite, se desvestem como o corpo que as encobre. Será para ti uma desilusão mas é necessário, como dizem com razão os teósofos, que o homem seja conhecido; este estudo é indispensável para regrar nossa conduta, esclarecer nosso juízo sempre tão falho; ajuda-nos mesmo a nos conhecermos a nós mesmos, e que constitui, como sabes, o começo da sabedoria!

— Vamos! disse eu a Henrique, emocionado e palpitante de curiosidade.

Parecíamos deslizar suavemente, como nos lembramos de haver feito em sonhos, que são, nada mais nada menos, saídas astrais inconscientes e fugazes.

Chegamos a uma das mais freqüentadas artérias da cidade; muitas pessoas iam e vinham; os terraços dos cafés estavam cheios de fregueses. Não podia me conformar com a idéia de que era invisível aos olhos de todos, e quando me acontecia passar perto de uma pessoa conhecida, tirava maquinalmente o chapéu, saudação que não era, naturalmente, correspondida.

O Dr. Marmon passou junto a nós, muito azafamado; dirigia-se, sem dúvida, para a casa de algum doente. Não pude conter-me e disse-lhe: "— Boa noite, doutor!" Coloquei tanta ênfase na minha saudação, dei a meu pensamento uma inflexão tão profunda, que o doutor voltou a cabeça, muito espantado por não ver ninguém nem ao lado nem atrás. Eu mesmo, ainda mais espantado do que ele, li em seu pensamento: "Engraçado, eu poderia jurar que este **boa noite, doutor** foi pronunciado por Roberto Dosset; trata-se naturalmente de uma alucinação auditiva; isto acontece-me vez por outra há dois anos. Certamente estou com o cérebro cansado" e continuou a andar.

— Como pôde ele ouvir minhas palavras, que não foram transmitidas pelo som! Todavia reconheceu meu timbre de voz... É maravilhoso! — pensei.

— Não, disse Henrique, isto acontece mais freqüentemente do que julgas aos intelectuais elevados como o Dr. Marmon, ou ainda aos pobres de espírito, expressão que designa as naturezas pouco evoluídas, mais próximas da animalidade do que da espécie humana, onde se classificam apenas pela sua forma física. Estes seres, cujo cérebro não está repleto de preconceitos que regem a sociedade humana, deixam penetrar no seu entendimento rudimentar as imagens astrais, assim como os sons produzidos por esta esfera de ações mais reais, embora negadas, do que aquelas percebidas pelos sons materiais e grosseiros de nossos corpos. Os intelectuais, pelo desenvolvimento de suas faculdades mentais, começam a descobrir inconscientemente o sexto sentido que, num período ainda remoto, se desenvolverá em toda a raça humana; este sexto sentido, negado pelos sábios, mesmo os de boa fé, só é conhecido e apreciado pelos verdadeiros sábios, que o desenvolvem até uma força incrível. Homens como Marmon, que não são possuidores de tal prerrogativa no tempo atual, em lugar de serem felizes e dela se servirem para aumentar o campo de suas investigações científicas, mostram-se perturbados por isso e julgam que estão doentes do cérebro, pois não participam, no mesmo grau, da ignorância geral!... Assemelham-se a um homem robusto e correto que lamentaria não ser doentio e corcunda numa sociedade composta inteiramente de vendados de Maya!

Quanto aos simples, continuou Henrique, não se dá crédito às suas visões; são considerados idiotas e desprezados... Tanto que esses pobres seres, tão intimamente associados à grande natureza, duvidam das relações que mantêm com ela e fazem o possível para atrofiar suas faculdades, ou mantêm em segredo sua clarividência, que só lhe causa desdém e piedade.

— É pena! disse eu pensativo. Gostaria de dizer duas palavras ao Dr. Marmon.

— Não o faças, disse Henrique, tu o contrariarias sem proveito algum. Apesar de ser inteligente e bom, o Dr. Marmon já tem mais de cinqüenta anos, por conseguinte cristalizou suas faculdades nas fontes acadêmicas; sua vontade esclarecida por sua ciência real seria impotente para reagir. Será preciso que seu **Ego** revista um novo invólucro para possuir um novo campo mental a semear; seu nobre caráter, que fez de sua vida uma série de atos caridosos e morais, lhe fornecerá o meio de realizar prontamente a nova metamorfose indispensável ao progresso de sua individualidade espiritual.

— Neste caso, disse eu a Henrique, vejo que a reencarnação é a mais necessária e incontestável das leis que regem o desenvolvimento dos seres; compreendi toda sua grandeza; e a justiça divina, da qual não duvidei jamais, a não ser em meus momentos de cegueira, aparece-me em sua majestosa beleza!

Continuamos a deslizar invisíveis entre os transeuntes e apanhei, de passagem, estranhos diálogos; as vozes pronunciavam palavras que discordavam inteiramente dos pensamentos emitidos simultaneamente; era ao mesmo tempo repugnante e ridículo... Jamais poderia acreditar que se pudesse mentir com tanto cinismo.

Uma mãe dizia carinhosamente à filha, aborrecida sem dúvida pela assiduidade com que um senhor visitava sua mãe:

— É preciso que sejas cortês para com o Sr. Otávio, que é um moço bom e rico e pode prestar muitos favores a teu pai; já lhe devemos muito, e ele te dará um belo presente no dia de ano-bom, se não te mostrares amuada cada vez que ele vem à nossa casa.

E interiormente: "Esta menina é demasiado precoce, acabará percebendo as familiaridades de Otávio. Um dia desses acabará fazendo alguma observação indiscreta diante do pai que, malicioso, dá liberdade a Otávio de ficar a sós comigo para alcançar o que pretende. Ele nada disse, mas já compreendi seu plano. Quando o nosso barco estiver navegando de vento em popa, ele despedirá o piloto, que ficará entregue a si próprio. Até lá, saberei ganhar umas jóias que ando cobiçando, mas evidentemente, continuarei a passar por uma honrada mãe de família. Assim o pobre imbecil não poderá se vangloriar de ter eu partilhado de seus sentimentos. Darei a entender às minhas mais indiscretas amigas que, tornando-se suspeita sua assiduidade, pedi-lhe, sem nada dizer a meu marido querido, que não voltasse mais a minha casa."

Esboçando um sorriso malévolo, a filha respondeu:

— Sim, mamãe, procurarei ser mais gentil, mas se ele não me der um bonito presente de ano-bom...

— Como? O quê? disse a mãe.

A menina hesitou. Depois disse:

— Bem, não lhe darei mais bom-dia!

E interiormente: "Este senhor é o amante de minha mãe, como diz a criada, dá muitos presentes a mamãe e já os vi beijando-se, sem que o suspeitassem. Se ela quiser me internar num convento, como vem falando de uns tempos para cá farei uma cena, ameaçando-a de contar tudo a papai."

— Que horror! exclamei. Quanto fingimento e astúcia numa criança!

— Estás apenas no início de tuas experiências, meu caro Roberto. Quando elas forem mais numerosas, deixarás de indignar-te à menor constatação da perversidade humana, tua alma sentirá apenas imensa piedade por tanta ignorância que engendra sempre o vício e o erro. Experimentarás, como todos os que se tornaram, pela iniciação, clarividentes e altos sensitivos, o desejo e, mesmo, a necessidade de subtrair esses infelizes à sua miséria mental e isto à custa dos mais cruéis sacrifícios; farás tuas as suas ignomínias, teus os seus sofrimentos, e, a exemplo de Jesus esse Mestre a quem queres servir, desejarás, consagrar tua vida terrestre ao alívio de teus irmãos encarnados. Depois, como o amor ao sacrifício cresce cada vez mais, não abandonarás a tarefa de devotamento, mesmo após a morte corporal. Quanto mais aumentar em teu **ego superior** o conhecimento dos males da Humanidade, maior será tua caridade e, às portas do Céu, recusarás entrar, para continuar a exercer tua influência protetora sobre a terra. Farás parte dos Nirmanacaias[1], Deuses benfeitores, que a Humanidade desconhece, mas dos quais recebe auxílio e proteção.

Eu escutava meu amigo com recolhimento. Compreendi, então, o significado das palavras do Divino Mestre: "Eu permanecerei convosco até a consumação dos séculos." Um impulso de amor elevou-se em meu coração para esse doce Mestre que continua sua dolorosa paixão em contato com a espécie humana tão má e tão pouco reconhecida a esse sacrifício voluntário ao seu progresso, à sua preservação! Prometi observar e instruir-me, reprimindo a repugnância ou

---

(1) Palavra com que se designa um dos três corpos ou formas budistas. Esta forma é a que pode tomar um adepto quando, deixando o corpo físico, aparece em seu corpo astral. Os Bodisatvas ou Budas de compaixão, isto é, os que atingiram o grau de Arhats, desenvolvem esta forma em si à medida que avançam no caminho; eles podem obter esta forma quando chegarem ao sétimo plano. Os outros corpos ou formas budistas chamam-se Sambogacaia e Darmacaia. V. o significado destes termos no **Dicionário de Ciências Ocultas**, verbete Nirmanacaia.

o horror, a fim de levar judiciosamente minha pequena contribuição a estas grandes almas, protetoras da Humanidade.

— Acompanhei teu pensamento, Roberto, disse Henrique. É ele que assinala as etapas no caminho da dor e do conhecimento. Continuemos as nossas experiências.

E nos metemos numa rua estreita, afastada do movimento; longos muros de jardins a compunham quase exclusivamente. No fundo da rua, à direita, uma porta baixa dava acesso a um vasto jardim. A casa achava-se bem no fundo, dando para o **boulevard**. Ali morava um velho celibatário, grande negociante de vinho, homem sem instrução, de costumes dissolutos, cujo sangue viciado transparecia em seu rosto sem barba através de erupções suspeitas. Este velho libertino só tivera aventuras amorosas com mulheres do povo e do teatro, que lhe saíam muito caro. O sacripanta fizera sozinho sua fortuna e conhecia o valor do dinheiro, como se diz comumente, e por isso voltava sempre às suas baixas conquistas. Um dia, contudo, apaixonou-se seriamente. A princípio não compreendeu esta sensação, que tão tarde se desenvolvera nele. Foi a mulher do juiz-instrutor quem causou essa desordem na sua espessa inteligência. Teria ela provocado esta efusão sentimental ou, percebendo-a, se submetera? Não o sei; mas, havendo-me colocado Henrique muito perto da referida porta, vi logo aproximar-se uma pessoa com passo apressado, olhando às vezes para trás para ver se ninguém a seguia. No momento em que, com sua mãozinha enluvada, a desconhecida introduzia na fechadura uma chave reluzente, prova do seu freqüente uso, dei um grito: acabava de reconhecer nesta visitante noturna a Sra. Zélia Delmart, de cujas atenções me orgulhara até então e das quais me julgava o único objeto. Eu havia empregado todas as sutilezas de meu espírito para fazer o assédio daquela fortaleza e, depois da vitória, senti grandes remorsos por ter perturbado a paz de um coração tão virtuoso, e subtraído a seus deveres uma esposa tão fiel, que ninguém, a não ser eu, poderia pôr em dúvida sua impecável virtude conjugal.

Zélia era tão espirituosa quanto bela. Nenhuma outra tinha marcado tão docemente meu coração e, sem dúvida, ao me restabelecer, eu teria levado minhas homenagens aos pés de minha adorável amiga. Felizmente, a Providência, pela intercessão de Henrique, desviou-me do mau caminho, que leva sempre a amargas desilusões. Minha intensa sensação produziu um rumor apreciável no ambiente. Zélia encolheu-se, atemorizada, tornando-se muito pequena no vão da porta, sem ousar virar a chave. Olhou para todos os lados e até mesmo para o topo do muro.

Acordando em mim o velho homem, furioso por ver esta mulher, da qual meus sentidos lembravam-se tão bem, penetrar na casa desse velho libertino, lancei-me para retê-la e suplicar-lhe que renunciasse a esse delito.

Henrique deteve-me com um gesto, dizendo-me simplesmente:

— Lembra-te de tua promessa de há pouco.

Fiquei acabrunhado; lágrimas abundantes inundaram-me o rosto.

— Chora-se, pois, em forma astral? perguntei.

— E muito mais dolorosas são as feridas morais que se sentem neste estado mais sutil da matéria, onde todo o organismo parece participar do mesmo conhecimento do efeito. Seca tuas lágrimas, continuou meu amigo. A experiência se paga de diferentes modos, mas custa sempre alguma coisa. Vem, sigamos esta pobre desavergonhada, que junta a hipocrisia à sua perversidade e procuremos, se houver oportunidade, afastá-la do seu erro, ou, pelo menos, atenuar-lhe as conseqüências. Vamos, coragem.

Apoiei-me nos braços de Henrique. Chegamos no momento em que Zélia entrava no escritório do Sr. Desiré Gaspard, o figurão do comércio de T. e um dos mais influentes conselheiros municipais.

— Como tardaste, minha Zeliazinha. Há mais de uma hora que espero tua chegada desta janela! Impacientava-me ainda mais porque devo comparecer a uma reunião antes da meia-noite, onde obterei informações precisas do estado dos negócios de Poulain que, como sabes, deve-me uma boa soma.

— Sim, disse Zélia. Uns 150.000 francos, creio.

— Oh! mais que isso! Vendi-lhe ultimamente mais uns 30.000 francos.

— Diabo! exclamou Zélia, tornando-se muito séria; mas, sentando carinhosamente nos joelhos do grosseirão, continuou: — E eu venho participar-te uma grande contrariedade que acabo de ter... Ah! esta tia Delfina é tão interesseira! E que infelicidade ter de suportá-la, pois, sem ela, meu querido, eu poderia ocultar nossas relações...

Gaspard abraçou-a e aproximou sua cara borbulhenta do pescoço acetinado de Zélia, intumecido por veiazinhas azuis; seria ainda o testemunho da agitação dela? Eu tinha muitas vezes notado este sinal fisiológico na Sra. Delmart.

Ela fugiu bruscamente ao abraço, para cair, suspirosa, numa cadeira que estava em frente.

— Mas que tens, minha jóia? Oh, a tia Delfina me aborrece! Que mais ela quer? Não quero te ver chorar. Vejamos: conta-me depressa o que te aflige; não te esperei tanto tempo para te ver banhada em lágrimas. Estou certo de que serás gentil, pois há dois meses não nos vemos...

As velazinhas azuis dilataram-se a ponto de estourar; dir-se-ia a inchação de uma víbora, levando-lhe à cabeça toda a energia vital...

— Pois bem, meu caro Gaspard. A minha tia jogou e perdeu como sempre. Ninguém a não ser nós dois conhece esse seu vício. Zélia aproximou sua cadeira do homenzarrão. E para pagar, minha tia lançou mão da anuidade que tu me tinhas confiado para minha segurança. É vergonhoso! Esta megera bem sabe que nós temos necessidade dela e daí o seu abominável abuso. E pondo-se novamente a gemer: Ah! em que má situação fui cair, meu Deus! Que vergonha, Gaspard, ter cedido ao amor que te inspirei, eu até então a irrepreensível mulher de um juiz-instrutor, de um magistrado íntegro, respeitado por todos... Dizer que tive a fraqueza de aceitar a caução que me propuseste e que minha tia, graças a teus conselhos, devesse fiscalizar o dinheiro.

E, ainda mais bela, Zélia desfez-se em lágrimas; não era uma mulher: dir-se-ia uma pranteadeira egípcia.

Irritado, de mau humor, o negociante consultou o relógio.

— Não tenho mais de dez minutos. Vamos, minha bela, enxuga tuas lágrimas. Ferida de dinheiro não é mortal.

E, dizendo isto, tirou de sua carteira duas cédulas e lhas deu.

— Aliás, reservo-me o direito de censurar a Sra. Delfina; não quero que ela te magoe.

De repente a campainha retiniu fortemente.

— Quem será? A esta hora não espero ninguém! Tomei minhas precauções para não ser incomodado.

Zélia, com ar satisfeito, cobriu-se logo com a manta e escapou pelo jardim, encantada com o acidente, apertando maliciosamente as cédulas contra o peito, onde rapidamente as enfiara.

Só então percebi que Henrique não estava presente. Encontrei-o novamente na rua, onde eu seguia minha antiga amiga.

— Por que me deixaste? perguntei-lhe. Um toque de campainha pôs fim à abominável entrevista. Meu amor-próprio passou por dura prova. Hipócrita, víbora, como pude te acalentar no peito?... Ah! que feliz afastamento produziu aquela campainha zombeteira...

— Sim, disse Henrique. Consegui com grande custo fazer soar a campainha, mas enfim ecoou justamente na hora. Sem isto...

— Como?! Foste tu que a tocaste?

— Certamente, e deu-se o que se chama um **efeito físico,** um desses fenômenos ocultos que acontecem muitas vezes na Comédia

Humana e que, para a maior parte das pessoas permanecem ignorados, apesar de sua enorme conseqüência.

— É prodigioso! Mas a dificuldade de produzir esses fenômenos deve restringir-lhe o número.

— É necessário, explicou Henrique, um concurso de circunstâncias para produzir estes efeitos materiais, que não estão ao alcance de todos os habitantes da esfera astral, mas as entidades encarregadas de uma missão servem-se de elementais dirigidos nesta ordem de manifestações; estes são, de certo modo, servos bem treinados, postos ao serviço do missionário. Os magos têm, igualmente, em graus diversos, um poder autocrático sobre este gênero de criaturas. Porém, viste a ação do lado direito na fisionomia da Sra. Ninus Delmart; convém que leias no avesso, no pensamento de Zélia. Sigamo-la.

Apertando o passo, a pequena dama exultava: "Foi mais fácil do que eu pensava... Como ele engoliu a minha história. É mais bobo do que parecia. E minha tia é uma libertina que quer passar por virgem e estou certa de que é realmente virgem: sente um prazer imenso em me contar com detalhes todas as vilanias dos velhos ricaços. Certamente nunca conheceu tais coisas, pois, do contrário, não teria tanto prazer em falar sobre elas. É uma orgulhosa devassa, minha devota tia. Enfim, estou tranqüila. Talvez ela tenha razão em querer que eu rompa com Eduardo, pois este pretensioso acabará me comprometendo. Gostaria que estes vinte e oito dias não acabassem nunca... Ele endividou-se por mim e isso não pode durar sempre; seu pai acabará sabendo e então, cuidado! Ele não é como o Sr. Dosset, a quem eu amava verdadeiramente. Quem sabe se ele virá ver-me antes de deixar. T. Disse-me Eduardo que sua família tinha a intenção de casá-lo. Tratarei de inventar alguma coisa para embaraçar o negócio. Se Ninus, que está continuamente doente e caquético (ninguém o sabe melhor do que eu) — pensou movendo a cabecinha — viesse a morrer, sou ainda moça e bonita; graças a Gaspard, meu seguro garante-me certa estabilidade, e quem sabe se não desposarei Roberto... Tornar-me a Sra. Dosset, que felicidade!"

Eu estava numa excitação impossível de descrever, escutando esta perversa criatura em seus pensamentos. Que infâmia!

Uma carruagem esperava por ela na esquina do **boulevard.** A portinhola abriu-se, quando Zélia apareceu. A velha cabeça da Sra. Delfina avançou curiosa:

— Voltaste logo, menina! Tanto melhor! Tens o dinheiro, pelo menos?

— Sim, o homem caiu como um patinho! Porém, alguém tocou tão fortemente a campainha que eu, aproveitando-me da confusão do gordo **espinhudo** (era assim que elas chamavam Gaspard) fugi, sem lhe ter, ao menos, dado um recibo... Agora, depressa para casa; acompanha-me, dirás a Ninus que eu tive uma indigestão, que por pouco não precisaste passar a noite comigo...

— Mas não estás com cara de quem teve qualquer indisposição de estômago... Estás fresca e corada como uma rosa. Ah! se eu tivesse sido bela como tu, que boas não teria feito a esses homens, que nunca me deram atenção! Que bom seria ser linda, linda! As que não são belas, não são, porém, menos mulheres, diabo! Ah! tu tiras e tirarás ainda vingança por mim, minha Zélia! Mas, ia-me esquecendo de dizer-te: não te esqueças de dar-me a minha pequena parte; preciso pagar a carruagem esta noite; enfim, é uma ninharia; não falemos mais nisso...

A carruagem rodou. A tensão de minha natureza fluídica tinha sido forte demais e desfaleci nos braços de Henrique.

De repente acordei numa espécie de sufocação dolorosa e meu corpo estava inundado de suor frio, gelado.

Henrique não me havia abandonado em minha crise dolorosa: de pé junto de meu leito ele acalmava, com passes magnéticos, a excitação de meus nervos e provocava a circulação do sangue que causava a sufocação. Alguns minutos bastaram para me fazer voltar ao estado normal. Soltei um profundo suspiro de alívio.

— É preciso, disse Henrique, encouraçar tua sensibilidade, se queres continuar com proveito tuas investigações nas consciências. É preciso que aprendas a te despersonalizar para te tornares um juiz imparcial de teus irmãos, tanto dos que te são inferiores, como daqueles que são teus iguais no presente. Se dominares diligentemente teu amor-próprio, poderás analisar mais sutilmente, com exatidão mais perfeita, os atos que te será dado observar, pois os antecedentes que os geraram te serão revelados; enquanto te indignas e sofres descuidas-te de perceber as **precedências** que aumentam ou diminuem a culpabilidade de cada um deles. Amanhã, de dia, faze exercícios ao ar livro, toma um banho frio e desvia teu espírito de toda preocupação séria; teus nervos necessitam deste tratamento. Amanhã, à noite, à hora habitual, esperar-te-ei no Café Marc; farás, pois, sozinho todo o trajeto até lá. Será uma experimentação de tuas forças até aqui sustentadas pelas minhas. Devo prevenir-te que, em cada desprendimento, teus sentidos internos, mais bem exercitados, te serão mais úteis. Verás como sentirás melhor o ambiente. Por isso não é demais repetir: fecha teu coração às paixões sensuais, que a benevolência aumenta em ti na razão direta de teu conhecimento da Humanidade.

Um sopro fresco sobre a fronte, um doce aperto de mão de meu caro companheiro fizeram-me adormecer num sono profundo até às oito horas da manhã, quando uma leve batida à porta de meu quarto me fez abrir os olhos.

— Entrai, disse eu, ainda mal desperto.

Foi Ludovico quem entrou.

— Bom dia, meu amigo, cumprimentou ele. Como o dia está belo, vim convidar-te para um passeio a Dragonne; almoçaremos lá, e poderás acompanhar-me na visita que farei à propriedade. Depois, cerca das quatro horas da tarde, estaremos de volta a T., onde tua mãe me convidou para o jantar de família. Aceitas?

— Com imenso prazer. Necessito de um passeio ao ar livre e desejo fazer um passeio a cavalo. Tiveste uma excelente idéia de vir procurar-me antes de minha saída.

Vesti-me às pressas; o cavalo de Ludovico escarvava o pátio e Gilberto, certo de que aceitaria o convite, mandara selar o meu. Engoli rapidamente uma xícara de leite e, depois, partimos felizes para Dragonne. Eu ia de muito bom grado nesta direção, principalmente porque tinha feito amiúde este mesmo passeio com Henrique, que amava muito esta propriedade semicosteira, cujo ar purificado pela vizinhança de grandes árvores, lhe era particularmente caro.

Antes de alcançar a estrada larga, passamos pelo **boulevard;** inconscientemente voltei o rosto para o lado da casa da tia de Zélia. A velha virgem impudica estava à janela; viu-nos passar com seus pequenos olhos de fuinha, de cor indecisa, porém penetrantes. Sobressaltei-me: a cólera invadia-me. Esforcei-me por repelir este sentimento mas não o conseguia.

Ludovico disse-me então:

— Estás olhando para esta pobre Srta. Berthier; que boa pessoa! Minha mãe fala sempre muito bem dela. Assim, vim a saber que ela é utilíssima às Damas da Misericórdia para a distribuição justa de auxílios aos infelizes da paróquia, e nesse mister ela não poupa tempo nem trabalho na busca dos pobres envergonhados, daqueles que nem sempre as pessoas ocupadas podem descobrir.

— Ah! respondi. Muito meritório, se ela se contenta apenas com descobri-los!

Ludovico ficou surpreso.

— Que queres dizer com isso?

Compreendi que fora indiscreto e acrescentei imediatamente:

— Tomemos as pessoas pelo que elas parecem ser, meu amigo, até possuirmos uma prova do contrário; isso talvez seja mais prudente...

E acelerei a andadura do cavalo para me afastar mais depressa da megera de descobertas caridosas.

Obtido o efeito requerido por minha saúde, entrei em casa à noite, com o rosto corado, revigorado interiormente pela longa respiração do ar livre e puro.

A fadiga física que eu sentia parecia-me agradável; ela tinha dado à minha excitação nervosa da véspera um curso completamente diverso; assim, com bom apetite, tomei parte do jantar de família, que a presença de Ludovico tornou mais alegre do que de costume.

Ludovico era um irmão para nós; meus pais tratavam-no como um filho; por isso sentíamo-nos muito felizes pois nossos corações pulsavam em uníssono. Creio, todavia, que o de Ludovico acelerava-se quando ele se dirigia a Mina, mas eu não estava certo de nada. Minha irmã tinha três anos a mais do que Ludovico.

VI

Assim que me deitei apressei-me em desprender-me. Sentia-me disposto, cheio de boas resoluções.

Lancei-me pela janela à rua; começava a achar o processo natural; todavia, a ausência de Henrique causou-me uma sensação penosa, ainda que soubesse que ele me esperava, pois havia marcado encontro no Café Marc, sem dúvida para me habituar a agir só, em meu estado de desprendimento.

Hesitei alguns segundos na escolha do trajeto para ir ter com meu amigo, pois eu não devia lá chegar instantaneamente, mas com passo normal. Escolhi por isso um caminho mais longo, através das ruas mais freqüentadas, por onde eu pudesse ir fazendo algumas experiências. Tinha tempo até encontrá-lo.

Passando pela rua da Catedral, vi, sentados diante da casa, o Sr. e a Sra. Mauléon, o açougueiro mais rico de T. tomando a fresca em companhia de seu sobrinho, um garoto de doze anos com aparência de dez, de expressão inteligente e zangada e grande cabeça assentada sobre um pescoço levemente torto. Ao lado dos três via-se um enorme **bull-dog,** cuja cabeçorra inteligente poderia passar por parente do açougueiro, de tal forma este se assemelhava ao animal pela expressão bestial do rosto e o grande nariz achatado na base, de largas narinas chanfradas como se tivessem sido cortadas ao nascer. Sua grande boca sempre aberta dava-lhe ainda mais semelhança com o cão.

Há muito eu conhecia aquele bairro. Este açougueiro era quem fornecia carne à família de Montzag e à nossa. Deste modo, os comentários do açougue chegavam até nossa sala de refeições. Mauléon era trabalhador, avarento, tolo e vaidoso, qualidades que andam muitas vezes juntas; mas ele adorava sua cara-metade, a formosa Sra. Mauléon, conhecida como **A Bela Açougueira** há uns vinte anos atrás, pois atualmente está gorda, fanada e ridiculamente pretensiosa! Mauléon, para agradar a esposa, que considera uma tola, consulta-a para tudo. Não tendo filhos, resolveu adotar como filho aquele garotinho malvado, fruto adulterino de sua cunhada, que, há tempos abandonara a região, sem jamais ter dado sinal de vida.

Os Mauléon tinham, pois, tomado o menino, ao qual logo se afeiçoaram e cada um procurava mimá-lo mais do que o outro. O menino tinha uma memória excepcional e era estuto como um macaco. Se fosse preciso ficaria um dia todo de atalaia, sem comer nem beber, para espionar alguém e divertir o casal à noite, contando-lhes com abundância de detalhes e floreios os mexericos ouvidos e surpreendidos por ele. Narrava a sua história com fingida inocência, servindo-se de expressões grosseiras e apimentadas que faziam estourar de riso os pais...

— É bem sabido para a idade o teu sobrinho Gabriel, dizia o açougueiro. Que espírito! Seria um bom advogado!

A Sra. Anaïs, que se jactava de conhecer a história da França na ponta da língua, por havê-la aprendido nos romances históricos do bom Alexandre Dumas — que se pode orgulhar de ter enchido de erros os cérebros de seus inumeráveis leitores — a Sra. Anaïs respondeu um dia a seu esposo que, se Gabriel tivesse vivido na época em que os reis tinham bufos em sua corte, teria sido o êmulo do célebre Chicot; desde então passaram a chamá-lo seu pequeno bufo e, por abreviação, seu pequeno Buf.

Considerei um instante os quatro personagens; o cão atraiu-me sobretudo a atenção; parecia meditar.

Os animais são videntes, dissera-me Henrique. Experimentemos o meu poder sobre este e vejamos o que fará neste caso. Pus-me então diante do cão, fixei meus olhos nos seus. No mesmo instante, alçou a cabeça e farejou o ar na minha direção. Creio que me via.

Fiz um gesto ameaçador. Furioso, o animal deu um pulo como se quisesse saltar-me ao pescoço. Confesso que recuei por força do hábito, elevando-me insensivelmente a um metro acima do solo. O cão ficou estupefato, com o focinho no ar.

— Aqui, Bruno! gritou Mauléon.

— Que mania te deu, disse Anaïs, de querer morder a lua!

— A lua já foi dormir, observou o garoto, e eu vou fazer o mesmo!

Voltei ao cão; este, então, precipitou-se loja adentro dando lúgubres ganidos que, como se diz, pressagiam morte próxima na casa.

— Oh! bicho mau! Que é que tens esta noite? disse a açougueira. Estás me pondo medo.

— Ora! trovejou Mauléon. É talvez o velho que vai morrer... Já está no tempo! Faz três anos que está de cama e vivendo nas nossas costas.

— De cama, zombou Gabriel. Ah! é verdade que ele nos dá trabalho e, além disso, de que lhe serve viver? É por causa dele, sem dúvida, que Bruno dá estes uivos. Afinal o nosso tio-avô sofre tanto que Deus lhe faria um benefício chamando-o.

Depois deste sensato pensamento levantaram-se para ir para a cama. Mauléon foi buscar a chave para fechar a casa.

O garoto, aproveitou a oportunidade para dizer à tia:

— Se o velho espicha a canela, ficarei com o seu quarto; o sótão é alto demais.

A tia levantou a cabeça:

— Não, meu menino; o quarto do tio ficará para o primeiro balconista; já está prometido.

— Ah! respondeu o menino, para o Sr. Raul, teu amigo, não é?

Uma formidável bofetada fechou a boca de Gabriel, que soltou um grito agudo.

— Por que esbofeteaste o pequeno Buf? Vamos, fala... gritou o açougueiro.

Anaïs foi rápida. Enfiou a mão gorda no bolso do avental e dele tirou uma moeda de prata e deu-a a Buf, que se acalmou imediatamente.

— Ah, padrinho! respondeu prontamente o menino. Não foi minha tia que me bateu. Fui com tanta força de encontro ao balcão que vi estrelas.

— Imbecil! disse o açougueiro. Estás ficando cego, burro?

— Não tanto como tu, meu velho! murmurou zombando o pequeno Buf.

Fazendo experiência com o cão, assisti a uma cena íntima que mostra o avesso de certos homens pouco interessantes... e afasteime rapidamente.

Chegando à rua principal, observei ainda as pessoas que passavam por ela, ao mesmo tempo que eu mas não da mesma maneira. Parei diante de uma exposição de estampas e cartões postais. Tendo eu passado de dia por ali, não tivera tempo de olhar uma série de castelos Renascença: Chenonceaux, Azay-le-Rideau, Langeais, que eu havia visitado há alguns anos. Considerei com profunda atenção uma destas vistas e isto com tal intensidade que me esqueci completamente de que estava em forma astral. Já ia entrar na loja para comprar uma delas quando senti subitamente uma mudança física; a umidade da temperatura e os ruídos da rua se acentuaram de tal forma que não o poderia exprimir por meio de palavras; mas assim como existem estados diferentes e sucessivos no sono hipnótico, do mesmo modo há, nos diversos graus de desprendimento, modificações numerosas. Nem bem acabara de observar este fato quando uma voz bem conhecida me interpelou:

— Boa noite, Sr. Roberto. A estas horas na rua, tão galhardo apesar do tempo tão úmido?

A Sra. Blaizoit, zeladora dos Montzag, estava diante de mim. Olhando-me maternalmente, com os grandes olhos azuis. Ia responder-lhe, porém esta mudança fez bruscamente cessar a intensidade do olhar que havia mudado o aspecto de minha personalidade fluídica, dando-lhe mais consistência, mais opacidade. Instantaneamente, retomei o estado fluídico. A Sra. Blaizoit ficou boquiaberta; eu acabava de desaparecer de sua vista.

— Meu Deus! exclamou chorando e levando os punhos fechados à fronte. Decididamente, fiquei louca! Todavia, vi-o muito bem; ele estava ali, em plena luz!... Ah! acrescentou, certamente o Sr. Roberto teve uma recaída; acaba de morrer o pobre rapaz. Que pena! Oh! sim, com certeza morreu. Somente um fantasma pode aparecer e desaparecer tão depressa ... Vou certificar-me do fato, se não há novidades em casa dos Dosset... Mas... estou ficando louca... não há dúvida que morreu...

E, apressando o passo, tanto quanto lhe permitia a idade, a Sra. Blaizoit deixou-me.

Eu estava admirado, tanto quanto ela, mas de um modo diferente.

Logo cheguei ao Café Marc. A esta hora a casa regurgitava de fregueses. Procurei inutilmente meu amigo. Está atrasado, pensei. Esperemo-lo, continuando as investigações curiosas com esta gente falante que ocupa as mesas.

Observei primeiro um dos meus concidadãos, cujos antecedentes eram pouco louváveis. Era um rapaz de vinte e cinco a vinte e oito anos, pertencente a uma família de boa posição na cidade graças a suas boas relações. Fizera-se advogado há pouco. Morto o pai, a maior parte do pouco que deixou como herança à família foi utilizada para seus estudos em Paris; Juliano Laverdette prolongou-os além do necessário, sabendo a que privações sujeitava todos os seus. Juliano havia sido, mais do que um pândego, uma vergonha para a família, obrigada a abafar — com um sacrifício ruinoso — um negócio excuso do qual o filho tinha sido o principal culpado. Absolutamente gangrenado, tanto moral como fisicamente, Juliano, pela força das circunstâncias, voltara a T., onde ficava por toda parte à espreita de negociatas, pronto a fazer, por dinheiro, todas as concessões possíveis à fraude e à injustiça. Juliano era alto, bem feito, seu rosto seria repugnante pela desarmonia dos traços assim como pela tez biliosa com manchas lívidas, se não fossem os olhos negros de grande beleza e cheios de calor com que ele sabia fascinar suas vítimas ingênuas. Contava com o seu poder para, apesar de sua fealdade, seduzir moças ou viúvas ricas.

No momento em que eu me preparava para olhar o **verso** de Laverdette, um homem gordo, sentado mais adiante, levantou-se e passou perto de mim; era Gaspard, o negociante de vinhos. Antes de subir ao grêmio, no primeiro andar do Café, costumava entrar no Café freqüentado por comerciantes, para ver seus fregueses e tratar de negócios.

— Aonde vai este velho libertino? perguntei a mim mesmo. Vejamos. Tenho tempo para observar Juliano. Sigamos o amigo de Zélia, ao sair do café.

Um rapaz mal vestido aproximou-se do Sr. Desiré e lhe disse em voz baixa:

— Pagaríeis bem, Sr. Gaspard, por um aviso muito importante para a sua tranqüilidade?

— Sim, fala, patife. Se a coisa valer a pena, ganharás dez francos; e nada de mentiras ou te darei uma surra!

— Então os dez francos já são meus. Ouça: o senhor corteja e paga a mulher do juiz-instrutor, Sr. Delmart.

Gaspard interrompeu-o, inquieto:

— Não tão alto, meu rapaz... Pois bem, quem te contou isto? Não é verdade; eu só vejo esta senhora na sociedade.

— Ora, ora, rotrucou o jovem, eu vos direi, se quiserdes, o que se passou a noite passada em vosso escritório, no andar térreo, e que fostes mesmo tapeado pela moça e pela velha; destes à velha um **seguro**.

Desiré ficou lívido de cólera e de medo. Eu mesmo estava extremamente emocionado, pois acreditava que os únicos conhecedores destas particularidades fossemos nós, Henrique e eu.

— Como vedes, estou a par de tudo. Agora, ouvi-me: uma alma generosa insuflou a desconfiança no espírito do grande Ninus e sua mulher aumentou-a ainda mais.

— Cala-te, tagarela! disse Gaspard. Eis os dez francos e deixa-me...

— Não é só, caro senhor. Um conselho: ausentai-vos por algum tempo por causa de vossa saúde. Precisais fazê-lo. Ouvi o Dr. Marmon dizer: "O velho Desiré está ameaçado de apoplexia; se ele continua a correr atrás de saias..."

Os braços de Gaspard caíram pesadamente ao longo do corpo, e fez dois ou três ziguezagues como se fosse perder o equilíbrio.

— Sim, sim, partirei! É necessário, tenho inimigos... Fui traído. Se o Ninus me exigisse uma explicação... É alguma trama de Delfina! Ah! tenho a cabeça abrasada! Toma lá, meu rapaz, mais cinco francos! Como te chamas?

— Nollé.

— Bem, e onde moras? Eu teria, talvez, necessidade de teus serviços para vigiar alguém; pareces inteligente.

— Moro na rua do Ar Livre.

— Não conheço esta rua! disse o negociante, distraidamente, e subiu para o Círculo.

Segui-o com o olhar. O jovem desconhecido aproximou-se de mim, despiu prontamente sua roupa e, estupefato, reconheci Henrique, a quem uma mudança de perspectiva devolvia-lhe sua fisionomia habitual.

Várias perguntas afluíram-me aos lábios.

— Vou explicar-te tudo. Acabo de materializar-me para prestar auxílio a Zélia, a quem pago uma dívida de gratidão contraída numa existência passada; além disso, dou um conselho salutar a este velho libertino, cuja casa invadimos incógnitos e cujos amores perturbamos; como sabemos, ele já pagou com juros dobrados. Só ele me viu e ninguém mais. Tomei para a ocasião, a fim de poder articular sons, fluidos desta florista que acaba de mealhar uma pequena quantia, sem nada saber!

Como eu me admirasse, Henrique acrescentou:

— Estas coisas acontecem mais freqüentemente do que julgas. Quantas pessoas recebem socorro e avisos, cuja fonte ignoram! Somos prevenidos e salvos de um perigo e dizemos: "Ah! foi verdadeiramente providencial: um senhor ou uma senhora, que eu não conhecia, colocou-se justamente perto de mim no momento em que ia ser esmagado. Se não fosse seu aviso, eu cometeria uma imprudência..." e assim por diante. Note-se que tais salvadores se afastam antes que pensemos em pedir-lhes o nome ou endereço. É apenas uma de suas sugestões para deixar pairar sobre eles o mistério.

— Todavia, Desiré te pediu o nome e o endereço.

— É verdade, respondeu Henrique, rindo; e, atemorizado, não pôde ver que eu zombava dele...

Contei a meu amigo o resultado de minhas experiências; ficou satisfeito.

— Não te dês ao trabalho de examinar Laverdette; conheço-o muito; eu te falarei sobre ele. Além disso, em breve teremos de lidar com ele. Vamos andar um pouco, depois nos separaremos. Por esta noite, já fizemos experiências suficientes.

Entramos num **square** fechado, nesta hora adiantada, ao público comum, mas não à população fluídica, que era bastante numerosa. Eu olhava com curiosidade, procurando compreender a razão da diferença entre as sombras dos defuntos retidos ainda no plano material por uma causa qualquer e os corpos fluídicos de pessoas adormecidas.

Henrique seguia o meu pensamento.

— Precisas, disse-me, considerar repetidamente o espetáculo que se desenrola aqui, para fazeres a distinção entre os vivos e os desencarnados; um gênero misto os diferencia ainda; são as pessoas em saída astral consciente, tais como tu, e são mais numerosos do que se crê! Os feiticeiros da Idade Média, muitos exterminados, e não de todo injustamente, fizeram descendência. Muitas destas almas infernais alimentam o inferno com suas ações mórbidas, no meio que podem atingir.

Os **magos negros**, seus irmãos e mestres, vivem entre nós, muitas vezes junto de nós, sem que nada revele aos que convivem com eles seus poderes nefastos. Esses homens se distinguem em suas especialidades sempre más; prestam mútuos favores entre si quando é necessário. Podem evocar-se a grandes distâncias e transportam-se com uma celeridade admirável. Os elementais inferiores são seus servos fiéis. Voltaremos a este assunto; desejo que o conheças para saberes preservar-te. Os magos negros são mais poderosos do que as naturezas angélicas, nos planos objetivos e, particularmente, no plano terrestre.

— Que fizeste, perguntei bruscamente a Henrique, dos quinze francos de Gaspard? Eles não eram fluídicos!

— Oh! não! Empregá-lo-emos logo utilmente.

— Eu queria ainda perguntar-te se me podes dizer qual é a natureza da dívida que contraíste outrora com Zélia.

— Há muito tempo, numa encarnação subalterna, fiz pesar sobre esta alma odiosas suspeitas, a fim de desviar a atenção de minha própria culpabilidade. Não é a primeira vez que trabalhei para reparar esta falta tão grave. O que, porém, fiz aquela noite supera minha culpa, e sinto-me feliz por isso! A menor de nossas faltas, meu caro

Roberto, deve ser expiada rudemente! A lei do Carma põe fatalmente em face um do outro os antagonistas para estabelecer a harmonia pela expiação voluntária.

Neste momento, Henrique distinguiu um ruído muito fraco, que eu não podia perceber.

— Chamam-me! disse ele, A campainha aérea soou[1]; irei além dos mares, às Índias, receber ordens dos mestres. Adeus, Roberto, por esta noite. Virei buscar-te, não fiques aqui sozinho. Volta imediatamente para casa.

Henrique elevou-se nos ares e desapareceu de minha vista.

VII

No dia seguinte, Henrique chegou antes da hora habitual.

— Desprende-te depressa! ordenou. Temos trabalho perto daqui. Uma pessoa conhecida suplica-nos que a auxiliemos a preservar sua filha.

Desligado do corpo, percebi que uma forma branca estava perto de Henrique. Examinei-a atentamente. Pouco a pouco, seus traços foram se distinguindo. Dei um grito.

— Quê! Sra. Fontaine?

— Sim, eu mesma, respondeu ela fracamente, a vítima da infernal Pichon, governanta de minha pobre Teresa. Apressemo-nos, voemos para salvar minha filha. Contar-vos-ei depois, se tiver forças, minha breve história e, se não puder fazê-lo esta noite, o Sr. de Montzag vo-la contará mais tarde.

Num abrir e fechar de olhos transportamo-nos os três para o grande jardim do palacete dos Fontaine. No canto mais afastado da habitação, num pavilhão, duas pessoas conversavam a esta hora tão imprópria. Elegantemente vestida, com um **peignoir** de seda malva, Teresa Fontaine estava sentada num divã. Oculta por uma alta jardineira, a vela iluminava fracamente o elegante recanto. Aos pés dela um rapaz fazia-lhe com volubilidade e voz habilmente modulada ardentes protestos de amor, cujas exageradas e rebuscadas expressões teriam despertado suspeitas numa outra que não Teresa, simples e ignorante neste gênero de discursos.

---

(1) Grande número de estudantes teosofistas admite que todo aluno bastante adiantado em teosofia pode perceber o tilintar de campainhas aéreas, análogo ao de uma campainha elétrica, que é o sinal do "guru" ou mestre, avisando-o de que quer se comunicar com ele.

O moço baixava cada vez mais o timbre da voz melosa, sem deixar um instante de fitar a jovem, tendo encerradas nas suas as mãos da pobre moça. O peito tocava-lhe lascivamente os delicados joelhos.

Uma terceira personagem estava no pavilhão dormindo aos pés de Teresa: era Lurette, a cadelinha que nunca a deixava, e que conhecia o homem. Sem dúvida não era a primeira vez que ela presenciava o encontro dos dois amantes e por isso não se mostrava inquieta.

— Teresa, meu único amor, dizia o amante, procurando-lhe os lábios para a beijar. Teresa, se não se dás a prova de ternura que te peço há tanto tempo, a única que poderá obrigar teu pai a conceder-me tua mão, esta será a última noite que me verás. Sem ti não posso suportar por mais tempo a vida; sem possuir-te é impossível viver! Ah! Teresa! Sei que és leal e que me amas, mas aprecia também a fidelidade de meu caráter que não é menos leal do que o teu. Sê generosa e acalma esta febre que põe em perigo meus dias, depois do desejo louco que me inspiraste. Teu pai está ausente, que temes? Os minutos estão contados, talvez sejas obrigada a retirar-te, porque teu pai pode, de um momento para outro, chegar do teatro; apressa-te! Ah! minha Teresa, vem, suplico-te de joelhos!

O moço levantou-se bruscamente. Reconheci Laverdette. O satânico tomou a moça nos braços e a vela se apagou sem se saber como. De repente, como se uma mão invisível tivesse batido na cadela, esta se pôs a latir furiosamente.

— Meu pai! gritou Teresa, soltando-se dos braços do sedutor e, tomando Lurette nos seus, fugiu correndo como uma louca para casa, onde entrou por uma porta do subsolo, deixada entreaberta para não acordar ninguém quando entrasse do jardim.

Exasperado pelo contratempo, Juliano pôs-se a praguejar grosseiramente:

— Oh! Bicho estúpido! Hei de te torcer o pescoço! Dizer que eu ia enfim realizar meus desejos! E esta bobinha que eu já tinha completamente fascinado! E tenho que recomeçar tudo! Diabo! O fato é que preciso arranjar rapidamente uma solução; se a tramóia for descoberta... E Virgínia Pichon, esta estúpida criada, supõe que o velho Agostinho vai desposar logo a viúva do general. Ah! se isto acontecer, meus castelos cairão todos por terra!... E ela ainda não voltou. E eu que me iludia, pensando que se não fosse o pai, ela poderia... Mas não, tolinha... deixa estar... quando fores minha mulher serás mais obediente... Se não tivesses 300.000 francos garantidos, eu te deixaria em paz... Oh, sim! Podes estar certa disso. De fato és muito tola. Como é simplória a lourinha! Quando digo loura, quero dizer apenas ruiva e eu detesto a cor vermelha...

E o canalha, furioso por ter falhado, perdeu totalmente a esperança quando viu luz no quarto da moça.

"Pelo que vejo, está tudo acabado por esta noite. Deixemos. Amanhã ou depois, porém... então nada de piedade!"

E Juliano, procurando o caminho às apalpadelas, bateu violentamente a cabeça num dos vidros da porta, o qual voou em pedaços.

Henrique e a Sra. Fontaine acabavam de precipitar o acidente. Juliano recebeu em pleno rosto estilhaços da vidraça e não pôde conter um grito de dor. Levou vivamente a mão à fronte e sentiu-a coberta de sangue, que estancou com o lenço, resmungando e praguejando a meia voz, temeroso de ser ouvido. Depois, retomou o caminho percorrido antes, na esperança de conseguir lançar a desonra naquela honesta família.

Durante esta cena, a Sra. Fontaine me dera um aperto de mão e desaparecera.

Eu e Henrique saímos do pavilhão.

— Ele terá de ficar de cama por alguns dias. Neste ínterim, vamos tratar de agir, a fim de prevenir um novo assalto.

— Que monstro! exclamei. Sem tua intervenção, meu amigo, Teresa estaria perdida!

— A minha, a tua e a da Sra. Fontaine. Não pareces avaliar o esforço que empregamos! Que sensação física experimentas neste instante, meu caro Roberto?

— Sinto-me, respondi, voltando a atenção sobre mim mesmo, extremamente fatigado, como se acabasse de sustentar uma luta prolongada contra um obstáculo. — Pois bem, Roberto, também sinto a mesma fadiga. Como na corporeidade as reservas nervosas se consomem depressa, nossos fluidos na vida espiritual logo se esgotam e empregamos neste trabalho uma quantidade que não podes avaliar. Juliano Laverdette aliou-se aos magos negros do país; é membro da sua sociedade como referendário. Deste modo é ajudado em suas empresas satânicas e socorrido nos momentos difíceis nos quais o ardor de sua cobiça o coloca sob o direito comum de repressão. Juliano não estava abandonado às suas próprias forças astuciosas junto da Srta. Fontaine. Influências ocultas vigiavam ao seu lado; mas representávamos também uma força reunida e conseguimos proteger a órfã. Adeus, Roberto, vai restaurar tuas forças físicas. Por minha vez, buscarei o **Samnitarium** dos meus mestres para restaurar as minhas. Até amanhã.

Dizendo isto, Henrique se elevou no espaço e eu voltei, pensativo e a passos lentos, para minha casa, pouco distante do palacete Fontaine.

VIII

No dia seguinte, acordei muito cedo, completamente repousado e surpreendido por ter obtido este resultado em tão pouco tempo de repouso.

Foi, sem dúvida, uma causa oculta que agiu sobre meu organismo, durante o sono. Levantei-me, abri minha janela e aspirei com alegria o frescor da brisa da manhã. Ao longe, o cimo das grandes árvores do palacete Fontaine, fizeram-me pensar na pobre Teresa que escapara de boa, mas que estava lamentavelmente metida numa trama infernal, urdida por sua criada e Juliano Laverdette e a cena da véspera me veio à memória, clara, surpreendente e como que retratada em seus mínimos detalhes. Sentia-me feliz por ter podido prestar meu auxílio à boa Sra. Fontaine, protegendo sua filha.

— Vejamos, disse eu, olhando o relógio, dispondo ainda de uma hora antes do almoço; aproveitarei para responder a duas ou três cartas, tarefa que não posso adiar mais.

Sentei-me à mesa e escrevi apenas algumas linhas quando um movimento nervoso me fez borrar o papel, como um colegial. Aborrecido com o acidente, inutilizei a carta começada e tomei uma nova folha de papel, atento para não repetir o acidente. Desta vez, mal acabara de escrever "Meu caro amigo" quando uma letra completamente diferente da minha acrescentou meu nome "Roberto".

— Oh! que é isto?

E minha mão, cada vez mais obediente, continuou a escrever contra minha vontade:

"Estou aqui, escuta-me, por favor. Sou Maria Fontaine."

Abandonei, então, a mão à visitante invisível, que escreveu o seguinte:

"O contato que tivemos esta noite me possibilita agir sobre vós neste momento. Necessito de vossa intervenção para proteger Teresa. Ontem só pude apertar-vos a mão ligeiramente, porque acompanhei minha filha para impedi-la de ceder à atração de Laverdette, que age magneticamente sobre ela. Entrando em seu aposento, Teresa encontrou Virgínia Pichon, que, por trás das persianas fechadas, vigiava o jardim; ela estava furiosa porque Teresa voltara tão depressa, julgando que esta fugia à trama que ela lhe havia preparado.

— Ah! senhora, por que deixastes tão depressa o bom Sr. Juliano, que vos ama tanto e não teme expor-se por vós às fúrias de vosso pai?

Teresa ficou calada; já estava arrependida da fuga.

— Sim, não tendes coração; mostrastes tanta frieza como na outra noite. Ah! eu não teria sido assim tão dura! Já vos contei, senhora, e me prometestes segredo: nada recusei ao meu querido Vitorino e não me arrependo. Meu querido amigo teria sido meu marido, se não fosse a catástrofe da estrada de ferro de Saint-Mandé, onde morreu... Tenho ao menos uma doce recordação: a alegria de ser amada... Mas, então, por que fugiste? Bem vi vosso sobressalto, que antes pareceu uma fuga que uma saída.

— Foi Lurette que, sempre tão comportada, de repente começou a latir; julguei que fosse meu pai entrando pelo jardim, o que nunca faz.

— Meu Deus, como sois ingênua! Menosprezei minha experiência! Eu tinha escondido a chave da porta! Pois bem, não mereceis que, por devotamento a vós, eu me exponha como o faço.

— Perdão, minha boa Virgínia, disse Teresa, abraçando a criada para acalmá-la.

Reuni todas as minhas forças psíquicas e, como minha pobre filha estava muito excitada, consegui materializar minha cabeça para torná-la visível e colocar-me entre esta horrível criatura e minha filha.

— Minha mãe! gritou Teresa e, alucinada, recuou.

Neste instante, a porta do palacete fechou-se surdamente.

— O Sr. Fontaine! exclamou Virgínia e, prudentemente, apagou a vela, voltando descalça para o quarto.

Teresa teve febre; não agi mais sobre ela, com medo que ela ficasse doente. Eu própria me sentia esgotada... Meu marido saíra da Ópera no fim do 3.º ato, sentindo-se angustiado, sem dúvida influenciado pelo bom Henrique[1]. Já deitado, meu marido arrependeu-se de ter abandonado seu lugar no teatro. Eu lia seu pensamento, tentando em vão despertar nele desconfiança sobre Virgínia; consegui apenas fazê-lo ouvir o nome de Laverdette e, esta manhã, ao acordar, ele repetiu maquinalmente este nome.

Ninguém, Sr. Roberto, até agora, se aproximou do pavilhão para notar a desordem em que se encontra; ainda se vêem na soleira da porta gotas de sangue. É necessário a todo custo chamar a atenção de meu marido para isto. Conto convosco. Parece-me que vosso pai poderia ir falar com Agostinho, sob qualquer pretexto. Sede discreto

(1) Muitas vezes sentimo-nos angustiados sem saber o motivo. Esta sensação provém do pressentimento de um perigo ou mesmo de uma desgraça. Ele nos é sugerido no espírito, quer por nosso Ego superior, quer por uma entidade do espaço, que nos adverte e protege ao mesmo tempo, se prestamos atenção aos seus avisos.

e agi como quiserdes, mas rapidamente. Sei que vão chamar Marmon. Deus vos abençoe. Adeus, Roberto."

— Sou, pois, médium escrevente? pensei. Então os mortos podem realmente corresponder-se, em certas condições, com os vivos? Tem, pois, o espiritismo algo de verdadeiro em suas doutrinas? Falarei sobre isto com Henrique. Agora, procurarei satisfazer o desejo da Sra. Fontaine.

Depois do almoço segui meu pai ao seu escritório.

— Caro pai, disse-lhe, certa pessoa, com intenção de prejudicar o Sr. Fontaine, se introduziu esta noite em seu jardim; provas evidentes do que vos digo estão no pavilhão do jardim. Alguém, cúmplice, está pronto para destruí-las brevemente. Apressai-vos em ir ver vosso amigo e sob qualquer pretexto conduzi-o habilmente até o pavilhão.

— O pretexto já existe, disse meu pai, pois o Sr. Fontaine me prometeu para Grisfeuille algumas mudas daquelas belas rosas grená-escuro (Imperador de Marrocos); creio que há precisamente em frente ao pavilhão um canteiro delas.

— Obrigado, meu pai, principalmente pela vossa delicadeza em não me perguntar a fonte destas informações.

Meu pai sorriu:

— Pensas em Teresa e a proteges.

Não lhe dei resposta.

— Então vou correndo para a casa de Agostinho.

IX

Meu pai voltou uma hora depois. Minhas informações estavam certas e o Sr. Fontaine ficou muito perturbado ao saber daquela invasão noturna à sua casa. Mandou chamar Virgínia que, neste momento, se achava no quarto de Teresa. A criada pareceu aborrecida pelo que acontecera, assustada e receosa pelo fato de alguém ter entrado sem ser ouvido.

— Aqui há algum cúmplice, disse ela de repente. Vou interrogar a cozinheira. Ah! não quero que estas coisas se repitam; tenho a responsabilidade de tudo aqui e estou muito humilhada por não ter vigiado melhor esta moça, porque, afinal, só pode ser ela. O senhor tem um camareiro que como se sabe é honestíssimo.

E com os olhos marejados de lágrimas, continuou:

— Ah, senhores! É principalmente por causa da Srta. Teresa que isto não pode acontecer novamente. O Sr. sabe, as pessoas são tão más e tão invejosas dos que têm alguma posse que todas as suspeitas recairão sobre eles e não sobre os criados.

— Tendes razão, Virgínia. Despedi a cozinheira, se desconfiais que é por causa dela que entraram de noite neste jardim; depois mandai trocar a fechadura da pequena porta. Vou mandar o pedreiro erguer mais o muro e guarnecê-lo com cacos de vidro.

— Pedi notícias de Teresa, disse meu pai. Ela está adoentada; parece que Lurette latiu fortemente esta noite e Teresa, indo à janela do quarto para ver o que se passava no jardim, apanhou um resfriado. Acho que não é nada; já avisaram o Dr. Marmon.

Obrigado, meu pai. Prestastes um serviço ao Sr. Fontaine, porém, outro grande favor seria desiludi-lo quanto à dedicação de Virgínia Pichon...

— Como, então julgas que...

— Tenho certeza, meu pai! Virgínia é uma pérfida criatura...

— Será difícil prová-lo a Agostinho, que deposita toda a confiança nela; entretanto, meu caro Roberto, estou pronto para prevenir o meu amigo, desde que possas fornecer-me provas, como o fizeste esta manhã.

Minha mãe entrou no escritório.

— Meu querido filho, disse ela, parece que a Sra. Blaizoit te viu à noite no centro, em frente ao armazém de Fargueil, olhando a vitrina. Ela falou contigo e tu desapareceste. Julgou por isso que estavas morto... Esta manhã, logo que Clorinda abriu a janela da cozinha, ela correu para se informar de tua saúde e ficou surpresa ao saber que tu não saíste de casa desde que adoeceste. Sabendo disto, ela enrubesceu e afirmou que estava ficando louca. A cozinheira, temendo que ela estivesse se sentindo mal, segurou-a para levá-la para o seu quarto, em casa dos Montzag.

— Quando eu for ver Ludovico, falarei com a Sra. Blaizoit e a tranqüilizarei. Ela, sem dúvida, teve uma visão interna.

— Mas, apenas aos santos, objetou minha mãe, Deus concede este dom...

— Sim, minha mãe, os santos ou quase todos os santos, uns mais outros menos, desde sua vida terrestre, possuíram o uso dos sentidos internos, mas os médiuns, ainda que pouco religiosos, podem chegar aos mesmos resultados; há mesmo seres perversos, instruídos nos processos ocultos, que se servem de seu desenvolvimento psíquico para fazer o mal na terra...

— Quê! meu filho, tudo o que a Igreja atribui aos feiticeiros e necromantes é pois real e estes abomináveis seres existem? Ah! eu preferia ignorá-lo! Meu filho, receio esta tua curiosidade sobre a magia diabólica. Li os títulos de algumas obras que trouxeste de Paris e de algumas outras que mandas vir de quando em quando. Receio que estas leituras te afastem dos princípios cristãos, em que eu e teu pai te educamos.

— Minha boa mãe, disse eu, abraçando-a, tranqüilizai-vos; os princípios religiosos que, agradeço, me foram incutidos por vós na infância me são hoje mais caros do que nunca, pois meus estudos atuais só confirmam minha fé na imortalidade da alma, na sobrevivência de meus sentimentos após o despojamento de seu invólucro material; enfim a crença na reincarnação me esclarece tudo o que me chocava outrora nos ensinamentos religiosos do Ocidente; o nosso deus solar me parece agora maior, após estudos mais atentos da sua doutrina, nos documentos cuja divulgação para os fiéis a Igreja reprova, e neste ponto eu não a censuro. Gostaria, entretanto, que ela se esforçasse por esclarecer melhor os homens a fim de não desencorajar as inteligências que se afastam dela por não encontrarem alimento apropriado ao seu temperamento intelectual.

— Roberto tem razão, minha cara Amintas, disse meu pai, não deves afligir-te por vê-lo aprofundar-se em problemas que merecem a atenção dos pensadores; a Igreja Católica não está, efetivamente, à altura de seu papel na educação das almas; deveria atualizar seu ensinamento; possui no seu seio um esoterismo bastante completo para vivificar, como poderia, a sua doutrina esotérica; sou da mesma opinião que Roberto: li várias de suas obras e isto sem preconceito, e asseguro-te que meu modo de encarar a verdade modificou-se para melhor, pois abriram-se novos horizontes para minha alma e, longe de fugir às cerimônias católicas, tu me verás, querida esposa, segui-las mais exatamente, compreendendo-as melhor.

Fiquei feliz ouvindo meu pai confessar seus sentimentos com aquela bondade, aquela franqueza que sempre admirei nele. Apertei-lhe a mão bastante emocionado.

— Meu pai, sempre fostes para mim um amigo, sinto que o serei ainda mais para vós. De hoje em diante vos comunicarei os resultados de minhas experiências.

— Dar-me-ás muito prazer, caro Roberto; procurarei instruir-me ainda mais para acompanhar-te em teu vôo ousado através do mistério.

— Que influência preponderante tem a imprensa, murmurou minha mãe, afastando-se. Ah! temo que a Igreja perca seu prestígio com este ocultismo diabólico...

— Minha mãe, ao contrário, ela se tornará maior, se os chefes tiverem a inspiração dos verdadeiros ensinamentos do Deus-Homem.

Achei que não devia confiar a meu pai, sem o consentimento de Henrique, minhas saídas em forma astral, mas conversamos longamente sobre este assunto.

X

— Caro Roberto, disse-me Henrique, que encontrei em frente à minha casa, perto da grade de seu jardim, sei que a Sra. Fontaine te fez escrever e que teu pai esteve em casa de Agostinho, sei da cólera deste, assim como do atrevimento da governante que imediatamente despediu a cozinheira, que levou toda a culpa.

— Mas com que pretexto, se ela é inocente, como sabemos?

— Virgínia bem demonstra ser uma criatura satânica. Cerca-se preventivamente de criaturas cujo devotamento cego assegura, através do conhecimento de seus segredos comprometedores. Cloé é uma delas. Foi Virgínia quem a empregou na casa, como cozinheira, após a morte da Sra. Fontaine, instruindo-a a só prestar contas a ela; a seguir deu-lhe provas de que a mantinha sob seu jugo pois tinha na mão um segredo que fatalmente a levaria a juízo, se fosse divulgado. Cloé, desesperada por ver-se assim descoberta, tornou-se mais submissa do que um cãozinho. Eis aí o que se passou esta manhã: Virgínia desconhecia os vestígios deixados no pavilhão por Laverdette na sua fuga; encontrou Teresa de cama, muito abatida e em lágrimas.

— Vamos, senhorita, não é caso para chorar nem para ficar doente. Isto não é sensato. Confie em mim que eu acomodarei tudo, mas prestai bem atenção ao que vos digo:

— Quero confessar tudo a meu pai, exclamou Teresa. Estou sofrendo demais. Ele é bom e quando eu disser que adoro Juliano ele nos casará, tenho certeza.

Virgínia estava furiosa.

— Eu estava presente, continuou Henrique, e a expressão maldosa da face interna de Virgínia me horrorizou! Sua alma não tinha forma de alma humana, e sim de uma larva, uma forma negra, brilhante, gosmenta, viscosa e infecta; dir-se-ia um enorme hipocampo medindo cerca de 75cm de altura. A hediondez desta forma fazia um contraste gritante com a gorda cara, melíflua e insinuante dessa mulher. Em vez de mostrar-se zangada e contradizer abertamente Teresa, disse-lhe, tomando-lhe as mãos:

— Pobrezinha, compreendo-vos e vos quero muito; procurarei nesta circunstância substituir vossa mãe. Se ela estivesse ao vosso lado como eu, ela saberia mostrar-vos como o coração de um pai, que será dentro em breve substituído junto de vós, não poderia compreender a inconseqüência de uma jovem alma, tomada pelo mais sagrado sentimento, o mais natural que existe no mundo, principalmente quando experimentado por um jovem que dá o belo exemplo trabalhando para sustentar sua família e sacrificando-lhe uma excelente posição que poderia ter em Paris. Afirmo-vos, senhorita que o Sr. Juliano será um dia um dos nossos grandes estadistas e que vós sereis sua mulher; provocareis então a inveja de todas as vossas amigas, cujos maridos não passarão de ricaços sem glória. Atenção, deveis desconfiar da viúva do general, pois ela pretende casar-vos com seu sobrinho, um pequeno tenente sem futuro, freqüentador de tavernas, um horror!

Teresa escutava atentamente.

— Ah! não, exclamou, eu adoro Juliano, ou serei dele ou de ninguém: tens razão, Virgínia; não direi nada a meu pai.

— Bem, disse a governanta, ficai na cama, diremos que Lurette latiu, fostes à janela desagasalhada e vos resfriastes, ficando febril. Eu me encarrego do resto, mandarei chamar o doutor.

Quando o Sr. Fontaine mandou chamar Virgínia para ir ao pavilhão, ficou esta muito contrariada, mas inventou logo um plano.

Cloé, munida de excelente carta de recomendação e de uma gorda soma conseguida com Teresa, partiu feliz pelo pretexto que a livrava da vigilância da governanta.

— Finalmente, para completar o retrato de Laverdette, iremos penetrar daqui a uma hora, clandestinamente, na casa do farmacêutico Ardol, na rua Piver e lá encontraremos Juliano e Virgínia. Lá verás também o filho mais velho de Ardol, um dos mais hábeis magos satânicos; mas, aviso-te que teremos que tomar certas precauções a fim de não sermos reconhecidos neste meio espiritualizado no mal, onde nossa presença seria imediatamente percebida.

— Pensei que a magia branca fosse superior à negra, disse eu.

— Pelo contrário, caro Roberto, a magia negra triunfa nas atmosferas materiais e deletérias.

XI

Dirigimo-nos lentamente à rua Piver, situada nos bairros baixos de T. Durante o percurso Henrique me fez muitas observações sobre as pessoas que íamos encontrando; poucas eram lisonjeiras aos meus concidadãos.

— Poder-se-ia, disse-me Henrique, escrever interessantes romances tomados da realidade, com os dados exatos que nosso estado de alma nos permite adquirir... Estes estudos seriam úteis aos homens que se reconheceriam, sem dificuldade, sob o anonimato. Consegui para ti um colaborador precioso; antes de deixar-te, pôr-te-ei em contato com o espiritual e amável G. de Mauriant que, tendo-se livrado de seu corpo antes da hora prescrita, se vê forçado a continuar seu tempo de existência sobre o plano astral que confina com a superfície terrestre; ele deve fornecer a soma de trabalho para a qual se encarnara e continua, pois, a observar e redigir, ao mesmo tempo, romances psicológicos e filosóficos que encontrará quando se reincorporar. Então começará sua tarefa, no ponto preciso onde a abandonou; mas, infelizmente, ele só trabalhará em condições muito desfavoráveis; provavelmente sem fortuna, nem relações sociais que o ponham em evidência entre os jornalistas da época. Estou certo de que Mauriant, que gosta de ver suas idéias passarem do plano mental para o objetivo, ficaria contente em confiar-te esta tarefa, colaborando incógnito.

Henrique parou um momento.

— Percebo, a pouca distância, disse, um apelo sincero e desesperado à Providência, dirigida a Antônio de Pádua; é uma menina. Vamos vê-la.

Deslizando rapidamente fomos ter a uma alameda sombria, cem metros adiante. Uma menina de doze anos procurava às apalpadelas alguma coisa, e abundantes lágrimas inundavam-lhe o pobre rosto, magro e pálido.

— Meu bom Santo Antônio, dizia ela, peço-vos fazer com que eu ache minha moeda de cinco francos porque se eu voltar sem aguardente para meu avô, ele me matará; morrer não seria nada, pois assim eu descansaria junto de meu pai, que era tão bom para mim; mas o pior é que vou sofrer e não morrerei... Meu avô ficaria contente de ver o meu fim. Ah! grande Santo Antônio, se isso não fizesse chorar ao menino Jesus, eu iria, como a velha Nanette, nossa vizinha de quarto, atirar-me no rio, numa bela noite de luar...

E a menina sorriu tristemente, imaginando o prazer que teria, vendo-se livre desses seres maus que batiam nela e a insultavam sempre. E de novo sua mão, guiada pela esperança no bom santo, pôs-se a tatear todos os lugares em torno dela, no corredor. Fiquei comovido até as lágrimas ao ver a aflição em que estava a pobre mártir. Pensei imediatamente em entrar em meu corpo para ir rapidamente buscar o dinheiro em minha casa e voltar depressa para consolar a menina. De repente, a menina deu um grito cuja expressão me comoveu:

— Oh! menino Jesus! Oh, Santo Antônio! Tivestes piedade de mim... Eis os meus cinco francos! Oh! Vós me protegeis sempre, não é? Serei dócil e resignada; não farei como a pobre Nanette. Ah! se ela tivesse pedido o auxílio ao bom Jesus, vós a teríeis socorrido...

E dirigiu-se para o comerciante de vinho da esquina.

— Eis para que serve o dinheiro do gordo Gaspard, disse Henrique, tomando-me o braço. Em certas condições, podemos materialmente vir em auxílio das dores não-merecidas e, de certa forma, amenizar, para as almas puras, a injustiça da sociedade, em grande parte composta de homens arregimentados pelos satânicos que vivem deles e por eles, dominando-os com sua ciência satânica. Pus nas mãos da menina uma moeda de cem soldos; mas a pobrezinha não a gastou. Ela é muito séria e muito prudente para arriscar-se a gastar aquele dinheiro consigo mesma.

Saiba que foi seu horrível avô quem lha furtou, sem que sua mulher soubesse, para obter dela, que dirige as finanças da casa, uma nova moeda para sua aguardente, de que não pode se privar, mas especialmente para ter o pretexto de martirizar a neta. Diante dos sofrimentos da menina, que provocam piedade, os espíritos misericordiosos estão sempre prontos a dar-lhe auxílio.

XII

Chegamos diante da farmácia de Ardol Júnior. Ei-lo a conversar com seu irmão Joel. Junto ao balcão está um homem de pé, alto e forte, fronte ampla e proeminente, barba e cabelos negros ainda, embora pareça ter quarenta e oito ou cinqüenta anos. Isaías Ardol, que conheço há muito tempo, era um retrato em miniatura do irmão mais velho. Isaías comprara sua farmácia há uns dez anos; tinha então pouca freguesia, mas, graças aos seus cuidados, sobretudo à sua habilidade, ela prosperara. De resto, ele tinha sido recomendado calorosamente à sinagoga, e todo bom israelita não iria comprar em outro lugar a mínima pílula.

Isaías Ardol não saía nunca, não tinha filhos; quase não se via sua mulher que sofria de uma doença nervosa e era obrigada a permanecer recolhida. Uma parenta mais velha cuidava da casa e só falava de seus afazeres domésticos. Um menino de nariz pontudo e demasiadamente adunco conservava, visível para todos, os sinais de sua raça; era o mais discreto dos alunos e, embora fosse manco, servia ativamente Ardol em seu laboratório.

Joel não residia em T.; vinha raramente e ninguém se preocupava com ele. Assim que chegava a casa ia para o laboratório particular de Isaías, onde ninguém entrava.

Todos esses detalhes me foram rapidamente dados em pensamento por meu amigo; minha curiosidade estava tão vivamente excitada que, involuntariamente, comecei a objetivar-me; percebi dessa maneira que eu projetava um reflexo sobre a vidraça da frente.

Recuei subitamente: acabara de atrair a atenção de Joel pelas vibrações violentas que emiti na farmácia em que eu acabava de entrar sem o querer, incapaz de dominar minha ação vital em estado fluídico, que possui modos diferentes e mais numerosos do que os que ela pode produzir unida a um corpo carnal.

Fui imediatamente coberto por um invólucro; permaneci um ou dois segundos numa sombra espessa e, certamente, sem minha confiança absoluta na ciência e na afeição de meu amigo, eu teria desejado me reintegrar na concha terrestre para abrigar minha fugaz constituição fluídica. Rasgou-se o véu de trevas que me cercava e Henrique e eu, não sei por qual processo, nos achamos em uma caixa sobre uma mesa, e de dimensão tão estreita que não podia compreender como dois corpos, ou antes, duas formas humanas aí coubessem.

Imediatamente uma idéia de sufocação atravessou-me o espírito e comecei logo a sentir um nó na garganta, tão violentamente, que me esforcei por escapar.

Henrique fez dois ou três passes magnéticos sobre a parte em que, pela força do hábito, do raciocínio corporal, eu acreditava sentir a congestão, e tão rapidamente me senti aliviado que resolvi ficar menos pronto, em outra circunstância, a aplicar em estado astral a medida e o número da vida em corpo opaco ou material. Assim que me senti livre da asfixia imaginária, apliquei toda minha atenção na cena que se foi logo desenrolando a nossos olhos.

Abriu-se a porta do laboratório particular. Foi a este aposento que Henrique me havia transportado antes da chegada dos dois irmãos. Isaías abriu a porta, Joel entrou primeiro; dizia, de mau humor, em voz baixa, para não ser ouvido senão pelo irmão:

— Não estou contente, senti uma influência estranha às que me obedecem comumente. A coisa vai mal, pois conspiram contra nossa liberdade de ação. Os teósofos e irmãos da Estrela combatem-nos com nossas próprias armas; eles aplicam e propagam a ciência dos santuários, a única que nos pode ser hostil. Em vão, desde alguns anos, temos acumulado materiais de desagregação e armadilhas para as almas simples; os promotores da luz têm anulado nossos esforços, a nós **irmãos da sombra**, os deserdados da imortalidade. Será necessário tomar uma providência. A grande Sacerdotisa nos convocou a todos para o dia de Natal. À beira do Vesúvio serão tomadas resoluções e recebidas ordens para serem obstruídas completamente as lojas brancas[1]. Nossas raízes aprofundam-se cada vez mais nas principais cidades do globo; temos representantes por toda parte, que formam, sob denominações diversas, grupos dirigidos para desviarem os intelectuais das obras e doutrinas de Jesus ou de Buda, que tendem a unir-se sob a doutrina da paz e do amor... A paz, o amor! Tenhamos antes guerra e ódio!... Eis a nossa divisa; o gozo e o prolongamento da existência corporal e fluídica para nós, companheiros êmulos dos demônios, os malditos.

E Joel, acabrunhado por sua veemente manifestação, deixou-se cair sobre uma cadeira.

— Estamos atrasados esta noite, disse Isaías.

— Ah! Eis Juliano!...

Com a cabeça coberta com um chapéu de feltro de abas largas, Laverdetto ocultava com um lenço um lado do rosto. Entrou seguido de Virgínia Pichon, que chegou ao mesmo tempo que ele.

— Bom dia, meu filho, cumprimentou Joel, apertando a mão de Juliano. Recebi teu chamado telepático e eis-me aqui. Ora, Virgínia, tu não soubeste agir deixando desfigurar-se assim nosso caro Juliano! Falta-te faro, minha filha; avisaram-me que não és muito obediente e devotada à causa, à idéia-mãe pela qual unicamente vivemos: a guerra às raças imortais. Creio que o que mais te preocupa é impedir ao imbecil do Agostinho de casar-se, para te tornares a qualquer custo amante desse pretensioso, quando por tuas drogas ele se tornar inutilizado, o que poderá acontecer antes de ficar velho.

Virgínia, muito pálida, protestou.

— É inútil negar; entremos no gabinete e comecemos o trabalho.

Virgínia pôs-se a tremer da cabeça aos pés. Tentou resistir, porém Joel, com uma vontade de ferro, fê-la recuar com um só olhar de seus olhos negros, onde brilhava o fogo intenso de sua poderosa vontade.

Alguns minutos depois, Virgínia reapareceu, vestida de uma longa camisola vermelha, cujos numerosos remendos denotavam o seu longo uso. Pelo tremor de seus lábios podia-se avaliar seu terror. Pôs-se de joelhos e disse:

— Joel, por favor, não me exteriorizes... peço-te... tenho medo. Vou ainda ver a falena. Socorro, Satã, socorro!

---

(1) Chamam-se assim em magia as lojas em que trabalham os magos brancos e seus discípulos para o progresso e adiantamento da Humanidade; são, pois, as lojas brancas contrárias às negras, em que trabalham os magos negros, ou irmãos da sombra, inimigos da Humanidade terrestre.

Não acabara de pronunciar estas palavras, quando um gesto de Joel a estendeu rígida no assoalho.

Isaías apagou a luz que trouxera da peça vizinha; acendeu uma lanterna vermelha, como a que empregam os fotógrafos em seu laboratório.

Juliano ali estava. Tinha tirado o chapéu de feltro, via-se sua fronte com escoriações vermelhas, que estavam ainda sanguinolentas, e um corte comprido e largo que se estendia quase completamente pela face direita, dando-lhe à fisionomia sinistra um aspecto ainda mais repugnante. Seus grandes olhos negros, brilhantes de ciência perversa, estavam notavelmente fascinantes.

— Vamos, espírito das trevas, alma emprestada, obedece às minhas ordens. Investiga o estado d'alma da família Fontaine; no caminho passa pela casa da viúva Guérault e informa-te se Lusard d'Escaradeck, seu sobrinho, voltou das grandes manobras e, sobretudo, traze-nos a explicação do malogro de Juliano com a pequena!

Uma voz surda protestou contra a ordem do mestre; parecia sair das entranhas de Virgínia, que começou a estorcer-se furiosamente rasgando sua camisola vermelha e descobrindo em parte seu corpo flácido, de carnes pálidas e macilentas.

— Como és severo, mestre! Não poderei ao menos vê-la?

— Pela barba de Belzebu, obedece-me!

De repente, o corpo de Virgínia girou violentamente; depois seu corpo se tornou inerte. Passados alguns segundos, um vapor escuro se foi acumulando em flocos desiguais sobre o peito de Virgínia, através da abertura da camisola de algodão vermelho: viam-se-lhe os seios arfar rapidamente; enfim, cessado o movimento, o vapor se elevou, trêmulo, a alguns centimetros do corpo que jazia estirado de costas.

Depois, subitamente, a horrível forma do hipocampo viscoso e negro que Henrique já tinha visto, levantou-se de um salto até o teto e, ato contínuo, com movimentos de um morcego que a claridade surpreende, percorreu o aposento, indo de encontro a tudo e roçando, repetidas vezes, a caixa em que estávamos.

Henrique, temendo estas persistentes visitas do monstro, encheu magicamente a caixa de sangue.

Eu experimentava uma sensação das mais penosas; o líquido mágico tinha todas as propriedades do sangue verdadeiro; vi-me mergulhado em um banho sangüíneo.

Quando o hipocampo passou por junto de nós, Henrique imprimiu-lhe no espírito uma palavra, cujo efeito foi terrível: **Falena.**

Imediatamente, o espírito, vivificando o corpo de Virgínia, pela captação de sua força vital, afastou-se de nosso esconderijo, girou hesitante por cima do corpo inerte e de olhos convulsos; uma palavra saiu desta boca morta:

— Ali, ali!

E apontava fracamente em direção da caixa com a mão esquerda.

Joel, impaciente e aflito por obter as informações, não atendeu, felizmente, a esta preciosa indicação.

— Pelo rabo do Diabo, não me obedecerás, Sardella?

Ao ouvir este nome, o espírito meteu-se pela chaminé da lareira do laboratório e desapareceu.

Henrique disse-me então:

— Sardella é o verdadeiro nome da entidade satânica que vive na terra sob o invólucro de Virgínia Pichon.

— Tratemos de nossos negócios, disse Joel. Temos ainda meia hora antes da volta de Sardella.

— Isaías, aplica sobre o rosto de Juliano a pomada hindu n.º 10. Não vás te enganar, como com o reverendo P. Poupar...

— Não foi nada engraçado e quase brigamos seriamente com o frade.

— Ah! meu irmão, tu me reprovas sempre meu único erro. Bem sabes que a Falena me esperava!

— Sim, bem sei. Mas tu, meu irmão, falhas neste campo. Não adquirirás jamais um poder real, uma certeza de projeção, se não refreares tua luxúria pela razão. Põe, a meu exemplo, tua força vital em uma corrente superior. Só aos castos é dado o poder!

Joel levantou-se, dando alguns passos pelo gabinete.

— Estou assoberbado de trabalho, disse. É preciso irrigar as raízes para que elas tracem seu caminho.

— Sim, confirmou Isaías, elas são vorazes e pedem sangue, querem vítimas!

— Dinheiro, sobretudo, meu irmão, atalhou Joel. A propósito, remeteste a soma anual destinada à mãe Trocart para a sua agência de empregos, tão útil para as informações de nossa polícia secreta?

— Para o nosso controle, retrucou Isaías, pois os nossos sonâmbulos e videntes nos informam suficientemente.

— É verdade, mas os criados empregados por nossa conta através dela agem ao mesmo tempo que tagarelam!

— É necessário que essa tola agente ignore sempre quem a subvenciona; ela gostaria de nos explorar ou de filiar-se à nossa sociedade. Porém, isso eu não consinto; ela tem ainda alguns escrúpulos, que eu vi na noite em que fui à sua casa sob meu disfarce de Jonatan, nosso poderoso chefe.

— Fica tranqüilo a esse respeito, Joel; o pequeno Tadeu desempenha seu papel com perfeição quando vai levar toda noite a Trocart, sua **Bequena Bensão**, como diz simuladamente. Ah! ele representa maravilhosamente seu papel! No momento em que está a **berder as almas gristãs**, fica satisfeito! **É bom, é bom, sempre bom** fazê-los cair quando estão à **borta do baraíso**, que está fechada para nós.

— Está bem, disse Joel, impaciente com os detalhes de Isaías.

Depois, dirigindo-se a Laverdette:

— Meu filho, eu te auxiliarei no teu negócio; convém-nos que sejas rico e tenhas uma boa posição; tua raça não é a nossa, mas, espiritualmente, somos irmãos e nos compreendemos; o dinheiro será teu, e meu o poder... Teresa será tua mulher; Agostinho, seu pai, não se tornará a casar... Eu te livrarei de Virgínia, meu rapaz; deverás ter uma gorda porcentagem sobre nossa caixa infernal.

Juliano ia protestar seu reconhecimento e devoção.

— É inútil, vejo teu pensamento, Laverdette; és nosso, e os laços de nossa estima se farão ainda mais estreitos no futuro.

— Eu acho, observou aqui o Ardol mais velho, que Virgínia está decaindo como sujeito de experimentação astral; não é mais um espírito volante bastante lúcido[1]; seus sentidos não estão suficientemente dominados, não obstante a sua idade; é necessário procurar uma mulher mais jovem. Ninguém conseguiu igualar a Falena. Trataremos de fornecer-lhe um novo invólucro corporal... E Mamette, tu te esqueces do alto ponto de perfeição a que a levaste?

— Não, meu irmão.

Joel ficou triste.

— Sim, abusei de meu poder sobre ela, e o instrumento ficou deteriorado... Não pensemos mais nisso... Aliás, ela nos é estranha no tocante ao espírito e se ela se tornou tua mulher, Isaías, não foi por minha culpa; não se casa mal quem é da raça dos infernais; Mamette era de semente angélica...

— Depois de nos servirmos dela, era forçoso perdê-la!

— E principalmente perdê-la de vista!

E Joel sorriu desdenhosamente.

---

(1) Chamam-se Espíritos Volantes as personalidades que podem se exteriorizar e ir muito facilmente para onde os magos negros desejam mandá-los, a fim de obter informações ou agir em seu lugar.

Isaías dizia há muito tempo a mesma coisa; porém, menos cruel que o irmão, ele tinha para Mamette, que se tornara idiota pelo excesso de experiências de desdobramento praticadas com ela pelo cunhado, uma piedade indiferente. O que ele queria, de resto, era que o público não se ocupasse, de nenhum modo, com a sua pessoa. Joel lhe havia muitas vezes sugerido que se livrasse dela; porém, repugnava-lhe este ato monstruoso.

— Eu sei que existe em T., na rua das Vinhas, disse o Ardol mais velho, um grupo espírita, que possui vários sensitivos; uma moça principalmente é notavelmente dotada. Refiro-me à pequena Francina Moutet. Juliano, encarrego-te de fasciná-la; dizem que é lindíssima. Tu serás recompensado! Fica entendido que ela é necessária: quero pôr Virgínia de lado, pois sua lucidez declina.

Neste momento, alguma coisa rolou pela chaminé com um ruído de folhas secas como se fossem agitadas por um vento impetuoso, e Sardella precipitou-se curvada, diminuída na sua dimensão de hipocampo, sobre o peito de Virgínia. O corpo desta agitou-se e sua face imediatamente contraiu-se.

Joel fez alguns passes e a calma se restabeleceu.

— Dorme, pois tu não te lembrarás do que vais dizer... Fala, minha gorduchinha!, ordenou o mestre, fazendo um novo passe e desatando, assim, a garganta e a língua de Virgínia.

A este chamado carinhoso, Virgínia abriu os olhos, ainda que continuasse mergulhada no sono magnético e, enrolando-se como uma bola, veio agarrar-se às pernas de Joel. Este, dando-lhe um vigoroso ponta-pé, fê-la rolar dois metros longe de si.

— Esqueceste, Sardella, que Virgínia já não tem vinte anos... Vamos, nada de tolices; fala logo.

Grossas lágrimas rolaram pelas faces de Virgínia. Seus informes foram vagos:

— Lusar d'Escaradeck está de volta desde ontem, começou ela. Teresa adora Juliano. Junto dela estava uma senhora branca, que se ocultou quando me aproximei... Depois, cegaram-me. Eu sofri muito... Sem dúvida, a Falena estava me seguindo... Vi também Roberto Dosset e Henrique de Montzag... Não sei mais nada... Roberto está morto, creio, ou então está em saída astral, como tu mesmo fazes freqüentemente, mestre Joel... Agostinho faz bom juízo de Virgínia. Ele não se casará mais... Eu gosto de Juliano. Ser-lhe-ei muito dedicada... Também gosto de ti, Joel... Oh! não me repudies...

Ardol, levantando-se ameaçador, bradou:

— É uma tonta! Não vale mais nada! Quando eu tiver Francina, mandá-la-ei às favas! Nesse meio tempo, para termos paz, disse a Isaías, arranja-lhe uma entrevista com Pipert.

E soprando a fronte de sua paciente, despertou-a e disse-lhe:

— Obrigado, Sra. Pichon. Podeis retirar-vos. Amanhã à noite, se puderdes, voltai. Meu irmão vos trasmitirá as minhas ordens para o mês.

Eu tinha pressa de sair do caixão e afastar-me logo de tão odiosas personagens.

— Espera, disse-me Henrique. Sejamos prudentes; se Ardol perceber, poderá molestar-nos.

— Ferir-nos em corpo astral! perguntei mentalmente, admirado.

— Certamente, respondeu meu amigo, e talvez eu tenha ocasião de provar-te esta possibilidade!

Joel chamou Tadeu, que cochilava na farmácia.

— Avisai ao Baron (era o carregador) que sele a Roska. Quero partir o mais cedo possível. Amanhã cedo tenho um encontro com um de nossos irmãos, o mais influente de Paris, o Presidente da Mandrágora. Uma palavra ainda: compramos um título de visconde romano para o Dr. Tripart. Este nome soa mal: ele se chamará, de hoje em diante, Tripart de Boisjoly. Este adepto é precioso para a nossa ordem; trataremos mais tarde de fazê-lo trabalhar para nós, em um meio mais vasto do que a cidade de T. Este folgazão deixou, como nós, a sua consciência de lado antes de retomar sua nova corporeidade... Nada o detém quando ele diz: Muito bem, será feito cedo ou tarde; aguardarei a ocasião oportuna, mas podeis contar comigo... Falai-me desta decisão em negócios. Procura imitá-lo, Laverdette... Adeus, meus filhos, e que Satã vos conserve com saúde!

Assim que o gabinete ficou vazio, tratamos de escapar, porque elementais de formas diversas e de expressão má sentiam a nossa presença. Henrique dispersou-os com uma forte descarga elétrica que emanou de sua forma. Foi, pelo menos, o que me pareceu.

— Protegeremos Francina, disse ele, para a livrar desses monstros; para isto, iremos uma destas noites a uma sessão espírita na rua das Vinhas.

— Fiquei surpreso em saber que há espíritas em T.

— E mais do que julgas, meu caro Roberto. Porém, em geral, eles evitam tornar conhecidas as suas reuniões, porque a antipatia para com eles neste lugar é grande. Muitos destes espíritas são do povo; pertencem à classe média da população: fornecedores, lojistas, mercadores, merceeiros, comerciantes diversos, etc. Todavia, há em T. algumas personagens independentes, que fazem um estudo sério e científico do espiritualismo. Conheces uma delas, Roberto.

— Eu? Não, absolutamente.

— Sei que ignoras que a tua espiritual prima Clairville está muito adiantada nestas questões; que é mesmo uma médium transcendente; que aborda até os mais árduos problemas desta grande ciência oculta, em que tu serás mestre um dia, como estou convencido.

— Quê! Minha prima se interessa por Ocultismo? Que felicidade! Poderei entender-me com ela, cujo espírito tão fino...

— Psiu! Não vás tão depressa... Tenho muito a te contar sobre ela. Oh, não temas nada, não terás nenhuma desilusão a respeito da Sra. Clairville, pois sua alma tem a transparência do cristal. Ela é tão pura quanto boa; é a antítese das pessoas que acabamos de deixar.

Respirei aliviado. Sempre amara e estimara a minha prima e me tornaría o mais infeliz dos homens se viesse a mudar o juízo que até então havia feito do seu caráter.

— Amanhã, Roberto, espera-me em tua casa. Lá irei procurar-te. Não te esqueças jamais de elevar tua alma a Deus. Ora com fervor, a fim de que não nos faltem fluidos superiores.

Foram estas as últimas palavras de Henrique, depois das quais nos separamos.

XIII

Recolhi-me mais cedo do que de costume ao meu quarto, deixando minha mãe e Mina que, com Ludovico, jogavam o uíste. Meu pai podia então ler com tranqüilidade, junto à mesa de mármore, as obras que ele tirava de minha biblioteca de Ocultismo. Minha mãe, que era muito dedicada, não lhe fazia mais observações sobre o assunto; notava mesmo, com sua habitual franqueza, que o marido se tornara mais amável e benevolente, desde que seu espírito se abeberara desta fonte de perdição, como chamava a Igreja a eses livros e revistas diabólicos, postos no Índex pela Santa Sé.

Sob o pretexto de um leve cansaço deixei meu jovem amigo. Sentia um desejo violento de me desprender, para conversar e peregrinar com Henrique.

Por isso, logo que me deitei e fiz meus preparativos habituais, projetei prontamente meu corpo astral. E logo vi Henrique sentado no canapé, com as pernas cruzadas e em atitude atenta.

— Estás presente, meu irmão; foi, pois teu pensamento que me chamou antes da hora ao encontro?

— Sim, Roberto; quero conversar contigo alguns instantes antes de começar nossa excursão. Esta noite iremos à casa do Dr. Marmon. Despertaremos suas recordações. Lerás correntemente o destino dele, que foi o de um homem honesto, exposto às vicissitudes da vida, num meio como o do fim de século, do Kaly Yug (idade negra), onde o mal domina e abafa as consciências, que não estão ainda fortemente temperadas. Daí iremos à casa de Francina, a médium; analisaremos seu estado d'alma, a fim de protegê-la com eficácia contra a empresa dos infernais, cujo instrumento é Juliano.

Já travei conhecimento com um dos seus protetores invisíveis, seu tio e padrinho Francisco Delort, um corajoso alferes, morto, valorosamente, em Tonquim. Despojado antes do tempo de seu corpo, não tendo podido, por conseguinte, utilizar na terra a força vital que a sua individualidade tinha armazenado para sua nova incorporação, ele acaba de purgar o Carma em **Cama-Loca**, para terminar a obra interrompida pela morte física. Dotado de coragem e de uma inteligência média, este elemental achou, no astral, amigos e parentes de existências anteriores, bem como o meio de se instruir vantajosamente na verdadeira ciência, a dos segredos da natureza. Ele estuda os fluidos, sua formação, seu poder e sua aplicação à felicidade, assim como à conservação dos Terrenos. No espaço de trinta ou quarenta anos, voltará provavelmente à terra, onde tenciona combater os partidários da guerra ímpia entre os homens e consagrar sua vida ao exercício das idéias socialistas, sabiamente expurgadas das utopias anti-religiosas, rejeitadas totalmente pelas inteligências pouco desenvolvidas.

— Interesso-me por teu jovem herói. Estou certo de que ele destruirá os artifícios que os infernais usarão contra a sua afilhada.

— Nossos esforços devem juntar-se aos seus. Não podes conceber quantos trunfos possui o mal no grande jogo das volições humanas!

Neste momento Henrique pôs-se à escuta:

— Delort previne-me magneticamente de que Juliano conseguiu encontrar sua sobrinha e que a pobrezinha recebeu em pleno coração o seu olhar fascinante. Está na hora de intervir. Amanhã haverá sessão à rua das Vinhas, n.° 12, em casa dos Barrals, bons espiritistas e bastante convictos.

— Lá estaremos, respondeu Montzag.

E meu amigo levantou-se como para sair.

— Queres, disse-lhe eu, que te faça uma pergunta que desde ontem tenho na ponta da língua?

Henrique sentou-se outra vez e respondeu:

— Vou respondê-la o mais resumidamente possível. Há nomes que se devem pronunciar o mínimo possível, personagens cuja única recordação evoca fluidos nocivos... Desejas saber quem é este Pipert de que falou Joel? É o famoso Marquês de Sade, que retornou, depois de sua desencarnação, à sua família legítima, os **Infernais.** Ele foi projetado para a superfície do globo, da morada do maldito e sua legião, como esses cogumelos estercorários que infetam o ar com seus mefíticos eflúvios. O mensageiro do inimigo do gênero humano desempenhou com liberalidade a sua missão; a perversidade que ele objetivou em suas obras nefastas engendra sempre novos eflúvios venenosos respirados sucessivamente pelas novas gerações de nosso globo civilizado.

— Por isso, acrescentou Henrique, levantando a mão direita para lançar o anátema, infelizes o impressor, o vendedor e o comprador destas elocubrações pestilentas, pelas quais tantas almas têm perdido a noção do bem! Infelizes os que, tendo nas mãos os livros deste infame sedutor, não os lançam imediatamente ao fogo purificador! Graças aos céus, nós não lemos estas produções das baixas esferas, porém sua fama chegou até nós e nosso espírito elevado não se deixou levar por elas! Descido aos infernos, Pipert não exerce sua energia senão numa só via... Aqueles que lhe dão atenção, infundindo no espírito sua prosa, atraem-no, ou aos seus companheiros, às suas habitações e os efeitos de sua passagem são desastrosos... Partamos, Roberto, e que o nome desta odiosa personalidade nunca nos manche os lábios!

Atravessamos rapidamente o espaço que nos separava da casa do Dr. Marmon: o nosso velho amigo estava em seu escritório; voltara para casa há pouco, vindo da casa de Fontaine, e pensava em Teresa, que achara melhor.

O doutor parecia procurar a verdadeira razão dos incidentes ocorridos em casa de Agostinho que, como velho amigo, lhe contara a aventura do pavilhão.

— A fisionomia da governanta não me agrada, pensava ele. É ela que deve ser a chave do enigma. Se alguém pudesse sugerir esta idéia a Fontaine, prestar-lhe-ia um favor...

E o doutor recostou-se no espaldar da poltrona.

Com algumas palavras impressas em seu **aura**, Henrique acabara de mudar o curso de suas meditações. Marmon passou sua mão branca e rechonchuda pela grande fronte que parecia ainda mais ampla por causa da avançada calvície. Seu crânio, em parte desnudo de seu ornamento usual, permitia um estudo frenológico interessante: todas as proeminências que anunciavam a expansão das faculdades intelectuais e afetivas eram bem marcadas; o caráter do doutor não se elevava à altura de sua inteligência, e sua carreira tinha sido várias vezes entravada por uma falta de energia de sua alma nos dias de provações.

Nascido em uma rica família do Sul, recebera uma instrução apurada; fizera uma parte de seus estudos de medicina em Montpellier e o resto em Paris. Nessa época, no momento em que ia fazer seus exames para o doutoramento, todos os infortúnios se abateram sobre ele ao mesmo tempo; a morte do pai foi seguida de uma ruína completa. A mãe ficara viúva com muitos filhos, todos bem mais moços do que ele. O seu forçado regresso à cidade natal, as preocupações e os cuidados até ali desconhecidos; a aprendizagem tão penosa da estrita economia para aqueles que tinham nascido e vivido na abundância; anos de luta com a necessidade de ganhar sua vida e a dos seus... depois, finalmente, uma pausa na sua penosa situação: o talento real e a atividade do jovem médico o fazem apreciado por um confrade idoso e já célebre, que o toma por seu assistente.

Seus irmãos mais crescidos prestam, por sua vez seus socorros à família e tornam assim mais suave sua carga. Mais tarde desposa, por reconhecimento, a filha do seu benfeitor e amigo, a Srta. Serafina Monti, devota, de caráter obstinado e voluntarioso. Tendo perdido sua mãe muito cedo, ela não havia nunca suportado nenhum jugo. Seu espírito, ocupado em minúcias e puerilidades, não compreendeu jamais ao pobre Marmon; seu rosto era sem expressão; refletia sua alma desamorável e seu espírito sem facetas. Em resumo, foi uma honesta mas desagradável companheira, sempre pronta a lembrar ao marido que lhe dera fortuna e posição! Não havia crianças para alegrar o lar, e o bom doutor sempre adorou crianças. Um amor sincero, esboçado apenas... e uma jovem tísica, uma alma vibrante e luminosa, seu combate travado com a morte para reter neste mundo o caro anjo... As lágrimas umedeceram os olhos de Marmon...

— Ah! se eu a revisse depois da morte, seria largamente recompensado do pouco bem que fiz neste mundo!... Fiz eu algum bem? Vejamos...

E, fazendo uma rápida visão retrospectiva, o doutor mostrou-se satisfeito.

— Sim, disse a meia voz. Fiz o que pude, mas impedi que se realizasse o mal? Contive os maus, cuja mão criminosa surpreendi? E alguns dos meus colegas complacentes que vi participar de crimes, não terei feito mal em poupá-los e guardar um silêncio prudente, aproveitável à minha tranqüilidade, à minha segurança? Pois eram, muitas vezes, poderosos de todas as classes que os empregavam... Oh, não! Eu fraquejei egoisticamente, covardemente; não me importei com o que faziam... Lutei tanto em minha mocidade, que fechei os olhos... Ah! faltou-me a coragem; sou culpado! É melhor esquecer...

O doutor levantou-se, mas caiu logo numa cadeira, dizendo com um suspiro:

— Não seria meu dever desmascarar este ignóbil Tripart, este instrumento não sei de que mão criminosa... estes casos de loucura súbita... estas doenças de medula espinhal sem causa antecedente, que fazem de uma pessoa de costumes honestos e de comportamento normal um idiota, um perdido, incapaz de gerir seus negócios?... Há também um homem sobre o qual recaem as minhas suspeitas e que todo o mundo tem por um perfeito e honesto cidadão, o Sr. Ardol, o farmacêutico... Se eu fizesse uma única alusão malévola à sua pessoa, me apedrejariam... Ah! como é triste saber e não ter coragem de falar!

O Sr. Marmon pensou em sua mulher morta, havia dez anos, e que não lhe deixara saudades, pois lhe fizera passar longos dias de enfado, de recriminações e absurdas censuras; era mulher e filha de doutor e estupidamente ciumenta das intimidades forçadas de seu marido com suas clientes; na verdade ele pouco se aproveitara das inúmeras oportunidades que tivera de lhe ser infiel. Quanto à jovem tísica, só o coração entrara em jogo...

— Não sei o que teria feito, se aquele anjo querido recuperasse a saúde! Eis-me só, velho e sem filhos; e dou-me por feliz em ter ao meu lado, para cuidar de mim a Sra. Bazin, boa, fiel e dedicada. Despótica, é verdade, mas, quando passa um dia sem rabugices, o que é raríssimo, sinto que me falta alguma coisa, tão habituado estou a vê-la agastada por nada, ir e vir resmungando por não poder estar ao mesmo tempo na cozinha e na sala de espera para atender aos clientes; nunca acha que a criada é bastante vigilante... Sim, esta boa Sra. Bazin, não a esquecerei em meu testamento... Quero também deixar recordações a vários amigos meus; aos jovens, sobretudo... Dosset e Montzag, estes caros rapazes que vi nascer, conheço sua especial predileção pelos objetos de arte reunidos neste escritório. — E dizendo isto, olhou em torno de si com atenção.

Eu e Henrique apertamo-nos as mãos. Bom doutor, como a amizade que nos tem é sincera!

Façamos votos para que ache logo o puro amor que lhe iluminou a existência e que, antes de deixar este mundo, tenha a coragem de desmascarar a infâmia, apesar do que lhe possa suceder.

E deixamos Marmon que, de pé e com a luz na mão, se dispunha a deitar-se.

Percorremos lentamente, como observadores atentos, as ruas mais freqüentadas a esta hora avançada. Henrique não deixava escapar nenhuma oportunidade para me instruir.

Caminhava diante de nós um homem idoso, muito apressado e preocupado. Pisando numa casca de laranja na borda do passeio ia cair, com risco de romper a cabeça. Henrique estendeu-lhe a mão fluídica e o homem, na metade da queda se endireitou duas ou três vezes, com balanços nervosos. Enfim, conseguiu equilibrar-se novamente.

XIV

Reconheci Loiseau, colchoeiro de nosso bairro. Duas pessoas que estavam perto dele no momento acudiram para socorrê-lo e foram testemunhas desta extraordinária oscilação que o salvara de uma queda iminente e terrível.

— É verdadeiramente miraculoso não terdes fraturado a cabeça! Diacho, ainda tendes força para a vossa idade!

— Eu mesmo não poderia acreditá-lo, observou o velho. Creio, senhores, que foi a Santa Virgem quem me protegeu. Fui buscar um remédio para a minha pobre velha que está a sufocar de asma. Agradecido, meus bons senhores.

E o velho continuou o seu caminho; seguimo-lo.

Henrique murmurou-lhe ao ouvido:

— Loiseau, na vossa idade é preciso olhar com atenção para onde pisais.

O velho ouviu e, maquinalmente, repetiu em voz alta, sem saber por quê, a mesma frase, e isto duas ou três vezes, satisfeito, julgando que ele mesmo a formulara.

Tendo chegado primeiro que o **tio** Loiseau à sua casa, encontramos sua mulher sentada no leito, e sufocada, com o rosto violáceo e num estado que dava pena.

Henrique, depois de ter levantado os olhos ao céu em uma fervorosa invocação, disse-me:

— Eu posso retardar o instante fatal; há possibilidade de atenuar a crise. Os espíritos negros que atraem sempre o desenlace final — a morte física — já estão aí prontos a cobrir o cadáver, caindo sobre ele em colunas cerradas...

Eu, porém, não via nada!

— Olha bem, disse-me Henrique. Estão colados ao teto e às paredes.

Depois de alguns segundos de atenção, pude perceber uma grande quantidade de seres minúsculos, semelhantes às varejeiras que atacam sobretudo os cavalos, porém mais escuros do que estas moscas pardas e de patas longas e peludas. Senti uma grande repugnância, assim como uma espécie de horror, vendo o pulular desses seres imundos atraídos pela isca da morte.

Henrique aplicou suas mãos sobre o peito da pobre mulher; seus lábios pronunciaram palavras que eu não compreendi; enfim, a paciente soltou um suspiro de alívio e se moveu no travesseiro.

Loiseau acabava de entrar, ofegante.

— Ah! meu amigo, julgava que não te veria mais... Já estava perdendo a consciência, sentindo-me quase morta, quando dois anjos do bom Deus se aproximaram de mim. Não podia vê-los, mas o mais branco tocou-me o peito. Aqui, disse a boa mulher, apontando o lugar, senti um grande calor e a sufocação desapareceu como por encanto. Ah! meu pobre velho, quando somos honestos eles sempre vêm em nosso auxílio.

E abraçaram-se chorando.

— Minha mulher, disse Loiseau, eu também fui protegido pela Santa Virgem...

E contou o acidente de que escapara há pouco.

— Vamos, minha querida, queres tomar o remédio que te trago?

— Não, respondeu a mulher. Quando há intervenção do céu, nada mais é preciso. Deita-te, meu velho, e que Deus e os santos anjos sejam benditos!

A volta inesperada à vida pusera em debandada a negra corte dos elementais, bebedores do fluido deletério.

— Como são horríveis, disse eu a Henrique, essas lúgubres criações astrais. Todas as câmaras mortuárias ficam assim?

— Quase todas, porém a alma dos bons não os vêem por estarem rodeadas de entidades protetoras e pela presença dos anjos da última hora, como são chamados por causa da santa missão que desempenham. De resto, meu caro Roberto, há um grande número de mortes diferentes; a Cabala conta novecentas, e para cada uma há uma encenação diferente.

— Mas a mulher de Loiseau me parece uma boa alma, objetei. Então por que esta quantidade de elementais?

— Ah! esses não são os piores, pois ficam afastados à espera da saída da alma para caírem esfaimadamente sobre o cadáver. Eles não são mais culpáveis do que as moscas verdes que procuram os restos putrefatos para o seu repasto.

XV

Em poucos minutos, fomos transportados à casa de Francina Moutet. Seu padrinho veio ao nosso encontro.

— Obrigado, senhores, por virdes em auxílio de minha querida sobrinha; ela está realmente em perigo. Este Laverdette é fascinador de primeira ordem; não é nada bonito, mas o seu porte, seu olhar fazem-no um amante desejável aos olhos de uma moça como Francina. A menina, como vos disse, foi fisgada telepaticamente pelo vil Juliano; ela julga ter sentido essa famosa centelha de amor que tantas loucuras tem feito praticar às moças mais sensatas! Conto convosco, Sr. Montzag, e convosco também, Príncipe de Lymac!

Olhei para todos os lados para ver esta nova personagem, mas Henrique, pondo-se a rir, disse-me:

— Não o procures... Tu és esse príncipe, meu caro Roberto. Delort te reconhece; ele é um dos teus conhecidos dos tempos passados, cuja recordação apagou-se em tua presente incorporação.

— Sim, confirmou Delort, o senhor de Lymac e eu discutimos várias vezes, mas isto há muito tempo... Na Flandres Francesa... Tivemos muitas querelas, mas tudo está esquecido. Como vedes, tornamos a encontrar-nos, meu príncipe!

Ri-me gostosamente da recordação evocada, da qual, para dizer verdade, não tinha nenhuma lembrança.

Estendi a mão a Delort, prometendo-lhe cooperar com Henrique para salvar a virtude ameaçada.

Delort desapareceu, sem dúvida uma força maior o atraía para outro local...

Henrique e eu observamos o interior da casa; no andar térreo ficava uma sala modesta, onde o Sr. Moutet, um velho escrivão, estava com a filha. Acabava de pôr seu jornal sobre a mesa, perto da qual sua filha Francina, uma adorável moça de dezesseis anos, de cabelos louros, de perfil gracioso, em todo o frescor de sua juventude, bordava um babado de vestido de algodão vermelho.

O escrivão levantou os óculos sobre a testa, como sempre fazia quando acabava de ler ou escrever e, dirigindo-se à filha, disse-lhe:

— Mignonne, já é hora de te deitares; sabes que amanhã à noite há uma sessão em casa dos Barrals, para a qual contam contigo. Tu és nosso melhor médium. Convém que descanses bem.

— Mais um minuto, paizinho, eu gostaria de acabar esta costura.

A moça dava esta desculpa para ver soar doze horas. Repentinamente, ouviram-se passos na rua deserta... Francina tremeu ligeiramente, pois reconhecera os passos de Laverdette.

De fato este caminhava rapidamente e parou diante da janela, apoiando ambas as mãos no batente como se quisesse magnetizá-lo.

— Bem, bem! disse o pai. Estás quase dormindo. Como vês, eu tinha razão quando te mandei ir para a cama ainda há pouco.

O escrivão beijou a filha e esse beijo paternal rompeu o malefício... Dirigiram-se cada qual para o seu quarto.

Embora Laverdette não tivesse visto nada, teve a intuição, ou melhor a sensação de ter produzido certo efeito, e sorriu maquiavelicamente. Cofiando o bigode, pensou: "Em breve conseguirei o que quero. E, além disso, é graciosa a filha do escrivão... Ah! se a tola da Teresa tivesse esse lindo rosto, e principalmente esta rara faculdade de espírito volante, seria para mim uma sorte. Enfim, contentemo-nos com o que ela me trará como dote... Este será respeitável, sobretudo se Tripart enganasse o honesto Marmon e conseguisse abrandar o belo Agostinho, de tal modo que eu me tornasse único e soberano senhor da caixa. Oh! então tudo correrá às mil maravilhas e eu partirei para Paris. Somente lá eu terei um campo bastante vasto para o emprego de minha atividade. Posso aspirar a tudo, auxiliado pelos irmãos da Mandrágora e auxiliado ocultamente pelos Infernais."

Neste momento, Juliano Laverdette, trauteando uma ária, pôs-se a caminhar.

Eu quis continuar a ler neste ser abjeto. Ele continuou, monologando:

— Gostaria que Francina substituísse Teresa; mas aquela que resolveria o meu caso, que faria minha felicidade completa e da qual eu faria uma parceira séria, é uma pessoa muito distinta que, certamente, não pensa em mim como eu penso nela.

Tremi de horror, vendo fixar-se no cérebro de Juliano a pura imagem de minha irmã querida.

Esqueci-me de que estava sob forma astral, isto é, invisível, e de que o ato de Juliano era apenas um pensamento. Desferi-lhe um soco...

Não ouvi nenhum ruído e, contudo, Laverdette deu um grito surdo e levou a mão à face ferida por mim.

Henrique disse-me:

— Fizeste mal. Feriste-o rudemente; deste-lhe uma descarga elétrica no maxilar, onde há muitos dentes em mau estado, o que lhe causou uma dor agudíssima... O canalha não merece piedade, mas, como tua irmã não estava em perigo pelo pensamento dele, não deverias feri-lo, oculto como estavas.

— Reconheço que agi arbitrariamente, respondi, e saberei conter-me noutra ocasião.

— Separemo-nos agora, disse meu amigo. É necessário que me afaste de T. e tu, meu caro Roberto, volta para junto dos teus... Amanhã às nove horas na rua das Vinhas, n.º 12.

— Ainda uma palavra, caro amigo...

— Já sei o que queres perguntar-me. A resposta levaria muito tempo; contenta-te com saber que a mãe de Teresa, Sra. Fontaine, foi vítima de Virgínia. Esta deu-lhe um narcótico que lhe provocou um ataque de apoplexia serosa, em virtude da qual a pobre senhora morreu. Este narcótico produziu-lhe um efeito tão violento que a Sra. Fontaine foi enfraquecendo cada vez mais.

— Ah! que mulher horrível esta Virgínia!

— Até amanhã. Está combinado.

XVI

Durante o dia, procurei um motivo plausível para sair logo após o jantar que, normalmente, se prolongava até depois das oito horas.

Minha mãe e Mina livraram-me do problema dizendo que tinham sido convidadas para ouvir, à noite, no camarote dos Montzag, Cossira Martigny no **Lohengrin** de Wagner.

— Tu e Ludovico ficareis junto ao palco, disse-me logo Mina. Nos intervalos tu nos mandarás sorvetes, meu irmãozinho, pois gosto muito deles, principalmente no teatro, onde são feitos por um hábil sorveteiro. Não te esqueças de que Paulina também gosta deles.

Fiquei muito embaraçado, tendo que responder à minha cara Mina por uma recusa, principalmente porque pedia algo a que eu a acostumara; era a minha contribuição quando íamos ao teatro. Olhei, ansioso, para meu pai que se aproximara de nós.

— Eu substituirei Roberto esta noite, minha cara filha; teu irmão realiza no momento uma série de experiências psicológicas de grande importância. Acho preferível que ele não se afaste delas.

Agradeci a meu pai com um olhar, feliz por ser tão bem compreendido.

Minha irmã, com ar risonho, murmurou ao meu ouvido:

— Não acredito muito no motivo dado por papai; tens alguma combinação, mas eu suspeito de algo, Senhor Feiticeiro.

— Oh, credo! Que palavra feia, Senhorita!

— Ah! preferes Senhor Mago, ou talvez Sar te assente melhor...

— Ainda não mereço nenhum desses títulos, irmazinha maldosa, respondi, um pouco vexado. Hoje em dia usa-se com demasiada facilidade este nome simbólico, Mago, que não deveria ser dado senão aos verdadeiros iniciados, àqueles que possuem em realidade o poder, e esses são raros, raríssimos, na presente época. Dá-se também impropriamente este título aos estudantes de ocultismo, simples aspirantes à ciência esotérica.

— E tu, Roberto, és um destes aspirantes? perguntou Mina, que se tornou séria.

— Sim! respondi, olhando-a fixamente e procurando ler, como no estado de desprendimento, seu pensamento.

Como eu esperava, Mina, sendo muito franca, expressou seu pensamento e eu li em seu espírito:

— Meu caro Roberto, espero que me aceites um dia como discípula; sinto-me atraída para esses vastos horizontes do pensamento. Quisera conhecer o significado de vários enigmas que entravam minhas pequenas especulações.

Abracei-a ternamente: — Tua bela alma tem mais que a ciência, tem a pureza e a caridade, que são as asas de anjo que levam à plenitude da sabedoria.

Minha irmã aprofundava por sua vez seu olhar no meu, verificando que eu era sincero naquilo que, dito por outro, poderia passar por uma simples lisonja.

— Meu irmão, um dia apelarei para teu conhecimento...

E foi ao encontro de minha mãe que já estava se vestindo para ir ao teatro.

Depois da saída de minha família, entrei em meu quarto. Sentia-me feliz por já não ter que inventar motivos para explicar minha ausência aqui ou ali, enquanto durassem nossas excursões noturnas. Todos os meus me haviam compreendido, sem mais explicações, sinal irrecusável de sua verdadeira afeição e delicadeza de sentimentos.

Alguns minutos depois, assim que me deitei e adormeci, encontrei-me com Henrique na rua das Vinhas, n.° 12; esperava-me diante da casa dos Barrals.

— Privei-te de umas horas agradáveis na Ópera, e particularmente Ludovico foi prejudicado esta noite, pois esperava estar ao teu lado para ir conversar com tua irmã nos intervalos.

Henrique acentuou fortemente as últimas palavras. Eu olhei para ele tentando fazer a leitura de seu pensamento, no que já fizera progressos. Mas fiquei decepcionado, pois Henrique percebeu-o logo.

— Escuta, disse ele, a leitura de pensamento, embora difícil, se torna comum para as naturezas bem dotadas que exercem este poder interno, o qual se diversifica e se aplica a todos os usos pelo iniciado completamente desenvolvido; mas se este não conseguisse subtrair aos olhos indiscretos ou malevolentes os meios de ação de seu poder, assim como a extensão deste, seria muito infeliz e lamentaria os meios de ação de seu poder, assim como a extensão deste, e não poderia empregá-lo senão em circunstâncias especialíssimas. O anel de Giges é o símbolo do poder indispensável que o adepto possui de se proteger da curiosidade importuna dos seres secundários do espaço, assim como dos ardis dos **iniciados do abismo**, dos Irmãos da Sombra, que possuem a ciência integral e o direito e o poder de se servirem dela em todos os planos da natureza manifesta. Eu escondi de propósito meu pensamento. Roberto, agora olha e lê.

Vi então que não me havia enganado a respeito do sentimento de Ludovico por Mina. Imediatamente soube que o seu casamento estava preparado pelos antepassados; que o pai de Henrique desejava tornar-se meu sobrinho. Exultei.

Henrique acrescentou:

— Ludovico é três anos mais moço do que tua irmã, mas isso não será um obstáculo. Ele adora Mina e meu pai está orgulhoso e feliz por tornar à existência terrestre no seio de uma criatura que possui, além da pureza do sangue, uma virtude real, uma alma tão honesta que sua leal personalidade não poderia abrigar nenhum pensamento impuro...

Muito emocionado, abracei o irmão querido, bendizendo a Providência pela felicidade de que iam gozar as nossas famílias por esta união.

Jurei ser para Montzag, meu futuro sobrinho, o tio mais terno e mais solícito em lhe tornar a vida mais agradável na terra; e mesmo, num lampejo, pensei em revelar-lhe logo as verdades ocultas assim como as experiências, frutos de meus esforços perseverantes.

De mãos dadas, entramos em casa dos Barrals e penetramos na sala de jantar preparada para a ocasião.

Muitas pessoas estavam ali reunidas; falavam das experiências programadas para a cessão, e cada qual esperava intimamente ser favorecido pela comunicação de um ser querido. Esperava-se ainda por dois médiuns. Já se havia instalado à cabeceira da mesa o presidente Fusier, escritor espírita, jovem e inteligente, porém dogmático na maneira de explicar as manifestações espíritas, e fanático por Allan Kardec, único mestre no mundo para ele, cuja opinião era mais do que suficiente. Perto do presidente estavam outros senhores, impacientes pela demora dos dois médiuns.

— Aí estão! exclamou de repente a Sra. Barrals, a dona da casa.

Seu marido foi receber os retardatários:

— Boa noite, Sr. Moutet; boa noite, Francina. Ah! eis a Sra. Chapitout... Tendes alguma coisa, pois estais mancando?

Esta última deixou-se cair numa cadeira.

— Creio, disse ela, que os maus espíritos me perseguem; há uma hora que eu tencionava vir, pois não queria ser a última. Ora, aconteceram-me vários contratempos e dissabores. Derramei uma garrafa de vinho que havia esquecido de fechar, o que nunca me aconteceu; o vinho entornou-se todo no meu vestido... Fui obrigada a mudar de roupa. Subo depressa ao meu quarto, a vela apaga-se; entro às cegas procurando os fósforos sobre a lareira, bato com a cabeça na porta de um armário que está sempre fechado, e quebro o castiçal de porcelana. Forçada a descer, enfim, e apressando mo para chegar, senti perfeitamente uma força oculta que me fez escorregar na calçada, provocando-me uma distensão muscular...

E a gorducha, enxugando a testa, acrescentou:

— Não sei o que há no ar à minha volta...

— Vamos, meus irmãos e irmãs, disse o presidente. Recuperemos o tempo perdido. Tomai vossos lugares e invoquemos nossos guias para que afastem de nós os espíritos maus e brincalhões.

Escondidos atrás de uma cortina, Henrique e eu observávamos a reunião, e seria interessante darmos aqui nossas apreciações; mas eu o farei em outra ocasião.

Henrique assegurou-me que eu estava num dos meios mais homogêneos, que todos os presentes se recomendavam em maior ou menor grau pelo sincero interesse que dedicavam à doutrina espírita, bem como por sua moral incontestavelmente superior à da maioria de nossos concidadãos.

Terminadas as preces, esperaram em recolhimento.

Francina, um pouco pálida, foi a primeira que os espíritos tomaram; sua linda cabeça inclinou-se para trás. Todos olharam para ela, inclusive o escrivão seu pai, que a olhou apreensivo, pois notando que nos últimos dias sua filha estava diferente, temia, nela, o efeito do transe.

Passaram-se dois ou três minutos, durante os quais vi o padrinho de Francina fazer-lhe dois passes magnéticos mui rápidos; dos pés ao epigastro, depois, da cabeça até o próprio centro nervoso. Enfim, a uma distância de um metro, comodamente sentado numa cadeira, eu vi chamá-la docemente pelo nome. Em seguida, uma nuvem branca elevou-se acima de seu corpo. Em alguns segundos, o corpo astral de Francina libertou-se, e a jovem parecia dormir neste novo estado.

O padrinho tomou-a pela mão e ambos se elevaram aos ares com uma velocidade inaudita. Henrique pediu-me que fizesse um esforço para acompanhar seu vôo rápido. Quase inconscientemente fiquei, apenas pelo meu intenso desejo, num estado de alma ainda mais sutil que o simples desprendimento corporal que eu já executava com facilidade. Consegui abstrair-me de um segundo invólucro extremamente tênue, do qual eu ignorava que ainda pudesse aliviar o meu eu. Henrique e eu seguimos os viajantes e alcançamos uma região astral muito afastada da superfície terrestre, e isto tão rapidamente que não tive tempo de refletir sobre esta ascensão vertiginosa.

Tive, mais tarde, oportunidade de observar minhas impressões, percorrendo as mesmas zonas até um limite indeterminado para mim.

Paramos diante de um palácio magnífico, cujas portas estavam todas abertas e de onde saía um canto melodioso; entramos ao mesmo tempo que Francina e seu padrinho.

Muita gente entrava e saía. Uma mulher, jovem ainda, cercada de um halo de luz branca, puríssima, porém opaca, surgiu à nossa frente. Francina deixou-se cair em seus braços, abrindo repentinamente os olhos.

— Minha mãe! exclamou a moça encantada e com os olhos fixos nela.

— Minha filha querida, disse-lhe esta, a distância não existe para os corações que se amam! O meu percebeu o lobo **rapace** que ronda o teu corpo inocente para tomá-lo como presa e, o que é mais horrível, entregar tua alma virgem às maquinações dos Infernais. Eu não posso mais, filha, aproximar-me das paragens terrestres; minha natureza fluídica tira-me todo meio de ação possível sobre as suas tenebrosas atmosferas. Meu irmão, teu excelente padrinho, não pode dedicar-te toda sua atenção, e os seres astrais que te protegem nem sempre podem intervir nos efeitos do Carma. Apenas tu, minha Francina, deves reagir contra a ação maléfica que tenta absorver tua vontade! Há tempo ainda! Resiste à atração que sentes sem compreender, e que confundes com a mais santa das emoções: o amor espiritual que se dirige apenas ao coração e é percebido pelo espírito como uma luz. O teu livre arbítrio (seu mérito e demérito) não se pode exercer, em verdade, a não ser nesta escolha. Vou fazer todos os meus esforços para te auxiliar, mandando pedir a teu pai que vele por ti. Aí termina a minha intervenção. Dirigirei minhas fervorosas preces ao Eterno, a fim de que, se teus esforços para permaneceres pura forem reais, sejas angelicamente socorrida.

Banhada em lágrimas, Francina apertou a mãe entre os braços, exclamando:

— Pensei que o amasse. Quem é, minha mãe, esse homem cujos olhares me fazem mergulhar em encantamento?

— Um monstro satânico que vive num corpo de onde expulsou seu dono depois de muito trabalho.

A jovem desmaiou, entrando numa nova forma de desprendimento desconhecida para mim. Vários espíritos, que eu não havia até então visto, presenciaram a cena e rodearam-nas; levantando Francina inerte chamaram-nos e pediram-nos que acompanhássemos Delort e sua sobrinha, que de novo tinha os olhos fechados.

XVII

Rápidos como o raio, achamo-nos outra vez na sala dos Barrals. A assistência parecia inquieta. Enfim, a moça deu um grande suspiro e as lágrimas inundaram suas faces, sem dúvida as mesmas que eu a vira derramar sobre o regaço de sua mãe. Seu padrinho facilitou-lhe, por meio de passes, a volta a um estado menos sutil. Francina, apesar de adormecida ainda, abriu os olhos.

— Sentes alguma coisa, minha filha? perguntou-lhe o pai.

— Oh! sim, meu pai! respondeu a jovem, levando a mão ao coração. Porém, eu vi minha mãe e chorei sobre o seu coração... Senti-me consolada... não sei mais de quê! Minha mãe é muito pura para poder atravessar os fluidos terrestres para vir até nós... É necessário que eu seja muito prudente para chegar até onde ela está... Minha mãe mandou-te um abraço; ela nos espera a ambos no belo palácio de melodias, onde reside.

Depois de longo silêncio, o presidente perguntou à jovem médium se tinha visto espíritos na sala, junto dos assistentes.

— Sim, respondeu ela e nomeou vários, que descreveu com exatidão.

Quase todos haviam morrido recentemente. Estavam ainda mais ou menos impregnados das idéias das sensações terrenas; seu contato não podia ser benéfico para a reunião, mas sim para os mortos que absorviam o fluido vital das personalidades presentes na sessão. Muitos estavam contentes com a narração da médium...

— É preciso escurecer a sala, disse Francina, pois querem trazer-vos flores... Depois despertarei. Sinto-me cansada. Mandam também dizer-vos que a Sra. Chapitout dormirá em seguida.

Eu tinha muitas vezes ouvido falar desses transportes de flores, mas sem acreditar neles. Por isso, minha atenção foi vivamente atraída e excitada pela notícia, tanto mais que percebi que a médium externava seu pensamento.

Apagaram-se as luzes. Vi, então, produzir-se aquele fenomeno de maneira exata. Assim que escureceu, vi uma multidão de pequenos seres fluídicos quase transparentes, que se agitavam em círculo sobre nós; mantinham com cuidado uma esfera fluídica vazia do tamanho de uma bexiga grande, semelhante às que as crianças seguram por fio. Nesta espécie de balão via-se suspensa uma centena de violetas de Parma, de um frescor delicioso. Nenhuma mão material teria podido trazê-las em uma tão completa ausência de contato. As hastes haviam sido tiradas da planta por um efeito de desagregação dos tecidos; não tinham sido cortadas nem arrancadas, mas separadas da maneira que indiquei. Por isso o orvalho não tinha caído de seu cálice perfumado. Mais rapidamente do que eu poderia dizer, o balão arrebentou na sala, espalhando violetas sobre os assistentes e principalmente sobre a médium e os que estavam próximos dela. Foi uma grande alegria e uma ação de graças geral. Fiquei maravilhado. Pareceu-me que Delort distribuía algo aos graciosos e delicados autores daquele fenômeno.

Ao despertar, disse Francina:

— Ah! sentis o odor das belas violetas?

Acenderam-se as lâmpadas; seguiu-se um intervalo, após o qual a Sra. Chapitout, que previamente tinha sido amarrada com todo cuidado, foi num instante liberta por seu espírito familiar: o **pequeno Silvano** como o chamavam.

Sucederam-se vários fenômenos comuns nas sessões desse gênero; não falarei deles porque são atualmente muito conhecidos para que causem surpresa como há vinte anos.

O que é mais curioso e digno de referência é saber como e por quem são produzidos, coisa a que me referirei mais tarde.

Silvano era um pequeno elemental, de uma categoria favorável aos terrenos, embora sujeito a freqüentes caprichos. Era consciencioso e levava seu papel a sério, evitava pôr um médium em contravenção com as leis ocultas do fenômeno. Por exemplo: estando ele próprio fatigado ou mesmo indolente, não o obrigava a trabalhar em seu lugar em estado de transe...

Silvano, olhando-nos (a mim e a Henrique), com atenção exclamou:

— Há aqui um espírito muito branco acompanhado de um semiespírito.

Isto provocou o riso dos presentes.

— Explica-nos, Silvano, disseram-lhe de todos os lados, o que significa um semi-espírito?

Silvano ia falar quando o alferes Delort impôs-lhe silêncio.

— Então, Silvano, que queres dizer com semi-espírito? instou a assistência.

Embaraçado, Silvano disse piedosamente, temendo uma punição:

— Eu me enganei!

Henrique fez-lhe sinal para que se aproximasse. Então, acercando-se por sua vez do médium, manipulou-lhe o fluido e com este materializou em parte a sua mão, que sempre fora belíssima e, com grande emoção para a assistência, tomou de um lápis que estava sobre a mesa, diante do médium, e escreveu estas palavras, pedindo a Silvano que as entregasse ao pai de Francina:

"O caçador espreita a pomba; velai por ela! — **Hubert.**"

Terminada a sessão, o Sr. Moutet leu o bilhete e nada disse a respeito do que continha. Era uma mensagem particular. Mencionou apenas a assinatura.

Julgaram que por modéstia ele não quisera colocar antes de seu nome a palavra **santo**; pois seguramente foi o patrono dos caçadores que escreveu através de sua mão luminosa.

Rimo-nos. Henrique tinha simplesmente assinado um dos seus nomes.

— Dar-te-ei amanhã à noite algumas explicações a respeito de tudo que acabamos de ver. Espera-me em tua casa.

XVIII

Durante o dia empreguei meu tempo em algumas visitas indispensáveis e algumas leituras. Fui ver os Montzag; Ludovico estava ausente, sua mãe e sua irmã Paulina censuraram-me amavelmente a raridade de minhas visitas desde que me restabelecera. Falamos de nossas relações comuns; a Sra. Montzag informou-me sobre as mudanças da véspera no palacete dos Fontaine; a governanta tinha sido despedida e Teresa, totalmente restabelecida, se recolhera ao Sacré-Coeur, onde Teresa estudara, e onde tinha ainda algumas amigas mais moças do que ela, com quem desejava passar uma temporada.

Fez referência a um concerto beneficente para o qual a Sra. Irene de Cressol — filha mais velha da Sra. Montzag — devia colaborar. Esperavam-na para o fim da semana. Traria o seu bebê recentemente desmamado. Seria uma alegria geral. Paulina trabalhava na confecção de graciosos babadores.

— Ludovico tocará violino e acompanhará a soberba voz da Sra. Zélia Delmart, que sempre atraiu a atenção de tantos amadores.

— É realmente amável a esposa do juiz-instrutor. Nunca se faz de rogada quando se trata de ser útil ou agradável.

— Sim, confirmei, aprecio muitíssimo sua graça e sua bela voz.

— Se ela tivesse entrado no Conservatório, observou a boa senhora, seria hoje uma excelente cantora!

— E uma inimitável comediante! acrescentei.

— Ah! Credes, Roberto, que ela possua esse talento?

Eu ia responder, mas a porta se abriu e um criado anunciou a Sra. Delmart.

Zélia, vestida discretamente e com muito bom gosto, entrou sorridente e com certa ingenuidade no olhar.

— Falávamos de vós, cara senhora; o Sr. Dosset e eu fazíamos loas à vossa pessoa.

— Ah! é muita bondade, senhora condessa, julgardes com benevolência meus esforços...

E estendendo-me sua pequena mão, Zélia lançou-me um olhar zombeteiro, baixando as pálpebras de longos cílios.

— Todos os vossos amigos sentem-se felizes, Sr. Dosset, por vos ver hoje completamente restabelecido. Ainda ontem, meu marido me disse que, brevemente, esperava tornar a ver-vos em nossas pequenas recepções quinzenais.

E Zélia, mais linda do que nunca, cercou-me de um eflúvio acariciador em que pôs todo o encanto de sua pequena pessoa. Fui friamente polido e despedi-me o mais cedo possível da dona da casa.

Estremeci ao sair, pensando que, sem a intervenção de Henrique, que me abrira os olhos, eu teria, sem dúvida, experimentado aquele antigo amor por esta víbora furta-cor, cuja aparência graciosa escondia suas perversidades.

— Ah! meu Deus! exclamei. Quando se desenvolverá a Humanidade a ponto de não permitir a esses bonitos monstros o exercício da magia diabólica, obrigando-os a renunciar à sua encarnação na terra?

Deixando a casa dos Montzag, dirigi-me à de Fontaine; o belo Agostinho saíra.

Encontrei o Dr. Marmon em sua casa. Acabava de despedir o último cliente do dia.

— Cá estás, meu caro Roberto, disse, batendo-me paternalmente no ombro. Como me sinto feliz por rever as tuas belas cores de outrora! Fiquei bastante preocupado contigo, meu filho. Nem podia dormir. Estimo-te tanto... Fui eu o primeiro a receber-te nos braços e o primeiro a admirar-te desde que vi tua pequenina pessoa. Eras muito forte e vivo. Eu apostaria que, assim robusto, chegarias aos cem anos sem tropeços. Como vês, eu não queria perder minha aposta...

E sacudindo tristemente a cabeça:

— Não é neste mundo que eu poderei ganhar a minha aposta; já estou velho. Será no outro mundo que teu pai me pagará.

Abracei meu velho amigo.

— Por nosso lado, saberemos cuidar de vós, caro doutor, para vos conservar por muito tempo ainda em nosso meio. A maior parte de vossos clientes são vossos amigos, como bem o sabeis.

— Sim, respondeu Marmon, mas nota, Roberto: se a terra fosse povoada de boas almas como as dos amigos de que falas, eu não desejaria deixá-la nunca. Porém, para o médico, mais do que para qualquer outro, os homens se mostram como são e não como parecem. Quantos desgostos e decepções acumulados em meu coração! Revolto-me contra mim mesmo por não ter a energia de reagir, em certas circunstâncias, ou de fugir ao contato dos maus, sobretudo dos hipócritas...

O bom doutor estava emocionado e seu belo rosto retomava a expressão de amargura que eu lhe havia notado em nossa visita noturna.

Eu procurei distraí-lo dando outra direção à conversa; depois, deixei-o, pedindo-lhe que fosse jantar conosco no dia seguinte.

Após outras visitas insignificantes, recolhi-me à minha casa. O tempo estava nublado e a temperatura tempestuosa; estirei-me comodamente no canapé e abri um dos últimos livros recebidos: **Como fazer-se mago**, de Sar Péladan.

Eu já possuía várias obras deste autor, que aprecio muito, não obstante as críticas que poderia fazer à sua intransigência para com algumas personalidades e localidades que estigmatiza com o santo furor dos profetas de Jeová, esse Deus ciumento e colérico...

À parte esta mania, a obra do jovem mestre é plena de luminosos ensinamentos; é preciso apenas termos a precaução de fechar a sete chaves a maior parte de suas produções, se temos filhos ou mulher jovem. Talvez cheguemos um dia a uma era de pureza bastante considerável para que a beleza de algumas de suas descrições possa ser admirada em suas expressões naturalistas.

Debruçado à janela de meu quarto, esperava a hora de me deitar para me desprender. Enquanto esperava, observei as nuvens que se amontoavam no horizonte — os clarões longínquos ameaçavam uma tempestade iminente. Finalmente um trovão estrondou.

Já ia fechar a janela quando avistei, à distância de trezentos metros, uma forma indecisa que parecia lutar com uma infinidade de outras de tamanho diferente. Julguei a princípio que fosse ilusão de ótica, sem deixar, contudo, de examinar curiosamente o vaivém destas formas vagas e indecisas, e como que encavaladas; mas eis que, num impulso mais vigoroso, a primeira forma empurrou para longe as outras e, com grande estupefação, vi que era Henrique que, seguido à distância por seus antagonistas, vinha rapidamente para mim e, num instante apareceu à minha frente, em meu quarto.

— Fecha depressa a janela! ordenou-me. E depois acrescentou:

— Meu caro Roberto, é inútil que te desprendas esta noite; os teus sentidos internos permitem-nos que conversemos como se estivéssemos no estado de vigília. Dificilmente, com o tempo que faz, podemos estudar esta noite nossos concidadãos. Pouco ou muito, os homens que possuem um embrião de consciência experimentam, quando troveja, uma espécie de temor supersticioso, que os faz recolherem-se em si mesmos, ocultando por esta forma suas tendências e vícios habituais; uns pensam que haja, talvez, em alguma parte, uma força formidável que retém o trovão, à qual deverão prestar contas depois da morte; outros submergem em todas as suas faculdades pensantes e sensitivas pelo receio de uma morte repentina; ficam todos como animais trêmulos... Convém deixar a uns e outros no seu retraimento. Aproveitemos o tempo para nossa instrução. Dar-te-ei alguns esclarecimentos de que necessitas.

XIX

Henrique começou assim:

— Os seres fluídicos com que me viste lutar pertencem a diversas espécies de elementais, alguns dos quais, embora invisíveis, estão misturados com a nossa Humanidade, em contínuo intercâmbio amigável com ela; passam também por um estágio pré-humano, durante o qual se iniciam em nossa vida dupla, material e astral. Estes embriões de inteligência e de sensação instintivas se ligam ao homem, prestam-lhe serviços ou desserviços, segundo o primeiro impulso recebido por eles, o qual, de certa forma, os chamou à vida. Eles partilham as paixões boas ou más do homem, de quem se fazem comensais. O homem ignora quase sempre a existência deles. Entre esses elementos favoráveis aos terrestres há hierarquias, como em todas as classes de produções fluídicas.

É evidente que os mais desenvolvidos se associam aos bons e aos inteligentes de nossa raça. Por não conhecermos a existência destas criaturas semi-inteligentes, que nos rodeiam, nós os pervertemos por nossos maus pensamentos, de que se apropriam com grande facilidade de assimilação. Além disso sofremos, por nossa vez, sua influência, que nos cerca sem o sabermos, e tanto mais facilmente quanto volta a alimentar o foco passional de onde manou. Muitos desses pequenos seres parecem-se ao mesmo tempo com o homem e com o animal em sua forma simplesmente esboçada e suscetível de mudança, segundo a influência por eles absorvida.

Em geral, estas formas pouco definidas, com suas partes constituintes soldadas imperfeitamente, são antes monstruosas do que agradáveis à vista, e o que aumenta o terror dos videntes inconscientes ou dos loucos que as percebem, é que estes elementais podem, segundo sua fugaz sensação instintiva e sob o impulso dos eflúvios passionais humanos, aumentar ou diminuir instantaneamente o seu maleável invólucro. Demais, como estes pequenos astrais se agrupam sempre entre si, produzem associações de figuras horríveis. Causam grandes temores aos videntes, e estes estão certos de os ver sempre, em todos os sentimentos que degradam o homem.

O elemental triunfa quando absorve a corrente magnética humana e chega a fazer de seu superior, de seu mestre, um prisioneiro em sua cela, onde nada pode chegar senão por meio de seus algozes tão vis quanto cruéis, quando se tornam dominadores. Portanto, quando sobrevém uma tempestade, meu caro Roberto, estes pequenos candidatos à humanidade tornam-se extremamente vacilantes e tímidos; são muito mais sensíveis do que nós aos efeitos da eletricidade, que freqüentemente destrói seu invólucro. Por isso, quando ouvem o ribombar do trovão, afluem em massa às habitações humanas em busca de asilo. Estes seres estão já (refiro-me apenas a certas espécies) imbuídos das idéias materiais; não poderiam penetrar numa casa a não ser por uma abertura, porta, janela, trapeira, e até mesmo por aquelas aberturas chamadas gateiras que não têm mais que vinte centímetros quadrados de largura.

É conveniente não deixar que se aglomerem em sua casa grande quantidade desses astrais, sempre dispostos a tomar posse do domicílio em que se sentem bem; é pois aconselhável impedir que a invadam, fechando-lhes todas as aberturas ao primeiro relâmpago. Há igualmente outra espécie de visitantes, nos dias de tempestade, ainda mais perigosos, cujas emanações põem em perigo a saúde; são eles os elementais recentemente mortos que têm uma forma astral semi-animal. São personagens repugnantes que transpiram o vício, sofrem horrivelmente os efeitos das descargas elétricas que sulcam a atmosfera. São estes seres lacerados por queimaduras vivas e, como a maior parte deles não se julga morta, procuram a toda pressa lugar onde se possam refugiar. Há pouco fui assaltado por elementais e por muitas dessas larvas hediondas de hálito mefítico, e fui forçado a ferir algumas para escapar.

Eis, meu amigo, uma instrução que te será proveitosa. Quero, em alguns dias que nos forem concedidos para nos vermos sem obstáculos, dar-te as melhores noções possíveis sobre a esfera imediata que envolve o nosso globo, que deves um dia percorrer sozinho, em desprendimento astral, para te instruíres e tornares, como já te disse, o auxiliar das grandes almas chamadas **Filhas da Luz.**

Um clarão, seguido imediatamente de um formidável trovão, iluminou o horizonte. Vi, então, grupos destes seres hediondos que rolavam uns sobre os outros para entrar em um celeiro cuja janela ficara aberta. E quanto mais fixava o meu olhar, mais via ao longe a repetição do que se passava perto de nós! Enfim, vi um grande cão que corria uivando; estava totalmente coberto de uns seres minúsculos que formigavam, agarrando-se à sua pele.

— Ah! meu Deus! exclamei. Sinto desenvolver-se a minha vista interna a um grau que eu nunca poderia imaginar; confesso, porém, que se não tivesse o poder de diminuir, à vontade, sua potência, me julgaria o mais infeliz dos homens!...

— Por quê, caro Roberto? Habituamo-nos a todos os espetáculos, e este acabará por não te espantar mais. Apenas, conhecendo as precauções que deves empregar para te preservar, poderás usá-las e também proteger teus irmãos ignorantes. Aliás, uma vez exercitados, teus olhos internos poderão ver tanto quanto quiseres as maravilhosas criações astrais que, embora ilusórias, são um campo de observação e de estudo curioso para o iniciante. Quero dar-te também alguns ensinamentos suplementares acerca de nossa proteção dada a Francina.

XX

O Sr. Moutet, saindo da casa dos Barrals, deu o braço à filha e, com uma voz paternal, tão suave quanto possível, disse-lhe:

— Minha Francina, eu vi tua mãe a noite passada; ela fez-me comprender que um perigo te ameaça; eis que um bom espírito, enviado por ela, sem dúvida, acaba de dar-me um aviso por escrita direta, incontestável, pois todos nós vimos a mão luminosa escrever algumas palavras. Ela acaba de avisar-me novamente a esse respeito. É preciso que eu lhe obedeça! Em tua idade, Francina, a desgraça se disfarça muitas vezes sob a forma de um homem galante, indigno de se tornar esposo. É, então, um vil sedutor que desempenha a mais infame das comédias...

Francina estava ofegante. O escrivão sentia que estava na pista...

— Sim, minha filha, creio que é exatamente esta a desgraça que tua pobre mãe prevê para ti...

Depois de curta pausa, o Sr. Moutet continuou:

— Não é comum, em nossa rua deserta, passeadores elegantes; mas eis que há cerca de uns dois dias tenho notado várias vezes um libertino muito conhecido entre as gentes de má reputação, por nome Laverdette...

— Ele chama-se Laverdette! exclamou intempestivamente Francina.

O pai, conhecedor sagaz da estúcia dos juízes-instrutores, pareceu não perceber a exclamação de sua filha; porém, desta feita, certo de ter deitado a mão à presa, disse simplesmente:

— Como és a única moça bonita de nossa rua, temo que este odioso devasso volte para ti os olhares, não certamente com um interesse honesto; ele visa um dote gordo que alimenta a paixão que tem pelo jogo; seria pois para perturbar teu coração ingênuo e zombar de tua credulidade.

Francina lançou-se chorando ao pescoço do pai.

— Não chores, querida, e apontando para cima, no céu e na terra velam por ti, meu anjinho. Amanhã faremos nossas malas e eu te acompanharei a Bordéus, onde passarás dois ou três meses em companhia de tua avó. Irei buscá-la depois. Temos lá vários amigos espirituais que te estimarão como boa e excelente médium que és.

— Deixei a Srta. Francina e seu pai muito contente, disse Henrique, por haver subtraído aos infernais a presa cobiçada e, sobretudo, por ter dado ao abominável Laverdette uma boa lição.

— Compreendo, meu amigo, todo o bem oculto que os invisíveis podem fazer, sem, todavia, impedir o livre arbítrio, que é a causa única de evolução dos encarnados.

XXI

— Sei quais foram as tuas ocupações durante o dia, continuou Henrique. Falaremos delas. Em primeiro lugar, viste novamente a linda Zélia, que julgas uma víbora. Na verdade não estás totalmente errado, todavia, vou surpreender-te informando-te de que esta mulher, tão perversa como viste, está, todavia, em ascensão, em progresso.

Fiz um gesto de dúvida.

— Sim, tornou Henrique, esta mulher está em via ascendente, embora possas duvidá-lo. Eis como: nas encarnações precedentes, seu ego reincarnador não pôde, nas diversas personalidades que produziu, atingir o desenvolvimento do senso moral; ainda neste último nascimento de Zélia, ele está apenas esboçado. Se a pobre criatura nascesse em um meio mais elevado em moralidade, teria podido tornar-se, se não uma pessoa de irreprovável pureza de costumes, pelo menos aquilo que é a maioria das pessoas de seu sexo, lutando, mais ou menos, contra suas más tendências ou excitações de sociedade, e sofrendo às vezes quedas que lhes causam sinceros remorsos, o que já é um caminho para a vitória completa. Aqui, meu caro Roberto, devemos reconhecer que este meio pouco honesto, impedindo a personalidade de Zélia de realizar um sensível progresso, é a obra comum a toda a raça passada e presente na terra e que, portanto, Zélia, como suas iguais, está livre de uma parte de sua responsabilidade.

Esta linda pecadora, desde há muitos séculos, pertenceu, mais ou menos, ao vício reconhecido e arregimentado, sofrendo todas as conseqüências ignominiosas da existência das filhas do prazer... Enfim, na encarnação precedente a esta, Zélia esteve num meio impuro, onde viveu em uma idade mesmo avançada para esse gênero de criatura, assaz boa; se ela arruinou inconscientemente muitos de seus amigos, soube um dia dar tudo o que possuía para salvar a honra de um jovem filho de família, que caíra em suas malhas, apesar de já ser um pouco madura.

Ela ficou um instante comovida com o infortúnio deste jovem e, sem nada poupar para si, abriu mão em seu favor de tudo quanto possuía. O jovem esqueceu-o; foi pior do que ela, foi ingrato... Ela continuou a viver na classe operária aquela vida que sua beleza decadente não permitia mais ter na classe rica. Zélia sofreu muitíssimo e teve o mérito de não reprovar jamais, mesmo em pensamento, a ingratidão daquele por quem sentira uma vez, em sua miserável existência, pulsar seu coração. Ela acabou os seus dias, como a maior parte de suas companheiras, minada de um mal terrível, no leito de um asilo. Aí, piedosas filhas de São Vicente de Paula verteram-lhe o bálsamo no coração e ela deixou a terra, resignada. Fizeram-lhe compreender que o Senhor seria indulgente e misericordioso; que Ele a amaria certamente se ela o amasse, e a pobre Estela (era este o seu nome) viu a Jesus sob a forma do amante ingrato voltado a ela, e assim morreu calmamente, beijando o crucifixo que lhe estendia a religiosa.

Quando seu espírito, depois de pouco tempo de repouso, tornou à terra, foi aconselhado por um guia apropriado à sua elevação espiritual. Zélia amava demasiado a beleza para ter a sabedoria de renunciar a ela, e este empecilho ela não soube remover. A escolha de uma família é sempre difícil para o espírito; este não pode fazer sua escolha senão entre aquelas com as quais posuem afinidades morais e intelectuais ou, pelo menos, muitos pontos de contato ou de atração.

Isto demorou muito. Enfim, tornou-se ela a filha do S. Berthier, um industrial de família honesta e proprietário de sólida fortuna. Sua mãe, filha de um oficial superior, era quase pobre, mas muito instruída. Fora educada na casa da Legião de Honra de Saint-Denis. Era muito bonita e possuía uma bela voz, sendo também excelente musicista. Zélia era a terceira filha do Sr. Berthier. Foi formosa tanto quanto suas irmãs, embora diferente delas pelo tipo de beleza. Estas jovens receberam instrução excelente e educação perfeita.

A mãe perdeu o marido após uma ruína total da fortuna. Ele fora imprudente, aventurando-se numa série de especulações, deixando a mulher e filhas num estado vizinho ao da miséria. A Sra. Berthier era uma mulher de tirocínio e sem preconceitos; deu a entender aos que a rodeavam que, depois da liquidação dos negócios de seu marido, lhe ficaria ainda uma boa fortuna para constituir um pequeno dote para cada uma das filhas.

Quase nada mudou na vida aparente ou exterior de família, mas uma economia de um incrível rigor foi estabelecido na casa, cujas portas, sob pretexto de luto, ficaram durante um ano cerradas às pessoas conhecidas. Depois mobiliou e alugou os quartos do segundo andar e contentou-se com uma modesta criadinha camponesa que não saía nunca só. As moças exercitavam-se nas artes recreativas, já se aperfeiçoavam como se nelas trabalhassem para viver.

Assim que o grande luto terminou, a Sra. Berthier reabriu seu salão aos íntimos, que não eram poucos.

Suas três filhas, a quem chamavam as Três Graças, eram sua atração principal. Depois fazia-se boa música.

Neste luxo apenas superficial consumia-se o pequeno capital deixado pelo pai. Cumpria, portanto, achar genros, pois era com eles que a mãe contava, e com o produto de sua pequena casa.

Como havia vários adoradores e não pretendentes, a Sra. Berthier, como mulher hábil, pensou que todo meio seria admissível para desentocá-los e assim abriu-se com as duas filhas mais velhas, julgando que seria inútil declarar o seu pensamento a Zélia, sete anos mais moça que a segunda.

Para a mais velha, Frida, uma formosa morena, pintora talentosa, escolheram um nobre e rico camponês, que fazia má pintura e se considerava um grande conhecedor. Passava com a mãe o verão em sua terra e o inverno em T. numa casa próxima à da Sra. Berthier. Este velho celibatário, com cerca de quarenta anos, vivia familiarmente na casa dos Berthier.

Frida aconselhava-se com ele para tudo. Certo dia, a Sra. Berthier abriu ao amador, estouvadamente, a porta do quarto de Frida, para que ele admirasse a última produção de sua filha. Tudo fora combinado... A jovem, seminua, deu um grito, cobrindo-se com as cobertas do leito. E com tal naturalidade que o rapaz ficou tão encantado quanto surpreso... E, não obstante a mãe e a confissão lacrimosa de Frida sobre a ausência de dote, o camponês desposou-a dois meses depois... e dizem, sentiu-se muito feliz com a sorte que lhe arranjou uma honesta e prendada mulher.

Edwiges, mais moça, possui um tipo de beleza angelical; era a mais astuta e preferida pela mãe. Esta urdiu por si mesma as suas tramas para colher um marido, ave rara para uma moça sem dote.

XXII

Tu conheces, meu caro Roberto, ao menos de nome, o cirurgião Maxêncio, que, há dois anos se fixou em T. Deixou o serviço militar para dedicar-se à cirurgia civil e conseguiu mesmo algum êxito em T. em operações difíceis que soube, aliás, valorizar, apoiado pelo Dr. Tripart de Boisjoly que, como sabes, não é um protetor muito honrado; mas ninguém está a este respeito melhor informado do que nós!

Ninguém sabe, entretanto, de onde veio Maxêncio. Eis, em poucas palavras, sua história. Filho de uma camareira e de um jovem castelão da vizinhança, foi, em troca de uma recompensa, afastado de sua mãe, cujo parto se vigiava; depois foi mandado a uma família pobre, que o educou até a idade de sete anos, de onde foi novamente retirado e remetido a uma instituição religiosa. Ali recebeu boa educação e instrução, abraçando a carreira de cirurgião. Um velho notário proveu-o do necessário e até de dinheiro para seus estudos. Esforçou-se em vão por conhecer seus pais.

Porém, assim que pôde sustentar-se a si mesmo, não recebeu mais auxílios.

Sua natureza má e viciosa corrompeu-se ainda mais por causa da rejeição da família, que ele supunha rica, e por isso no fundo de si mesmo jurou um ódio implacável aos afortunados deste mundo.

Ele veio numa guarnição a T. Pouco tempo depois de sua chegada em nossa cidade, seu antigo correspondente escreveu-lhe, informando-o da morte da pessoa caridosa que o havia socorrido em suas dificuldades. Comunicou-lhe, além disso, que essa mesma pessoa, ao morrer, lhe deixara um pequeno capital de 25.000 francos.

Maxêncio maldisse o doador, mas exultou com sua doação. Imediatamente exonerou-se do cargo, e com o dinheiro alugou uma casa e nela instalou um elegante consultório. Era hábil operador e mais hábil ainda nos negócios.

Ele e Tripart auxiliam-se mutuamente. Em resumo, Maxêncio é ateu e materialista convicto, porém não se abre com ninguém a respeito de suas convicções. Vai à igreja em ocasiões oportunas, na missa dos preguiçosos, como se costuma chamar à missa do meio-dia, onde se reúnem os elegantes de ambos os sexos, sem outra finalidade a não ser a de tratar de seus pequenos negócios. Aí trocam sinais entre si e marcam compromissos para o dia.

A Sra. Berthier não deixava passar ocasião tão propícia para pôr em evidência suas filhas, fazendo-as parecer ao mesmo tempo muito religiosas.

Edwiges observava o jovem cirurgião e este, por sua vez, embora não notasse mulheres, a fim de não despertar suspeitas nos maridos, se interessara também pela jovem, porém ela e sua mãe haviam inutilmente tentado encontrá-lo em outro lugar fora da igreja.

O cirurgião vivia, como diziam, muito ocupado ou preocupado com sua numerosa clientela. Era o que dizia por toda parte Boisjoly, acrescentando que era uma sorte para T. possuir tal operador, um prático tão qualificado como só na capital se poderia achar outros, etc.

Certo dia a Srta. Berthier teve a infelicidade de, descendo pela escada da adega para buscar provisões, escorregar num degrau desgastado e torcer o pé esquerdo. A mãe, que muito a amava e temia o menor ferimento, alarmou-se com o acidente.

— Chamemos depressa o Dr. Marmon, disse imediatamente.

— Não, mamãe, objetou Edwiges, mandemos antes chamar Maxêncio... Deixai tudo por minha conta...

A mãe aprovou: acabava de reconhecer, na filha, sua própria habilidade.

Apesar de seu intenso sofrimento, a Srta. Berthier vestiu-se com esmêro, amarrotando depois artisticamente a roupa, e deitou-se num sofá, pondo o pezinho descalço sobre uma almofada verde.

Seus magníficos cabelos negros, soltos, formavam uma espécie de auréola em torno de seu rosto angelical, levemente pálido.

Maxêncio acudiu logo ao chamado, feliz de poder contemplar de perto a formosa moça.

Desde sua entrada, ficou inteiramente deslumbrado por esta cena habilmente arranjada, que não supunha ter sido premeditada. Assim, foi imediatamente enganado e, apesar de sempre tão senhor de suas emoções, traiu-se. Edwiges viu logo que tinha conseguido o que desejava, e mesmo além do que esperava. A Sra. Berthier, sob o plausível pretexto de procurar diversos objetos pedidos pelo cirurgião, deixou-o a sós com a filha durante longo tempo.

A formosa moça exagerou muito seu sofrimento, porém sentiu que desempenhava bem seu papel. Ao menor movimento, dava um gritinho, contorcia-se e então sua bela perna se descobria.

Houve mesmo um momento em que o jovem cirurgião a tomou em seus braços, e a repôs sobre a almofada, de onde escorregara devido às contorções.

Os olhos de Edwiges enfeitiçaram o jovem; vistos tão de perto, eles o fascinavam. Voltou muitas vezes para atender à formosa doente.

Ela sentia dor aqui, ali; a dor da torcedura subia-lhe até os quadris; era um sofrimento que não acabava mais, apesar dos cuidados assíduos do diligente cirurgião.

Afinal ele suspeitou da habilidade da Srta. Berthier, que se aproveitava da circunstância para o aproximar mais de si. E isto fez com que a amasse mais ainda. Verificou pouco a pouco que aquela beleza angélica não passava de um demônio, e por isso digna de seu coração. Com ela podia fazer todo o mal que a sua natureza considerava como represália justa à sociedade madrasta em que tinha entrado como bastardo...

Saberás talvez um dia, caro amigo, o que é atualmente esta família. É curiosa por vários motivos.

No momento, julga a família de Zélia. Esta ficou só com sua mãe, que não a tratava bem; em criança fora causa dos poucos aborrecimentos que tivera com o falecido marido, que suspeitava, com razão, que a menina não era sua filha, mas de um belo barítono que, numa temporada teatral em T., teve um dia a oportunidade de cantar em um salão com a Sra. Berthier. O artista ficou tão maravilhado com seu talento de cantora, que se ofereceu (e foi, naturalmente aceito) a dar algumas lições de canto à Sra. Berthier, para aperfeiçoar-lhe o método. Além do mais, quando Zélia nasceu, sua mãe ficou gravemente enferma, em conseqüência do parto, e perdeu quase toda sua bela cabeleira negra, de que tanto se orgulhava, e que de certo fora para o Sr. Berthier a tentação que lhe fizera fechar os olhos para a pureza da sua noiva.

Ainda que Zélia fosse a menos amada das filhas, a Sra. Berthier pensava em arranjar-lhe um bom marido; porém, como a menina era ainda muito jovem e muito pequena para a idade, não era preciso apressar-se, principalmente agora que se tornara tão útil em casa.

Zélia sofria muito, de todos os modos, esperando o momento que sua mãe julgasse propício para pô-la em evidência. Filha de dois excelentes cantores, Zélia tinha natural tendência para o canto; sua mãe arranjou-lhe um professor para esta arte, esquecendo-se das outras. Zélia tem, como sabes, uma facilidade admirável para exprimir os efeitos mais difíceis dos mestres modernos que, certamente, não perdem oportunidade para fatigar, sem nenhum proveito para a arte, a voz de seus intérpretes.

A espertinha achava longo o tempo que passava ao lado de sua mãe, que começava a sentir-se cansada de tantas privações e dificuldades; por isso a jovem fez um plano, e esperou um dia propício para executá-lo.

Escolheu para sua vítima Ninus Delmart, não por preferência, mas unicamente porque o tinha mais à mão.

Este juiz-instrutor, já maduro, ocupava um quarto da casa Berthier, ricamente mobiliado...

Neste momento de sua narração Henrique parou de falar, pareceu escutar e desapareceu...

Fiquei surpreso, mas ouvi, então, ruídos na casa, no andar superior, e por fim passos da cozinheira na escada.

Fui abrir a porta.

— Que há? perguntei a Clorinda.

— Ah! ah! Sr. Roberto, é o pobre Gilberto que está com calafrios, talvez seja uma indigestão... eu não sei... mas ele está passando mal. Não sabe o que diz, nem o que faz... Tem febre. Vou chamar o médico...

Henrique reapareceu, dizendo:

— Gilberto tem uma simples indigestão causada, primeiro pelo medo, e segundo porque, pouco vestido, foi fechar as janelas do celeiro e apanhou um golpe de ar. Está realmente doente, pois já não é jovem. Dá-me um copo de água; vou magnetizá-la, e em seguida acrescentarás mais ou menos meia colher, das de café, de éter, e um pouco de açúcar. Dar-lhe-ás a mistura para beber dizendo-lhe que é uma poção preparada para o seu caso especial, e que tens sempre em reserva para essas circunstâncias imprevistas. Precipitei na bebida o remédio necessário ao teu velho criado; ela o curará, podes estar certo. Não vás incomodar o Marmon. Adeus, caro Roberto. Amanhã continuarei minha narração. Esperar-te-ei na alameda, em frente ao teatro.

Separamo-nos.

Logo que meu viu, Gilberto tranqüilizou-se. Bebeu religiosamente a poção e, meia hora depois, tudo repousava tranqüilamente em nossa casa.

XXIII

Como era comum desde os meus desprendimentos conscientes, dormi um sono profundo, reparador, sem nenhuma recordação, ao despertar, do que tinha feito minha alma durante esse lapso de tempo. Foi-me explicado mais tarde por meu amigo que estas horas de que minha memória não conservava nenhum vestígio de reminiscência eram aquelas em que meu Ego superior, meu espírito (portanto meu verdadeiro eu) iluminava minha alma espiritual ou Individualidade, que em nós não morre nem muda jamais, que é imortalmente o veículo e a manifestação potencial de nossa essência divina, diferenciada da causa primeira emanadora.

É, pois, nestas horas de repouso completo de nosso primeiro invólucro ou corpo físico que podemos unir-nos ao Eu divino, ou melhor, receber seu reflexo celeste. Quando o corpo sofre, agitado por uma causa qualquer, impede a alma de elevar-se em um meio onde se opera sua junção com seu Ego, o qual, por sua natureza, não pode senão incitá-la a vir a si, na medida de sua propensão de amor e de inteligência; se as atrações se multiplicam, a alma chega, mesmo no estado de vigília, a receber uma sensação deliciosa, embora evidentemente atenuada, de seu divino Eu.

As preocupações e dores morais prejudicam igualmente a elevação de nossa alma durante o sono; ela habita, neste caso, as regiões astrais limítrofes à superfície do planeta.

Estes planos de existência, embora diferentes da vida terrestre, têm, segundo sua altitude, semelhanças com a vida incorporada. Assim, o sonho e o delírio deixam sinais no organismo fluídico, o qual comunica suas recordações, com maior ou menor lucidez, ao aparelho cerebral físico.

Pela explicação que precede, observei e vi claramente que, não obstante esta ausência de lembrança, sentia-me, ao despertar, mais forte e lúcido cerebralmente.

Tinha no coração uma doce alegria, uma calma, assim como um sentimento de segurança no progresso de meus estudos, que me surpreendiam cada dia mais. Eu me assemelhava a um inventor que acaba de ver a realização da teoria de suas invenções a um pensador que viu e tocou a manifestação objetiva de suas ousadas hipóteses, que julgava quase impossíveis. Este sentimento, experimentado depois desses repousos profundos, e que não posso definir melhor, mas que aqueles que sabem pensar e meditar sobre o estado psíquico poderão compreender, amadurecia meu caráter e, de fato, este parecia adquirir um ano em uma noite. Os meus sentidos materiais, sofrendo a influência preponderante da alma tornavam-se gradualmente seus escravos, em vez de lhe serem obstáculo, como outrora, de modo que, em plena vigília, eu participava muitas vezes das vantagens da vida astral.

Ao rever minha família recebi uma triste notícia. O pai de Teresa acabava de ser vitimado repentinamente por um mal desconhecido; depois de um ataque nervoso dos mais singulares, apresentava sintomas de tétano, cujos efeitos mortais Marmon, por seus inteligentes cuidados, conseguira atalhar. O pobre Sr. Fontaine ficara com a língua e a parte inferior da região direita paralisadas. Meu pai fora chamado a toda pressa à cabeceira do amigo e voltara há pouco dando-nos notícia da triste ocorrência. Minha mãe e minha irmã foram buscar Teresa no convento e prepará-la para voltar para junto do pai. O horror da crise passara.

Fiquei transtornado por ver tão depressa realizadas as resoluções dos Ardol que eram, sem dúvida, os promotores da moléstia de Agostinho. Senti-me profundamente abatido por não poder exercer nenhum meio de repressão sobre estes monstros.

Não obstante, vesti-me às pressas e, sem ceder às instâncias afetuosas do bom Gilberto, reconhecido pelos socorros que eu lhe havia prestado à noite, para que eu tomasse ao menos uma xícara de leite quente, dirigi-me quase correndo para a casa de Fontaine. Encontrei Marmon em pé, junto da poltrona em que se via o Sr. Fontaine lívido, prostrado, com a boca aberta, os olhos glaucos levemente revirados, os braços caídos e com as palmas das mãos voltadas para cima, os dedos separados, assim como se observa nos idiotas.

Foi aquele, enfim, o primeiro pensamento que me ocorreu ao ver o pobre Agostinho.

É que sua razão o havia abandonado, ficando só a parte puramente animal da alma (**Cama-Rupa**) a dirigir sua personalidade.

Fiquei com os olhos cheios de lágrimas, sobretudo pelo ódio que senti contra os malfeitores que escapavam da justiça humana, que parecia antes ocultá-los. Esses malfeitores tinham urdido na sombra a ruína de um homem inofensivo e bom, apesar de seus defeitos.

Marmon apertou-me a mão; minha comoção agradou-lhe e ele chamou-me ao vão de uma janela distante do enfermo.

— Roberto, meu amigo, disse-me, minha ciência é inútil; busco compreender e não posso discernir o que provocou esta crise; vagas desconfianças agitam-se em mim...

E, acentuando bem as últimas palavras, o doutor interrogou-me com o olhar para julgar a impressão que me davam.

— Participo em parte da vossa opinião, caro doutor, respondi prudentemente, mas não é possível que a natureza provoque estes incidentes? Além disso, quem e como poderia cometer tal crime?

— Um demônio que, graças a Deus, é coisa rara na terra.

O excelente Marmon, iludido por minha indagação, encolheu os ombros e levando a mão à larga fronte, como se quisesse recalcar as recordações penosas, do mesmo modo que o víramos fazer naquela noite em que o visitamos, acrescentou com acento amargo:

— Ah! meu caro Roberto, se tivesses diante de ti uma longa carreira de médico, saberias que as almas demoníacas são mais numerosas na Humanidade do que supões e que, algumas vezes, o interesse pecuniário que as impele a fazer o mal é apenas secundário; fazer sofrer, levar a desolação de todas as formas à sua volta — eis o deleite íntimo destas almas diabólicas!

Assim dizendo, Marmon encaminhou-se para o doente, a fim de tomar-lhe o pulso.

— Mas, meu caro doutor, disse eu, tomando-lhe o braço, se supondes que o nosso amigo foi vítima de uma destas personalidades demoníacas, por que não procuraremos juntos achar os culpados? Tratemos de informar-nos sem dizer nada a ninguém...

O doutor sacudiu a cabeça com desânimo:

— Impossível, meu amigo. Já fiz algumas tentativas em circunstâncias análogas, mas em vão; **tudo** e **todos** são contra os **fazedores de luz!** Nesses **fossos** de infâmia, conseguiríamos talvez levar a luz expondo-nos às vinganças desses criminais, o que representaria apenas a nossa perda, pois apontar suas maquinações à multidão ignorante, que os honram por suas virtudes tão habilmente simuladas, seria expor-nos ao seu julgamento quase sempre errado.

Não insisti. A experiência feita pelo doutor com os homens era justa; além do que o rumor de um carro, que parou diante da casa, fez-me olhar através das cortinas entreabertas e vi minha mãe e minha irmã descerem, depois Teresa, pálida, apoiada em seus braços. Fiz um sinal de despedida a Marmon e retirei-me prontamente para não presenciar a cena dolorosa que ali se desenrolaria.

Fui à procura de Ludovico; já soubera do ocorrido. A Sra. de Montzag, que se achava no salão com o filho, assediou-me com perguntas sobre o doente. Não era uma vã curiosidade que a levava a pedir pormenores sobre o fato, porém uma caridade sincera que a fazia desejar inteirar-se de tudo a fim de encontrar uma forma de ser útil.

Narrei-lhe tudo quanto sabia, até os receios que o doutor tinha sobre o restabelecimento completo do Sr. Fontaine.

Depois de meia hora passada no convívio tão afetuoso e calmante dos Montzag, tornei à minha casa e, para esquecer as comoções que acabava de experimentar, mergulhei na leitura de minhas obras prediletas, cujo número crescia cada dia mais. Segundo os conselhos de Henrique, tomei o hábito de ir anotando as passagens mais instrutivas, que pudessem interessar ao meu gênero de experimentação.

Indicava a página e mesmo, se preciso, a linha; em seguida, na margem larga do caderno, inscrevia a idéia que me despertava no espírito a passagem citada, o que era para mim de grande proveito, pois minhas aparições formadas poucos dias antes pareciam-me imperfeitas e, algumas vezes, inexatas, por falta de meditação sobre o aspecto esotérico do assunto.

As horas passaram-se rapidamente nesses meus agradáveis estudos e à noite reuni-me aos meus pais. Sentados à volta da grande mesa de mármore, conversamos longamente sobre o estado do Sr. Fontaine, que o doutor julgava ter caído no completo idiotismo para o resto da vida, a qual podia, todavia, prolongar-se durante muitos anos, sem melhora sensível.

Mina contou-me, comovida, o encontro de Teresa com o pai, suas lágrimas e seus gritos nervosos enquanto o cobria de carinhos. Num dado momento, disse-nos, brilhou uma luz nos olhos parvos do moribundo; levantou o torso, virou lentamente a cabeça para a pequena porta que dá para a alcova, tentou falar olhando para Teresa com uma expressão de inteligência, mas conseguiu apenas dar um grito rouco que mais parecia um mugido. A própria Teresa recuou de terror. Esgotado pelo esforço, seu pai fechou os olhos e tornou-se inerte. Pensamos que Deus o havia chamado a Si; ajoelhamo-nos para orar por ele.

— Passados alguns instantes, disse minha mãe, o Sr. Fontaine reabriu os olhos mas toda a luz de inteligência havia desaparecido de seu olhar. É melhor assim; o pobre Agostinho sofreria muito se conhecesse seu estado!

— Eu gostaria de partilhar de vossa opinião, cara Amintas, interveio meu pai, porém, minhas leituras levam-me a crer que o nosso pobre amigo é vítima de um martírio cruel, não em seu corpo mas em sua personalidade astral, centro mais sensível do que o corpo material a todas as dores morais ou físicas e isto, minha cara amiga, nos explicaria os tormentos possíveis dos defuntos no purgatório ou no inferno católicos. Creio, pois que, privado do governo dos seus órgãos de relação com o mundo material que continua a habitar, estando de certa forma pegada ao próprio corpo, assim como podem ficar colados dois homens, temporariamente, ombro a ombro, por um magnetizador prático. Agostinho é obrigado a provar as incomodidades do corpo, sem poder servir-se dele para fazer compreender seu tormento; demais, no estado em que eu o suponho, o nosso amigo deve ter uma visão nítida da causa de sua crise e, certamente, do remédio que seria mais eficaz; por conseguinte, deve perceber os sentimentos dos que o cercam e isto deve afetá-lo ainda mais, de todas as maneiras. Assim, pois, devemos procurar ser para ele bons vizinhos e amigos fiéis.

Abracei meu pai efusivamente; ele acabava de formular o meu próprio pensamento.

— Ah! meu querido pai, nada nos separará, tanto nesta vida como na outra, pois nossas almas vivem no mesmo plano.

Mina lançou seus lindos braços ao redor do pescoço de nosso pai, dizendo:

— E espero que me leveis convosco, assim como mamãe. Nós quatro somos inseparáveis!

— É verdade, confirmou minha mãe, sorrindo, mas temos também amigos íntimos de que não poderíamos separar-nos para gozar uma verdadeira felicidade: Ludovico...

— Com efeito! interrompeu Mina, revelando, assim, seu profundo devotamento ao Montzag.

Desejamo-nos boa noite e separamo-nos.

Apressei-me a deitar, pensando nas últimas palavra de meu pai e na exatidão de suas reflexões sobre o Sr. Fontaine, embora eu operasse meu desprendimento inconscientemente por um simples efeito de hábito; e aconteceu que, em lugar de dirigir-me à alameda, em frente ao teatro, como Henrique me havia ordenado, achei-me, devido ao meu último pensamento, no quarto do pobre Agostinho.

XXIV

Meu espanto durou apenas poucos segundos, após os quais compreendi a realização de minha primeira preocupação sem a atenção anímica de minha vontade. Examinei o doente, que repousava sem sinal exterior de enfermidade, a não ser um leve rubor na fronte que era, comumente, muito branca. Uma mulher gorda, de cabelos grisalhos, estava sentada numa poltrona a um canto do quarto. Ouviu-se ruído de passos; eu me tornara prudente desde a nossa aventura em casa do farmacêutico Ardol, e obediente também a um sentimento humano que me fazia sempre temer ser percebido (ainda que invisível), encolhi-me atrás de um biombo chinês perto da alcova. A porta abriu-se e uma mulher alta e seca, de expressão bestial e má, semelhante a uma ave de rapina, entrou vagarosamente e chamou a enfermeira — a Bruneau.

— Ide, pois, repousar; o doente não necessita de vós. Aliás, vou substituir-vos por uma hora pelo menos. Achareis sobre a lareira de meu quarto um copo de ponche; gostais dessa bebida, disseram-me... porém, nem uma palavra sobre o vosso vício favorito; ele prejudicaria vossas práticas.

A Bruneau passou a ponta da língua pelos lábios grossos e, bambaleando satisfeita, saiu.

Mal tinha fechado a porta, quando a criada introduziu o velho Ardol. Sua estatura pareceu-me ainda maior, tão impertigado estava dentro de sua sobrecasaca preta.

Elegantemente calçado e enluvado, tinha um bom aspecto, como um oficial superior à paisana.

Porém, assim que se pôs diante do Sr. Fontaine, a expressão de sua fisionomia transformou-se subitamente. A astúcia, a maldade e a ferocidade brilhavam em seus olhos, e sua boca o trairia se um juiz-instrutor o tivesse visto enrugar-se num sorriso infernal de contentamento, mostrando uns dentes pontudos e separados entre si, tais como os dos animais carnívoros.

— Vai-te daqui! ordenou à criada.

Esta saudou e saiu.

Ardol tirou da algibeira do colete um pequeno frasco, derramou algumas gotas na palma da mão e friccionou com elas as têmporas do doente.

— Sardella! exclamou com voz baixa, porém com grande energia, o mago negro.

Imediatamente, Agostinho, como eletrizado, endireitou-se e olhou ansiosamente para Ardol.

— Ah, sim, ia-me esquecendo, disse Joel, tua língua está presa...

E friccionou a garganta do doente, como fizera nas têmporas; depois, por passes magnéticos e uma forte insuflação, desatou-lhe a língua.

— Fala e conta, não tudo o que disseram, pois eu o sei, mas o que pensaram neste quarto, desde que te apossaste do corpo de Agostinho!

E Joel, cruzando as pernas, esperou. Ele sabia que os primeiros esforços para falar seriam longos. De fato, com tentativas infrutíferas que a personalidade astral de Agostinho fazia por retomar o uso de seu órgão, que Sardella lhe havia magicamente furtado pelo poder e ordem de Ardol, uma voz, que não era a do Sr. Fontaine, tão bem conhecida por mim, respondeu laconicamente às diversas questões formuladas pelo mago.

As desconfianças que se haviam elevado no espírito de Marmon, embora referidas imperfeitamente, pareceram inquietar muito a Ardol.

— Este homem me incomoda, murmurou à meia voz, fechando os punhos. Se ele fosse mais enérgico e devotado à sua causa, como eu à minha, poderia sem dúvida prejudicar-me... Ora! o que ele quer é dormir tranqüilo... Não pensemos mais nisso. Além disso, eu não me aborrecerei por muito tempo por vê-lo metido em meus negócios! Vejamos, Sardella, convém que faças esta noite um grande esforço; que te mostres digna de teu senhor. Este negócio não pode se arrastar por muito tempo; tenho de ausentar-me de T. por três semanas e é preciso que, antes de minha partida, Laverdette, este gentil patife, não encontre mais obstáculos para o seu casamento com Teresa. Quanto a este bom homem, continuará idiota para o resto da vida. Acomodaste-lhe o cérebro de forma tal que jamais readquirirá seu equilíbrio mental. É preciso, porém, que eu te autorize a deixar sua velha carcaça para te recolheres ao teu robusto invólucro, apesar de um tanto maduro... que escrevas, sob o meu ditado com a letra firme, imitando bem a de Fontaine, uma carta antedatada, que Teresa encontrará no tempo oportuno e que será o consentimento do seu casamento com Juliano; pronta para ser colocada no correio e remetida para a filha, no convento onde estava refugiada, teria sido esquecida dois dias antes do ataque. Sem esta permissão de seu pai antes da crise, isto é, em posse de todas as suas faculdades, esta pequena tentará, sem dúvida, rebelar-se contra a minha vontade.

Joel apresentou a Sardella o que convinha escrever, estando tudo preparado de antemão. De repente, o corpo de Agostinho começou a rolar convulsivamente no leito, agitou os braços e deu grandes murros à cabeça, e uns gritos estranhos e guturais vindos de sua garganta intumescida.

Via-se, claramente, que o pobre Agostinho lutava desesperadamente com a medonha Sardella que possuía o seu corpo, o que me impediu de a ver. A sombra de Agostinho, enfraquecida por vinte e quatro horas de lutas, era pouco consistente; podiam-se-lhe reconhecer alguns traços do rosto, deformado pelas tumefações de golpes violentos.

Senti-me desfalecer ante esse horrendo espetáculo.

"Quão insignificantes são, pensei, as lutas puramente físicas, quando comparadas com estas!"

Enfim, pareceu restabelecer-se a calma. Ardol interviera, o espírito de Agostinho desvanecera-se. Sardella, sob ditado de Ardol, escreveu, recomeçou várias vezes antes de conseguir seu intento. A carta era curta, mas a letra era perfeitamente idêntica à de Agostinho, a fim de enganar Teresa.

— Bem, Sardella, estou contente contigo; deves também estar satisfeita comigo, disse o mago, rindo cinicamente. Meu irmão obteve para ti o encontro que desejavas. Estás contente, não é?

Sardella, sob sua forma hedionda, de hipocampo foi, pouco a pouco, saindo do corpo do doente e, voando por seu caminho favorito, a fazer um rumor de folhas secas, ganhou a chaminé e partiu.

Joel, com um pano úmido, enxugou todo vestígio de seu elixir, tornou a fazer, pronunciando em voz baixa uma conjuração infernal, passes magnéticos inversos aos primeiros sobre a língua e a garganta de Agostinho; e, abotoando a sobrecasaca e retomando seu aspecto militar, afastou-se com passo tranqüilo. A criada, sentada num degrau da escada, como um cão fiel, beijou-lhe a mão e precedeu-o cerimoniosamente.

— Eis aqui, disse Joel, um luís por teu trabalho. Se alguma coisa te aborrecer, vai à casa de meu irmão... Tu me compreendes... Põe esta carta sobre a secretária de Fontaine e cobre-a habilmente com alguns papéis. Sê discreta, mesmo e sobretudo com a Bruneau, entendes-me?

— Sim, Mestre! respondeu humildemente a criada.

XXV

Saí ao mesmo tempo que o mago. Este, impertigando-se, pôs-se a caminhar tranqüilo, sob meu olhar.

— Aonde vai este homem? perguntei a mim mesmo. Cometer outro crime, talvez! Se eu tentasse fluidicamente feri-lo, colocá-lo num estado de não poder fazer o mal, ao menos por certo tempo...

E, sem refletir, reuni minhas forças num impulso de vontade e arremeti contra Ardol, com as mãos abertas, pronto para estrangulá-lo se possível. Mas, a cerca de um metro de sua pessoa, fui repelido violentamente; avisado, sem dúvida, pelos elementais de que estava sempre cercado, voltou-se bruscamente e percebeu-me (pois eu me achava, por meu desejo, mais materializado do que pensava); escudou-se com sua grossa bengala e eu recebi no ombro esquerdo um golpe formidável. Pensei que meu braço fora arrancado, a bengala parecia ter travessado completamente o ombro; por isso senti uma dor intensa e teria certamente desmaiado se não fosse o esforço supremo para repelir dois monstros fluídicos que tentavam lançar-me por terra para impedir que eu reintegrasse meu invólucro físico.

Estava esgotado. Felizmente, Henrique, inquieto pela minha demora incomum, pensou em mim. Viu-me, então, no quarto de Fontaine e, permitindo-me conduzir minha experiência até o fim, tinha ido até a casa de sua mãe para dar-lhe um beijo na fronte, enquanto ela dormia. Chegou pois depressa em meu euxílio e, como um raio, atacou os elementais gigantes, espancando-os rudemente. Estes fugiram para junto de seu senhor, que nem mesmo se dignou preocupar-se com seu inimigo, sabendo que o ferira.

— Imprudente! censurou-me Henrique, levando-me quase inconsciente para o meu quarto.

Entrei penosamente em meu corpo; tinha o ombro e o braço esquerdo intumecidos e sofria dores horríveis; mal conseguia conter os gemidos. Henrique cercou-me de cuidados, ajudou-me a pôr panos molhados sobre a parte afetada e foram, sobretudo, algumas gotas de um elixir que sempre tinha consigo, que me acalmaram as dores agudas.

— Caro Roberto, continuou, tu te esqueces que as condições da vida astral e da vida corporal diferem. Na primeira, os acidentes são, quase sempre, mortais... Atacar inconsideradamente a um espírito encarnado, como Joel, é uma loucura perfeita; dir-te-ei mesmo que foi para ti uma felicidade que o mago, estando preocupado com outra coisa, não procurasse reconhecer-te; do contrário, procuraria de um modo mais garantido tornar-te para sempre inofensivo a si e aos seus. Eis-te, meu pobre amigo, impossibilitado, por alguns dias, de continuar as nossas peregrinações noturnas. Ficarei ausente algum tempo, enquanto recobras as tuas forças. Em tempo oportuno, virei procurar-te.

— Que hei de dizer à minha família, caro amigo, para explicar o inchaço de meu ombro e os numerosos sinais das contusões?

Creio, caro Roberto, que o melhor é abrir-te com teu excelente pai e achareis uma explicação plausível para tua irmã e tua mãe. Teu pai mesmo cuidará de ti; não há necessidade de chamar Marmon; não tens nada que exija os cuidados especiais de um médico.

— Vejo, caro Henrique, que devo ainda me exercitar muito antes de poder voar com minhas próprias asas. Se não me afastasse de ti, não teria ocorrido esta lamentável aventura. Compreendo agora por que os instruídos nesta ordem de coisas delas afastam prudentemente os curiosos investigadores da vida astral.

— Sim, Roberto, estes sábios agem com prudência, aterrorizando os neófitos prontos a se lançar neste mundo tão pouco conhecido e tão cheio de armadilhas para o ignorante temerário. Penso que tais sábios ajudariam mais ao progresso fazendo compreender aos estudantes, ao menos aproximadamente, os perigos que, sem dúvida, encontrarão.

Eis por que te aconselho a redigires, numa linguagem familiar, grande parte de tuas experiências de saída astral, e faze tua narração de modo a que possa ser útil à maioria. Esta região astral imensa, que se divide em tantos círculos, deve ser conhecida na parte que envolve imediatamente a terra. Dela partem as inumeráveis calamidades, tanto para os indivíduos como para nações inteiras e, se poderosas inteligências encarnadas pudessem percorrer sem perigo as suas regiões, poderiam certamente conter muitos flagelos e catástrofes.

Tua mão direita está sã, Roberto; trabalha, pois, para pôr no papel tuas observações, e sobretudo esclarece por notas explicativas o texto para as pessoas do povo que ignoram até mesmo as numerosas obras que já se escreveram sobre ocultismo transcendente...

Adeus, caríssimo amigo, que Deus te guarde em Sua santa paz.

Assim dizendo, meu terno amigo beijou-me a fronte e desapareceu num luminoso vapor.

XXVI

Logo de manhã toquei a campainha chamando Gilberto e ordenei-lhe que fosse prevenir meu pai que viesse um instante ao meu quarto, antes que minha mãe viesse. Estando um pouco doente, eu não poderia comparecer à primeira refeição da família.

Meu pai acudiu logo ao chamado, vestido ainda em seu roupão.

— Que tens, meu filho?

— Oh, nada de grave, caro pai. Preciso consultar-vos para explicar a mamãe uma indisposição que me afetou. Sentai, pois vou narrar-vos uma longa história.

Depois de me haver escutado atentamente, sem me interromper, a não ser batendo, de vez em quando, com a mão na coxa direita, sinal exterior da sua cólera contida contra Ardol, meu pai levantou-se, andou de lá para cá no quarto e disse:

— Sem dúvida, foste imprudente, meu Roberto, mas eu teria feito o mesmo em igual circunstância... Sim, é preciso ocultar a verdade de tua mãe e de Mina. Já achei o pretexto, vais ver! Mas, antes, mostra-me o teu ombro.

E ao verificar a potência fluídica das pancadas que recebi, ficou muito acabrunhado.

— Bem, vou prevenir tua mãe.

Assim dizendo, saiu. Um instante depois, porém, regressou em companhia de minha mãe e de Mina, que me indagaram ao mesmo tempo sobre a causa de minha enfermidade.

Meu pai respondeu por mim:

— Roberto quis, ontem à noite, na rua des Pages, socorrer uma pobre moça que uma megera moía de pancadas como se fosse matá-la. Ele salvou a jovem, mas foi atingido por uma bengalada formidável no ombro e no braço. Seu estado não é grave, mas trouxe-lhe a febre e, portanto, ficará deitado hoje com o braço enfaixado durante dois ou três dias.

Minha mãe e minha irmã quiseram ver o ferimento, e minha boa mãe, com os olhos banhados em lágrimas, abraçou-me dizendo que o meu procedimento fora louvável mas que, daqui em diante, eu devia zelar pela minha segurança.

Mina acrescentou:

— Por que não foste queixar-te à polícia?

Não esperávamos esta reflexão.

— Ora! interveio meu pai, isso seria pôr em evidência a sua boa ação, além disso, é sempre perigoso meter-se na vida dessa gentalha.

Dizendo isso, meu pai lançou-me um olhar significativo.

Passaram alguns dias, durante os quais me tratei e escrevi tudo quanto precede, segundo o conselho de meu amigo, como sabe o leitor.

Durante todo esse lapso de tempo, não fui interrompido senão por algumas visitas de Ludovico e de nossa boa e amável Clairville, como minha mãe chamava sempre à sua prima. Esta, desde o primeiro dia de meu acidente, veio ver minha mãe e, quando o soube, declarou que sua visita matinal devia-se a um sonho que tivera aquela noite. Vira-me, disse ela, a lutar com seres fantásticos, cujo número, sendo grande, me haviam deixado como morto em plena rua onde se dera o combate.

Quando a Sra. Clairville contou-me o seu sonho, não duvidei de que aquilo que ela julgava ser um sonho era uma visão em saída astral, e fiquei ainda mais convencido depois de conversar meia hora com ela, na ausência de minha mãe.

Minha prima Alice, olhando-me de modo estranho, disse-me:

— Caro Roberto, eu sei que te dedicas ao ocultismo; as obras que lês não me deixam dúvidas a respeito. Demais, por tua natureza generosa e ardente, não te basta a simples teoria, pois queres entrar no campo das experiências que te atraem e sempre atrairão. Toma, porém, cuidado! Os perigos para a tua saúde e tua razão são numerosos. Teu ferimento não é causado por nenhuma megera encolerizada, sinto-o aqui, concluiu, tocando a fronte.

Apesar de doente, endireitei-me na cama.

— Como, cara prima, pudeste adivinhar? Não é possível!

— Silêncio, Roberto, tua mãe se aproxima. Tornaremos a falar disso. Mas sabe, caro primo que, há muito tempo, desde a convalescença de tua enfermidade, eu desconfiava de que te havias tornado um adepto da verdadeira sabedoria, um investigador do grande mistério do além.

— Mas, minha prima, estou absolutamente estupefato do que me dizes! E por que só hoje me disseste isso?

— Porque eu devia calar-me contigo, como com todos, até a hora presente. Eis tua mãe...

— Mais uma pergunta, disse eu em voz baixa, és médium, prima?

— Sim! respondeu ela também em voz baixa. Sou médium vidente, auditiva e escrevente! Vês, pobre criança, como te maltratou esta velha horrível! Mesmo assim é insuportável ver uma megera bater numa jovem desapiedadamente; é claro que um homem que assiste a isto não pode deixar de intervir para protegê-la!

A Sra. Clairville veio ver-me todos os dias, enquanto estive internado em meu quarto, e todas as vezes que ficávamos a sós, eu provocava confidências de minha prima. Só então é que aprendi a conhecê-la sob seu verdadeiro aspecto e estimava-a ainda mais.

Apesar de ter quarenta e oito anos, a Sra. Clairville, cuja vida era calma e feliz, estava ainda bem conservada. O seu gênio alegre e seu humor igual, faziam-na querida de todos os que a viam na intimidade.

Para os estranhos ela parecia fria e altiva devido à sua reserva. Sua estatura era mediana, os traços regulares, o olhar doce, a boca sisuda; os cabelos grisalhos, que ela não tingia, de acordo com a moda ridícula, ondeavam em volta de sua fronte larga e arqueada. Tudo nela denotava a influência preponderante e benéfica de Mercúrio, à qual Saturno dava um influxo feliz, ao menos em sua mentalidade...

Quando ainda menino e a Sra. Clairville moça, costumava eu dizer-lhe: "Quando me casar, prima, quero uma mulher que se pareça contigo" e quando uma pessoa me agradava, eu dizia: "É quase tão amável como a prima Alice." Minha amizade para com ela nunca se desmentiu. Tendo enviuvado ainda moça, não quis casar-se novamente e como não só era parente como também amiga de minha mãe, era-nos particularmente querida. Senti redobrar minha primeira afeição por minha prima, pois pude apreciá-la realmente, quando quis mostrar-me o que ocultava cuidadosamente a todo o mundo, sem excluir minha mãe: seu profundo conhecimento da Mística, que suas faculdades mediúnicas lhe haviam permitido adquirir após um estudo de vinte anos, bem como sua profunda ternura para a Humanidade sofredora que jaz ainda na ignorância e nas trevas.

Pude, enfim, na ausência de meu caro iniciador Henrique, continuar a entreter-me sobre o único assunto de minhas investigações.

Meu pai ignorou as confidências de Alice, mas sentia-se feliz de vê-la participar de nossas conversas sobre o oculto, passando a estimá-la ainda mais.

XXVII

Oito dias depois da minha luta com os servidores fluídicos de Ardol, sentia ainda alguma dor produzida por sua bengala. Eu pensava que Henrique voltaria logo e que poderíamos juntos continuar nossos interessantes passeios noturnos.

Henrique adivinhou meus desejos. Eu estava a conversar com meu pai, após o jantar, quando percebi a sombra de meu amigo. Ele fez-me sinal para que me recolhesse ao meu quarto porque queria falar-me. Eram nove horas. Deixei imediatamente meu pai, pretextando um pouco de fadiga.

Logo que entrei no quarto, onde Henrique me havia precedido, pediu-me que me sentasse e me pusesse em estado de vê-lo e ouvi-lo prontamente, sem desprender-me completamente. Depois de lhe haver manifestado minha alegria de revê-lo, perguntei-lhe por que não me deixava desprender-me como sempre.

— Este é um estado misto, respondeu, no qual desejo que aprendas a pôr-te. Nele gozas, ao mesmo tempo, das faculdades fluídicas e físicas; é mais difícil do que julgas obter este equilíbrio, mas é utilíssimo para poder agir no plano material, terreno. Os magos negros são peritos nesta técnica, e dela recebem numerosas vantagens. Quando eu te houver deixado, será conveniente que te ponhas muitas vezes neste estado, o qual, quando estamos suficientemente treinados, podemos tomar onde quer que seja e sem perigo, ao passo que o completo desprendimento exige um repouso absoluto do corpo físico para todos os que não alcançam um alto grau de saber.

Verifiquei, com prazer, este estado intermediário, cujo poder minha plena consciência física me permitia apreciar.

— Senta-te, Roberto, e vamos conversar cerca de uma hora; às dez te deitarás e iremos fazer nossa última visita noturna a T. Amanhã operarás o teu desprendimento apenas depois da meia-noite. Verás, então, a cidade adormecida, e iremos levar nossas investigações à atmosfera mais vizinha do globo, a esta região de sombra e de tristeza conhecida por **Erebo.**

— Agrada-me muito este programa, caro Henrique, mas quem iremos observar esta noite?

— Tu logo verás, amigo. Esta noite terás uma grande alegria, mas, como em toda produção terrestre, brota ou se oculta no fundo do copo mais capitoso uma amargura!

— Não ouso questionar-te, confirmei. Sei que o espinho sempre acompanha a rosa... Esta é a lei deste planeta ainda meio mergulhado na fornalha do desenvolvimento físico!

Isto dizendo, sentei-me junto de Henrique no canapé. Meu amigo parecia-me tão tangivelmente materializado, que eu lhe apertava a mão, de tempos a tempos, para certificar-me da sensação do contato.

— Vou acabar de contar-te sobre o estratagema de Zélia Berthier para apanhar um marido, assim como o haviam feito suas irmãs mais velhas.

Já te disse que a Sra. Berthier se descuidava de sua filha mais moça, pois achava ainda cedo para preparar seus planos. Demais, estimando menos Zélia, esperava sacrificá-la completamente ao seu egoísmo, porquanto suas outras filhas, segundo ela, não haviam mostrado suficientemente reconhecimento pelos cuidados e sacrifícios que sofrera para dar-lhes uma situação honrosa.

Uma outra espécie de desentendimento entre Zélia e sua mãe era causado pela amizade que a tia Delfina votava à sobrinha, amizade que lhe desenvolveu, como numa estufa, todos os maus germes depositados em seu Carma pela precedente existência. Delfina tivera sempre ciúmes da cunhada, que a suportava apenas por causa de sua pequena fortuna. Esta velha havia justificado o provérbio: "Infeliz no amor, feliz em dinheiro". Por duas vezes tivera a sorte de ganhar prêmios bastante consideráveis em sorteios de alguns títulos seus; ela fez crer que ganhara uma soma muito mais elevada do que realmente era e, por isso, obteve maior deferência de toda a família. A Sra. Berthier e Delfina detestavam-se cordialmente e faziam-se, mutuamente, uma contínua guerra surda.

A velha senhora atraiu Zélia lamentando, com muita astúcia, a preferência que sua mãe tinha por sua irmã, etc. Em pouco tempo já gostava da menina à sua moda, conservando todavia seus rancores contra a mãe dela e mais tarde, como sabes, contra a parte masculina da Humanidade. Ela ensinou a sobrinha a espionar e contar tudo, fazendo-a cometer mil indelicadezas a que o senso moral pouco desenvolvido de Zélia não ofereceu resistência.

— Eu te darei um pequeno dote, dizia ela, muitas vezes, à sobrinha, e somente tu serás minha herdeira.

A Sra. Berthier, desde algum tempo, se ausentava muito e quando voltava parecia às vezes satisfeita, às vezes mal-humorada. Zélia e Delfina uniram seus esforços para conhecer a verdade. Uma tarde, a Sra. Berthier chamou sua filha, ocupada no seu quartinho, para apresentá-la a um conhecido seu, muito rico, que apreciava uma boa voz e que, tendo ouvido elogios à de Zélia, queria ter o prazer de ouvi-la cantar. A jovem, desceu apressadamente ao salão, onde encontrou um homem de rosto enrugado e imberbe, de olhos redondos, pequenos e desprovidos de cílios, e de fisionomia bestialmente repelente; seus cabelos, de um negro-azeviche, porém muito mal tintos, caíam-lhe sobre a fronte; era baixo e muito obeso; tinha mãos curtas e grossas e os dedos cobertos de vários anéis de mau gosto. Zélia recuou, como se visse um monstro... Sua mãe a beliscou, impelindo-a para a frente do gordo senhor.

Zélia compreendeu que este era o esposo que sua mãe lhe destinava e resolveu opor-se a todo custo. Mostrou-se insípida e cantou mal. Mesmo assim o visitante se deu por grandemente satisfeito.

— Vinde ver-me amanhã, disse em voz baixa à Sra. Berthier, que o acompanhou até o carro. Isto me serve como uma luva! acrescentou. Dar-vos-ei mais do que o combinado. Senhora, a menina vale a pena, e estalou a língua.

A Sra. Berthier teve um gesto de asco, que conteve com dificuldade, coisa que o senhor não notou por estar muito entusiasmado com a moça.

Zélia, cujo ouvido, exercitado desde a infância, tinha ouvido tudo, não fez nenhuma objeção à sua mãe, quando esta declarou que ambas haviam feito um bom negócio, pois ele daria 200.000 francos, no dia do casamento, à sua esposa. A Sra. Berthier não mencionou, naturalmente, a gorda soma que o futuro genro se comprometera a remeter-lhe, em segredo, no mesmo dia...

— Tu serás mais rica que tua irmã mais velha... Sei que tal marido não será agradável, porém tudo se arranja na casa, quando a mulher é bela como tu e tem espírito. Aliás, ficou combinado que moraremos juntas.

Esta perspectiva por si só teria feito Zélia, que intimamente já se decidira a tal, a recusar o negócio.

A Sra. Berthier ficou desconfiada da calma de sua filha, pois esperava uma tempestade; por isso, diante desta submissão filial, cumulou-a de carinhos e amabilidades de toda ordem... Fazia a todo instante alusões à sua situação financeira precária que, **graças a Deus**, ia mudar.

— Vou à casa de minha tia, disse Zélia.

— Sim, minha filha, vai, mas não fales nada ainda a esta invejosa Delfina; far-lhe-emos uma boa surpresa em alguns dias; ela morrerá, certamente, de ciúmes... Assim, terás logo a sua herança!

Delfina escutou a sobrinha com toda a atenção e quando esta lhe participou as intenções de sua mãe, os olhos da velha brilharam com um fogo infernal.

— Dou-te razão por resistires a estas odiosas maquinações, minha filha, se tua mãe te importunar, tornando-te a vida difícil, virás para minha casa e aqui resolveremos o que fazer!

Zélia, que conhecia bem sua tia, prometeu-se a si mesma não usar de sua hospitalidade a não ser em caso extremo; e, por sua vez, formou um plano que resolveu executar no dia seguinte para escapar ao gordo **macaco**, à sua mãe e ao mesmo tempo do domínio da **boa tia Delfina**.

— Já te disse, prosseguiu Henrique, que Ninus Delmart morava na casa de Berthier. Embora não fosse músico, Ninus apreciava e julgava a música como amador, e era sobretudo o canto que lhe causava prazer extremo; por isso não perdia nunca a oportunidade de ouvir a Srta. Zélia quando tomava suas lições ou se exercitava só no salão de sua mãe, ou quando esta convidava o locatário para passar o serão em sua casa, em companhia de amigos. A Sra. Berthier tinha pretendido apanhar Delmart para uma de suas filhas, mas o amante de música limitava-se às homenagens platônicas e... muito respeitosas...

No dia seguinte, a Sra. Berthier saiu cedo para lugar desconhecido, onde a esperava o senhor da véspera, a quem sua filha apelidara de **Macaco**. Ao sair, disse à filha que só voltaria à noite.

Tendo o dia todo livre, Zélia resolveu aproveitá-lo bem. Pela manhã pôs um vestido simples, porém muito gracioso e adequado ao seu tipo de beleza e perfumou-se excessivamente. O Sr. Delmart gostava muito de perfumes e dissera-o um dia a Zélia, que não o esquecera.

Sentou-se ao piano antes da hora habitual, tendo o cuidado de abrir a janela a fim de que sua bela voz fosse melhor ouvida.

Zélia cantou com todo o seu talento um dos trechos mais comoventes que o juiz apreciava; depois, num dos trechos mais belos, cessou bruscamente e com um soluço fechou o piano. Sabia que estava sendo ouvida...

O Sr. Delmart descia a escada, estava na hora de ir à audiência. Zélia não esperou que ele chegasse ao térreo e subiu rapidamente a escada, com o lenço no rosto, como se quisesse ocultar as lágrimas.

Passou por Ninus mal o cumprimentando. Este pediu-lhe notícias suas e da Sra. Berthier. Zélia respondeu que sua mãe estaria fora durante o dia todo e estava bem, pois fora passear no campo...

— Isto parece afligir-vos, atalhou Delmart. Queríeis, sem dúvida, participar do passeio, não é?

— Ah! não, senhor; pelo contrário!

— Ah! exclamou o juiz, explicava-me assim a interrupção do vosso magnífico canto e confesso-vos que fiquei profundamente contrariado ao vê-lo cessar de repente. Quem poderia ter feito parar esta melodia tão pura? dizia para mim mesmo. E eis que vos vejo banhada em lágrimas...

De fato, Zélia pusera-se novamente a chorar... Entretanto, perguntou:

— Gostaríeis de me ouvir, Sr. Delmart? Como sois amável dizendo-me isto... Tenho tanta necessidade de encorajamento porque, enfim, já está tudo decidido...

— Que é que está decidido? perguntou Ninus, inclinando-se para ouvir melhor a voz chorosa e ininteligível da jovem.

— Bem, Sr. Delmart. Vou contar-vos tudo, pois sois bom e prudente... e talvez podereis dar-me um bom conselho! Minha mãe quer casar-me com um velho que me apresentou ontem. É um monstro de fealdade; prefiro mantar-me a tornar-me sua mulher! Conhecendo bem minha mãe, não lhe disse nada, temendo uma cena de violência; mas assim que me vi só, chorei muito e rezei aos pés do meu Cristo e eis o que decidi, depois de pedir a opinião de minha tia Delfina.

Ninus ficou mais atento.

— Eu tenho boa voz, prosseguiu a moça. Os meus professores me disseram muitas vezes que eu tinha uma fortuna na garganta. Pois bem, Sr. Delmart: quero tornar-me uma cantora! Não é uma profissão desairosa, desde que a gente seja prudente e fiel à sua religião, não é assim? Deste modo escaparei a esta odiosa união em que minha mãe tanto se empenha, nem sei por quê, acrescentou Zélia com ar inocente. Sem dúvida porque pensa que ambiciono a riqueza, e ergueu desdenhosamente os ombros.

O juiz-instrutor pareceu refletir profundamente. A astuta moça continuou:

— Minha tia Delfina prometeu ceder-me uma parte do pequeno capital que ela destina para meu dote, porque eu terei um pequeno dote, Sr. Delmart... Não estou de mãos vazias, como minhas irmãs, que, entretanto, tiveram um bom casamento. Minha tia me dará assim alguns mil francos para as minhas despesas durante minha estada na Conservatório. Como vedes, tudo está planejado!

Ninus olhou fixamente para a jovem; acabava de tomar uma grande decisão. Só em pensar que não ouviria mais seu concerto quotidiano, abalava este homem de hábitos muito regulares, primeiro por gosto, e depois por razões de saúde.

— Convido-vos, Srta. Zélia, a renunciar a esta resolução extrema; uma jovem tão bela como vós não pode, sem perigos para a sua virtude, fazer carreira no teatro.

— Mas que fazer, então? perguntou Zélia, pondo-se novamente a chorar. Matar-me?

— Matar-vos, querida criança? Ah, se eu não fosse tão velho, qual não seria minha felicidade em vos oferecer minha vida, tornando-me vosso esposo!

Zélia ergueu um pouco sua linda cabeça como para vê-lo melhor, mas em realidade para mostrar-lhe a expressão de intensa alegria que se espalhava em seu semblante. Seus olhos fixaram-se com tal sentimento de reconhecimento nos de Delmart, que o pobre juiz a estreitou em seus braços, agradecendo-lhe com uma efusão lírica por consentir em aceitá-lo como guia e protetor.

Entraram no salão da Sra. Berthier; ali combinaram que Zélia iria para a casa de sua tia e que no dia seguinte bem cedo ele, Ninus, iria comunicar à Sra. Berthier o seu noivado e pedir-lhe a mão de sua filha.

XXVIIII

No dia seguinte, tudo se passou muito bem, tanto mais que o velhor **senhor**, que na véspera a mãe de Zélia recebera, tivera a tolice (achando que o casamento já estava seguro) de confessar que preferia dar uma pensão à sogra a tê-la com a filha sob o mesmo teto, como estava combinado. Isto contrariara a Sra. Berthier que em seguida ficou envaidecida por ter um magistrado como genro. Riu muito quando Zélia lhe contou em parte seu estratagema.

A princípio Ninus foi muito feliz com sua jovem esposa, muito lisonjeado por ser, em toda parte, recebido com as melhores provas de afeto na alta sociedade.

Zélia resistiu bem enquanto pôde às suas tendências **cármicas** de mulher de prazer... E foste tu, meu caro Roberto, quem primeiro lançou a perturbação na calma preservadora desta consciência. A brecha feita por ti nesta virtude de coagulação recente, não se fechou jamais. Zélia acrescentou a hipocrisia aos seus defeitos...

Baixei a cabeça; só agora compreendia quanto eu havia sido culpado...

— Sim, continuou Henrique, há muitas Zélias no mundo que se dizem **respeitáveis**; mas também há muitos Robertos que, com um desembaraço egoísta, levam, sem muito remorso, a perturbação ao seio dos lares e que, como tu, abrem a grande brecha por onde escapa a felicidade íntima de dois seres feitos para se apoiarem e melhorarem reciprocamente na vida terrestre. Diariamente estes covardes roubos da felicidade e da honra conjugais se cometem, sem que a sociedade pense em desarmar os seus autores.

— Ah! exclamei, levantando-me. Compreendo agora toda a extensão de meu erro! Quão absurda era minha cólera contra a Sra. Delmart, vendo-a perto do odioso Désiré... Sim, caro Henrique, os julgamentos da gente são errados! Só os clarividentes instruídos podem, e assim mesmo com muita prudência, emitir uma opinião verdadeira sobre os encarnados em prova...

— Bem; é hora de te deitares, concluiu Henrique, levantando-se por sua vez. Dentro de meia hora te esperarei perto do Banco de França, em frente da casa de tua prima.

Dizendo isto, desapareceu.

Tornei ao meu estado normal. Estava muito triste pensando nos graves erros que cometi para com a pobre pecadora Zélia.

Assim que me deitei desprendi-me, mas com menos facilidade do que de costume. Experimentei algumas hesitações, pois a recordação do mago negro voltou-me ao pensamento. Fiquei contente ao me lembrar que ele estava ausente de T. por três semanas.

Logo que encontrei meu amigo, penetramos ambos na casa da Sra. Clairville. Parei na sala de espera. Não ousava entrar no seu quarto; parecia-me que eu cometia uma falta, uma indelicadeza inqualificável...

— Vem, animou-me Henrique, tomando-me pelo braço. Confessa que hesitas sobretudo porque sabes que Alice é clarividente, e temes ser surpreendido por ela em tua indiscreta visita.

Reconheci, de fato, que minha hesitação era antes devida a este receio que ao de violar as leis do bem viver, e é muitas vezes desta maneira superficial que o homem julga seus próprios sentimentos, evitando com cuidado examinar a fundo sua consciência para não conhecer os verdadeiros móveis de suas determinações.

Um pouco confuso, acompanhei Henrique e, por um movimento da porta do quarto de vestir que comunicava com o quarto de dormir, avistamos a Sra. Clairville, em **robe** de flanela branca, sentada a uma pequena secretária Luís XV, de madeira rosa, sobre a qual escrevia. O abajur iluminava pouco, e além disso, estava muito longe de minha prima, que apoiava a cabeça na mão; a manga do **robe**, muito larga, caída para trás, deixava ver um braço ainda belíssimo.

Alice parecia escutar. Vi perto dela uma forma indecisa que, pouco a pouco, ia se tornando mais nítida; era a de um homem desconhecido. Estava vestido de branco, sua cabeça era bela e seu rosto exprimia uma grande nobreza; uma luz fosforescente o cercava quase inteiramente. Minha prima exalou dois ou três suspiros profundos, seus olhos se fecharam; a sombra pôs a mão esguia e transparente sobre a fronte da Sra. Clairville e logo vi operar-se em minha prima o efeito do semidesprendimento em que Henrique me havia posto uma hora antes; mas eu o sentira e não o vira. Eis o que presenciei: vi que de Alice escapava um vapor esbranquiçado que se estendia primeiro desigualmente, depois numa camada regular sobre toda sua pessoa, reproduzindo exatamente seus traços rejuvenescidos e embelezados, e de tal maneira que me faziam evocar as lembranças de infância.

Continuei, entretanto, a ver, através dele, o corpo material de minha prima, porém de certo modo transfigurado. A Sra. Clairville abriu os olhos, levantou-se, e veio até nós com uma graça encantadora.

— Eu vos esperava, Roberto, e a vós também, caro Sr. de Montzag... Há muito tempo vossa visita foi-me anunciada por meu mestre...

E, inclinando-se profundamente, designou-nos com a mão a personagem vestida de branco que se afastara até o fundo do quarto, tornando-se quase indistinta.

Henrique, que sem dúvida o conhecia, aproximou-se dele; fiquei mudo de surpresa diante de Alice. Pude apenas articular estas palavras:

— Como sois bela!

De fato, neste momento, minha prima realizava completamente para mim o ideal de beleza, que todo homem possui.

Alice sorria, gravemente feliz, e não se admirava de minha exclamação.

O mestre tornou-se de novo consistente em sua materialização e notei que ele levava, na mão esquerda, um magnífico anel ornado de uma esmeralda rodeada de brilhantes.

— Roberto, disse ele, com voz de timbre tão profundamente musical que eu não o poderia jamais esquecer, chegastes ao grau de iniciação em que podeis e deveis reconhecer que não sois um ser completo; que vossa alma, separada de seu complemento divino primordial, desunido pela queda na matéria densa, já não pode evoluir sem o concurso desta outra parte constituinte de vossa entidade.

Desde que o espírito recupera a consciência de sua evolução redentora, deve efetuar esta ascensão reconstituindo sua unidade primeira, sem a qual seus estudos, tanto como seus esforços, permanecem estéreis.

— Roberto Dosset, disse, reconhecei-vos naquela que emanou da mesma palavra do Criador...

Não procurarei exprimir as sensações que minha alma experimentou neste instante único; elas não pertencem a este mundo de sentidos grosseiros e inábeis. Foi uma fusão completa de nossas personalidades numa elevação de nossa alma para o Criador; uma prece que foi, ao mesmo tempo, um contato tão íntimo que nossas personalidades não pareciam mais que um ser e se confundiram para sempre... Não sei se isto durou pouco ou muito tempo; tudo desapareceu para nós... Encontrei-me de novo em meu quarto, num estado de beatitude tão grande, que me perguntei se seria possível, daqui por diante, formular qualquer desejo...

Um voz respondeu:

— O de melhorar a sorte de todos os teus irmãos, instruindo-os, moralizando-os e ocupando-te dos deserdados da sorte... Mas, ó meu filho! A alegria paradisíaca que acabas de provar não é senão um antegozo da que terás na região astral na qual reside tua família espiritual, região que não podes alcançar antes de te tornares digno dela!

— E Alice? perguntei.

— Acabas de encontrá-la para logo perdê-la; nada de terrestre deve entrar na vossa união; a Sra. Clairville, nossa irmã muito amada, voltará para nós, ela bem o sabe; precedendo-te ela não te abandonará. **O amor é mais forte que a morte!**

A voz calou-se e eu desfiz-me em pranto.

— Eis, murmurei, o que Henrique me anunciava: uma alegria imensa mesclada de amargura.

Passei a noite quase sem sono. Tive sonhos terríveis; revia constantemente minha querida Alice morta ou agonizante; sofria mais por perdê-la que por partilhar suas dores.

No dia seguinte, minha família admirou-se com minha palidez, assim como com a profunda alteração de meus traços. Esta noite acabara de imprimir, em toda minha pessoa, física e moral, sinais indeléveis...

— Dormi mal, respondi a minha mãe que me perguntou como eu tinha passado — Isto não é nada; um passeio matinal me refará.

Quanto a meu pai, acompanhou-me ao quarto e disse:

— Terias cometido uma nova imprudência, meu filho?

Hesitei em responder. Eu não queria mentir, pois isso me repugnava. Por outro lado, não queria revelar a meu pai o meu estado de alma!

— Caro Roberto, se minha pergunta te parece indiscreta, não respondas. Eu já sei bastante de ocultismo para saber que, em muitos casos, o segredo é inviolável.

Apertei a mão deste excelente amigo. Ele viu minha perturbação e minha emoção profunda.

— Mais tarde, acrescentei, e deixei-o.

A Sra. Clairville ficou alguns dias sem vir ver-nos. Eu sentia que ela sofria. Tinha em meu corpo o eco de suas sensações desde nossa fusão mística; mas não disse nada a ninguém.

Minha mãe foi à casa de sua prima. Alice estava realmente mal, uma afecção interna de que o Dr. Marmon a havia curado, há cinco ou seis anos, reaparecera repentinamente com sintomas alarmantes, e o bom doutor lhe ordenara uma estada de alguns meses longe de T., nas montanhas cobertas de pinheiros.

Alice havia pedido a Mina que a auxiliasse em seus preparativos de viagem. Assim, eu e minha família ficamos aflitos ao receber essas notícias.

— É surpreendente, disse minha mãe, a mudança que se operou na pobre prima em três dias de doença: os cabelos se lhe embranqueceram inteiramente; seu corpo, outrora esbelto, está agora levemente encurvado, dir-se-ia que envelheceu subitamente dez anos.

Tornei a ver minha querida prima no mesmo dia de sua partida. Nada traía nossa mútua emoção, mas estávamos completamente mudados. Ficamos a sós alguns minutos.

— Não trabalhes demasiado, caro Roberto; ora sempre; sê avaro de tuas horas dados ao mundo... A vida é tão curta e estamos neste mundo para cumprir uma tarefa... Temamos sempre não a cumprir inteiramente conforme a vontade do Divino Mestre...

A voz de Alice parecia-me diferente; falava-me já de uma região mais serena que aquela em que nossas personalidades estavam?

Ajoelhei-me, tomei-lhe uma das mãos e, passando-lhe um anel de prata[1], cobria-a de beijos e lágrimas. Ela, em atitude de prece, levantando os olhos para o céu, parecia chamar as bênçãos sobre minha cabeça, que acariciava ternamente, como nos dias de minha infância...

XXIX

Apesar dos esforços mais enérgicos, não pude recobrar bastante calma para tentar minhas saídas astrais.

Enfim, uma noite, Henrique veio e abraçou-me, dizendo-me:

— Coragem, amigo. Felizmente a vida é curta neste globo tenebroso e mesquinho; a grande, a verdadeira vida nos espera; ela deve ser-nos doce e alegre em razão dos méritos adquiridos na prova terrestre. Além disso, na encarnação somos maus juízes do que nos é mais útil; o que devemos fazer antes de tudo, quando o impossível

(1) É este metal o símbolo da sabedoria e do amor no plano espiritual.

ou o desconhecido se ergue, é resignar-nos... Por ora, devo prevenir-te que o tempo que me resta para dedicar-te é muito curto; é preciso pois apressar-nos, se queres que eu conclua minha obra de iniciação junto a ti.

E Henrique, sem que eu desse por isso, contagiou-me com sua influência calmante. Meu espírito tomou, pouco a pouco, outra direção. Senti um vivo desejo de me lançar de novo na esfera astral.

Tendo-me deitado, graças a meu amigo, desprendi-me prontamente; era mais de meia-noite. Henrique cobriu-me com uma grande manta, que vi pela primeira vez, e eu me senti elevado aos ares por cima da cidade; estávamos há cerca de 500 ou 600 metros acima dela; nosso vôo foi, por assim dizer, instantâneo.

— Paremos aqui neste outeiro, ordenou Henrique.

A princípio eu nada via mas, apalpando em redor de mim, senti algo resistente.

— Vais habituar-te a isto, disse meu amigo. Agora, observemos.

Todos os meus esforços para distinguir as formas vagas que passavam em quantidade diante de nós, tiveram o efeito desejado por Henrique.

Percebi, com grande facilidade e inaudita rapidez, tudo o que se passava em volta de nós, e isto mesmo a uma grande distância, comparado ao alcance da melhor vista física.

Uma multidão descia e subia em todos os sentidos, cruzando-se e misturando-se sem se ver. Vi que se elevavam, da cidade adormecida, sombras com formas e opacidade diversas. Reconheci rostos conhecidos; estavam quase todos acompanhados de seres mais ou menos luminosos. Em sua passagem, certas espécies de animais alados, com expressão diabólica, procuravam cortar-lhes o vôo; muitas vezes eu via a pessoa recair pesadamente na direção de sua casa que eu conhecia.

Henrique explicava-me a razão e os motivos destas lutas, que causam, algumas vezes, um despertar sobressaltado(1) e penoso.

O que principalmente me surpreendeu foi reconhecer grande número de habitantes de T., apesar do disfarce que apresentavam.

— Estaremos no carnaval? perguntei, e será que as pessoas mais sérias e mais velhas participam dessa mascarada?

---

(1) Muitos dos nossos leitores sem dúvida experimentaram esta sensação ou então aquela que se assemelha a um passo em falso; despertam então, isto é, passam do plano astral para o terreno, ou físico.

De fato, cada uma delas tomava as expressões mais burlescas e horríveis de um animal da fauna terrestre, ou aquelas fantasistas dos artistas medievais.

— Não são máscaras, respondeu meu companheiro. Vês, em realidade, a figura anímica e psíquica de teus concidadãos, as paixões que os agitam, o amor particular que os domina, moldam à sua semelhança o corpo fluídico deles. É o rosto humano que é a máscara...

Fiz aí curiosas descobertas das quais espero me servirei mais tarde em minhas relações astrais...

— Dirijamo-nos, disse Henrique, para a região da sombra, que se chama **Erebo.**

Coberto com o manto protetor de meu amigo e sustentado por ele, pusemo-nos a percorrer, durante alguns minutos, um espaço considerável.

Tornando-se a atmosfera mais densa e a obscuridade mais espessa, afrouxou-se nosso vôo.

Experimentei uma espécie de angústia: descíamos na noite profunda; o ar úmido e frio me penetraria até os ossos se eu estivesse em meu corpo físico.

Embora não visse ainda nada, sentia que passavam perto de mim, corpos que soltavam gemidos e vagos apelos dolorosos.

— Estaremos no inferno? perguntei em voz baixa a Henrique, temendo despertar os ecos desta triste região.

— Ah! não, ainda não, meu caro amigo; vais habituar-te a este gênero de trevas e vais perceber pelo menos uma parte do que aí se passa. Entremos aqui; é este lugar o oratório de um espírito astral, cheio de caridade; ele se exila voluntariamente de sua região mais afortunada para levar os socorros de sua experiência aos recém-vindos da terra, cujo laço, que os retinha cativos, a morte cortou e que precisam do seu auxílio.

A cela deste espírito estava fracamente iluminada; eu procurava descobrir de onde vinha a luz, pois não via nem lâmpada nem outro modo de iluminação que se usa na terra. Aumentou a luz e vi junto de nós um ser com rosto semelhante ao nosso, mas exageradamente oval, o que me pareceu desagradável.

Estava este ser coberto com uma roupa de pele bastante justa; as pernas estavam ocultas. Os braços eram peludos, e as mãos muito brancas, como o rosto, eram belísismas e por isso levava-as sempre para a frente como se quisesse mostrá-las. Seu rosto era imberbe e percebi que a luz emanava de toda a sua pessoa, especialmente da cabeça.

— Deus te proteja, Belzeth, disse-lhe Henrique.

E explicou-lhe brevemente quem éramos e a que vínhamos.

Belzeth pareceu-me tão inteligente quanto bom. Pôs-se às nossas ordens para auxiliar-nos em nossa peregrinação através do **Erebo.**

— Esperai, porém, uma hora terrestre. Vou pedir a um dos meus irmãos que me substitua na cela, a fim de vigiar a passagem que é muito difícil de atravessar sem dor, para as almas pecadoras que vêm do planeta...

A estas palavras, Belzeth desapareceu, mas antes de nos deixar, friccionou fortemente sua cabeça com um objeto que me pareceu um seixo redondo; assim que o tornou luminoso e colocou-o em um canto de seu oratório, ao pé de uma grande cruz de madeira para nos servir de luz. Verifiquei, e isto me tranqüilizou um pouco, que o ermitão astral era um servo de nosso Jesus de Nazaré.

No momento em que Belzeth ia deixar-nos, ouviu-se um ruído semelhante a um ribombo subterrâneo; o vento frio e úmido, que domina nas regiões tenebrosas, aumentou de impetuosidade. O elemental (pois era um elemental da espécie benigna ao homem, ou tornado tal por conversão) escutou e lançou-se ao encontro do ciclone que não só ouvíamos como também percebemos que se elevava da superfície do planeta. Logo vimos chegar, quase diante do oratório, uma multidão de seres pertencentes a diferentes espécies de monstros astrais, que escoltavam uma leva de almas recém-desencarnadas que vinham, pela força de atração, ao **Erebo,** passagem obrigatória de todos os que morrem, qualquer que seja o grau de sua virtude ou inteligência. Uns atravessam-no rapidamente como brilhantes meteoros, iluminando, por alguns instantes, esses lugares transitórios da dor; outros aí ficam mais ou menos tempo antes de entrar no **Cama-Loca**, imensa região, espécie de purgatório. Enfim, muitos apesar de justos e bons aí permanecem longo tempo, retidos pelas afeições terrestres, para mais facilmente acudirem ao apelo dos seres queridos que foram obrigados a deixar.

Isto explica por que nossa tristeza exagerada e nossas evocações egoístas fazem, sem que o saibamos, mal aos caros desaparecidos, desviando-os do caminho que devem seguir depois de sua desencarnação.(1)

---

(1) Esta é uma das razões por que não se devem fazer evocações logo após a morte de alguém: porque estas evocações podem perturbar profundamente o estado astral do evocado.

Há pessoas que ficam num estado comatoso durante longo tempo; sofrem algumas vezes fisicamente, como se estivessem sobre a terra, ou ficam mergulhados numa letargia próxima do aniquilamento.

Enfim, homens maus e perversos, mas intelectuais, chegam conscientemente ao **Erebo** e aí sustentam terríveis combates com os demônios desta região, que procuram despojá-los da força vital que seu estado de semimaterializados lhes permitiu armazenar em seu invólucro fluídico. Estes ferozes elementais têm em suas personalidades, se conseguem dominá-las, uma espécie de animal de carga que lhes é de grande utilidade e isto em detrimento da alma que, pouco a pouco, perde sua luz, assim como sua energia vital.

Foi por uma numerosa captura deste gênero que assistimos a uma verdadeira batalha pela abertura da cela-oratório. Aí vimos Belzeth, na mais renhida peleja, e eu custei a distingui-lo e reconhecê-lo, tão mudada estava sua fisionomia. O que eu julgara ser uma roupa de pele era menos aderente à carne que o pêlo dos cães e, por conseguinte, muito mais frouxamente ligada ao corpo. Puxara-a para cima de sua cabeça nua, mostrava, com a boca muito aberta, pronta para morder, uns dentes compridos e agudos. Seus olhos tinham tomado tal expressão de ferocidade que eu mal podia acreditar que aquele ser fosse serviçal e bom.

A agilidade de Belzeth era surpreendente; notei logo que, entre os maus espíritos, achava-se uma quantidade enorme da mesma espécie de nosso hóspede astral. Observei o fato a Henrique e ele explicou-me que eram uma raça daninha disseminada nesta região limítrofe do nosso planeta; que eram muito nocivos aos habitantes da terra.

Neste momento, um grande tumulto levantou-se; seres de forma humana, vestidos com uma roupa estranha, meio religiosa e meio guerreira, empunhando varas curtas se arremeteram sobre a multidão efervescente, dispersando-a. Havia demônios que levavam alguns desencarnados, afogados e sufocados num fluido viscoso, puxados pelos flancos. Outros desencarnados foram confiados a elementais que tinham a forma de grandes cães, verdadeiros molossos, mas cujas cabeças assemelhavam-se a cabeças humanas. Com a celeridade de cães-pastores, estes monstros cercaram o comboio e levaram-no rapidamente ao seu destino. O bando, então, mergulhou na sombra, deixando atrás de si resíduos de toda espécie, que foram varridos por um vento glacial.

Eu quis ver os guerreiros e falar-lhes; Henrique, porém, conteve-me, dizendo:

— Não faças perguntas nas regiões astrais a nenhuma pessoa, sem necessidade absoluta; há aqui criações fluídicas que têm uma única função: vir em auxílio das almas. Desviá-las um só segundo é aniquilá-las e receber por isso o choque elétrico da parcela de vontade espiritual que lhes dava uma vida artificial.

— Quê!? perguntei. Serão esses servidores uma espécie de autômatos?

— Esta palavra não explica exatamente o estado destas criaturas; mas, na falta de uma melhor, podes empregá-la.

Eu me achava cada vez mais ignorante...

Quantas coisas grandiosas e terríveis existem perto de nós, cuja existência sequer suspeitamos!

Passavam diante de nós, vindo ou indo para a terra, sombras que se destacam mais ou menos do meio ambiente segundo suas qualidades ou espécies. Lamentações, gritos abafados, ruídos de folhas secas que o vento faz redemoinhar, relâmpagos vermelhos saem por instantes do meio das procissões lúgubres formadas pelos desencarnados, que rolam numa nuvem de fluido absolutamente negro.

A cada relâmpago avermelhado se elevavam uivos da coluna em marcha; para estes nenhum salvador acode...

Sentindo uma espécie de vertigem, fechei os olhos com um vago temor de ficar como habitante temporário desta região... Henrique tomou-me pelo braço e aproximamo-nos da cruz.

— Oremos, disse ele, pelos que passam diante deste oratório.

Readquirimos um pouco de calor elevando nosso espírito ao Senhor de Misericórdia...

XXX

Confortados, esperamos a volta do elemental.

— Fala-me de Belzeth, pedi a meu amigo. Explica-me sua natureza e sua conversão, se posso conhecê-las.

— Seria uma longa e curiosa história a deste ermitão astral, mas devo ser breve. Belzeth é o produto de um mau demônio e de uma mulher terrestre, jovem viúva que, dada às práticas da magia, julgava achar neste elemental muito inteligente, o defunto a quem amava e cujos vícios, de que ela aliás partilhava, eram perfeitamente adotados pelo demônio. Belzeth tem as mãos de sua mãe; orgulha-se disso e as mostra com prazer. As do seu progenitor são cobertas de pêlo negro e suas unhas parecem garras... Belzeth foi criado em saída astral da dama e passou por fases da embriologia humana. Não respirou senão alguns segundos em materialização artificial, depois desapareceu, levado pelo íncubo seu pai para a família particular dele, que se sentiu lisonjeada por ter um indivíduo de sua espécie, possuidor de uma alma imortal como os filhos de Adão. Este dom provinha-lhe de sua mãe.

Pensaram que Belzeth podia prestar grandes serviços à sua raça, pois poderia misturar-se mais facilmente com os humanos e fazer o mal, impedindo as almas puras de reintegrar o estado primitivo (antes da queda), no qual não podia mais intrometer-se esta espécie de elementais ferozes e ciumentos.

Belzeth tem muitas centenas de anos de existência e fez infinito mal à raça humana e por isso era muito respeitado entre os seus.

Certo dia, ele formou o audacioso projeto de desviar um piedoso solitário de sua vida de austeridade e de contemplação, mas o bom eremita, adivinhando-lhe a malícia e vendo que era uma alma que o tentava, quis, por sua vez, influenciá-la para salvá-la. Assim, portou-se tão paciente e brandamente, e provou tão bem ao elemental que obedecer ao instinto que herdara do pai era renunciar ao privilégio que recebera através de sua mãe, que Belzeth refletiu sobre as palavras do solitário. Mas, continuando a atormentar o asceta, acabou por viver em comum com a vítima. Abandonou sua região, combateu com o solitário contra seu próprio pai que tentava recuperá-lo; por fim, foi-lhe permitido ver sua mãe, infeliz havia séculos, mergulhada no **Avitchi**(1). Sua mãe pedia à Providência que lhe concedesse a graça de recomeçar a viver num planeta para remir a sua falta. Contudo, ela amava o fruto de sua prevaricação e desejava vivamente subtraí-lo ao meio demoníaco.

Foram as preces e os méritos do solitário que obtiveram esta visão a Belzeth, que se tornou, daí em diante, um protetor dos humanos. O solitário batizou-o antes de morrer e, quando a sua alma libertou-se de seu invólucro, Belzeth acompanhou-o ao **Erebo.**

— Tu não podes, falou-lhe o santo homem, acompanhar-me nem te encarnares em um corpo humano antes que aquela que foi tua mãe te forneça os meios, o que é ainda muito remoto. É preciso,

(1) **Avitchi** é uma palavra sânscrita que designa a "Oitava Esfera", o inferno considerado como um estado, não como um lugar, e podendo existir na Terra mesmo. É o estado daqueles que matam em si mesmos a vida espiritual e são projetados da "força da corrente". É a "segunda morte" dos magos negros e de todos aqueles que fazem o mal por amor do próprio mal. **(Dictionnaire "Rhéa")**. (N. da Ed.)

pois, que fiques nesta região e faças aquilo que eu fiz na terra, isto é, combater os inimigos do gênero humano, segundo tuas forças e teu saber. Criei para ti este oratório, que nenhum furacão poderá destruir. Poderás oferecer aos transeuntes hospitalidade, mas nenhum dos teus inimigos jamais poderá aqui entrar. Fica, pois, tranqüilo, ora e faze o bem, devotando-te sem restrições à tua obra. Serei sempre teu amigo e protetor. Dei-te o nome de Belzeth para que não te esqueças de que teu nascimento tem sua principal raiz na raça maldita de Belzebu. Teu grande devotamento aos humanos extinguirá em ti esta raiz e desenvolverá a influência adâmica que herdaste de tua infeliz mãe, vítima de sua ignorância e de suas funestas paixões!

Belzeth voltou mais depressa do que pensávamos; veio acompanhado de um espírito astral que nos apresentou como seu irmão, sem dúvida de coração, pois ambos diferiam sensivelmente, primeiro pela estatura, porque Fael (assim o chamava o nosso ermitão) era um verdadeiro gigante cabeludo e tinha uma cabeça demasiadamente pequena. Creio que a melhor comparação seria com um chimpanzé colossal. Como este macaco, o mais inteligente e manso de sua espécie, assim tinha Fael o olhar tristonho e meigo. Examinou-nos atentamente.

Belzeth devia ter-lhe dado algumas informações sobre mim. O gigante, que provavelmente não me via muito bem, pelo menos de acordo com sua curiosidade quase infantil, semi-animal, tomou-me bruscamente pelos ombros com suas largas mãos que me enlaçaram completamente e elevou-me no ar com a mesma facilidade com que erguemos um bebê.

Esta nova maneira de me examinar tão de perto deixou-me um pouco confuso e, sem a presença de Henrique e de Belzeth eu teria me amedrontado, achando-me sem defesa nas mãos do gigante.

O elemental pôs-me sobre seus ombros e me segurou com cuidado; pôs-se a dar saltos alegres exprimindo assim o extremo prazer que experimentava em me segurar desta forma.

— É meu bom irmão, repetiu Belzeth. Ele ama a Jesus de Nazaré!

Lembrei-me da lenda de São Cristóvão: o gigante levando nos ombros o menino Jesus.

Enfim, Fael pô-me cuidadosamente em meu lugar e pôs-se em relação com Belzeth, isto é, abriu-lhe o "íntimo"[1], a fim de que este compreendesse suas "vontades".

---

(1) Por este termo místico deve-se entender que Fael revelou-se mentalmente, pois todo ser psíquico elemental goza de certo poder de velar seu pensamento.

Esta linguagem é a dos elementais inferiores, bem como a dos seres superiores; difere todavia na maneira e presteza em completar a relação entre os pensamentos nas noções espirituais. Isto provém unicamente da elevação e cultura intelectual.

Belzeth traduziu os pensamentos de Fael. Este sentia por mim uma ternura como jamais sentira anteriormente. Eu lhe agradava tanto como os jovens de sua espécie e ele reverenciava em mim a alma imortal do adamista(2); propunha-me por isso tornar-se meu servo fiel e seguir-me à terra (concessão enorme para ele).

Consultei Henrique, pois fiquei tocado pela expressão humilde e afetuosa do gigante que se havia deitado a meus pés, com as mãos cruzadas acima de sua pequena cabeça, coberta de longos e grossos cabelos.

— É uma carga que tu aceitas, disse meu amigo. Tudo tem seu inconveniente; mas Fael pode prestar-te muita ajuda. Junto a ti ele teria posto em debandada os elementais de Ardol. Fael tem alguns conhecimentos do plano astral que ele habita e pode, em muitas circunstâncias, servir-te em tuas saídas astrais. Este gênero de espírito pode ser colocado sob a denominação de **Elementar**, antes que sob a de **Elemental**. Estes espíritos, com efeito, devem, um dia, na sucessão das eras, ser chamados a fazer parte da raça humana e receber uma alma como nós. Estes gigantes foram produzidos pelo homem primitivo ainda fluídico, por sua união culpável com uma espécie de mamífero hoje desconhecido. Assim, é mais verdade que o macaco descende do homem do que o homem dos símios.

Aceitei a servidão voluntária de Fael, que eu devia tomar quando passasse no oratório.

O gigante tentou rir; sua carantonha me deu pena, mas suas ruidosas demonstrações de alegria me divertiram.

Precedidos de Belzeth, eu e Henrique deixamos a cela hospitaleira e atravessamos o desfiladeiro do **Erebo**, no qual estava situada.

XXXI

— As vias semelhantes a esta são numerosas, disse o ermitão, e as almas não entram indiferentemente por qualquer delas; há leis de atração que as impelem segundo sua natureza. Eis um dos aspectos mais sinistros do **Erebo**.

---

(2) Isto é, os filhos da raça de Adão, os homens.

Tínhamos chegado a uma imensa planície lamacenta e coberta de grandes nuvens negras, semelhantes aos primeiros vapores de fumaça de uma chaminé de fábrica. Saía desta planície um odor infecto que tornava a respiração penosa mesmo para um organismo fluídico. Uma dessas nuvens negras veio estourar perto de nós, e uns corpos astrais semelhantes a cadáveres quase putrefatos foram depostos na lama sobre a qual felizmente apenas deslizávamos.

— São, disse-me Henrique, homens mortos há muitos anos já, que tinham, durante sua existência terrestre, a alma gangrenada, apesar de terem o aspecto são da alma honesta. Por ocasião de sua morte, tais homens ficaram ligados ao seu despojo físico pela semelhança de sua podridão anímica com sua carne em decomposição. Nada putrefato resta sobre seus ossos. Estas personalidades fluídicas podem chegar ao **Erebo**, onde entidades caridosas as auxiliam progressivamente a despojar-se do corpo semimaterial de tudo que ainda tem de terrestre. Depois desta depuração indispensável, estas personalidades são levadas ao **Cama-Loca** onde, após um tempo indeterminado, serão postas em estado **devacânico**, proporcional ao seu mérito.

Eu examinava com profunda repugnância os cadáveres **vivos** postos diante de mim; vi seus olhos abrirem-se mas, confundidos com nosso aspecto, fecharam-se logo.

As nuvens pestilenciais que os haviam, por assim dizer, vomitado, reabsorveram-se neles, ou se fundiram na lama em que foram depostos.

Esta massa negra que os rodeava, disse-nos Belzeth, era formada por sua emanação sepulcral; mas esperai: ides ver que a planície dos remorsos tem também os seus missionários.

De fato, logo chegou, precedida e seguida pelos cães com cabeça humana de que atrás falamos, uma multidão de espíritos envoltos num manto semelhante ao de Henrique; seu rosto, recoberto por um leve véu, não podia distinguir-se.

Cada um cobriu um daqueles corpos repugnantes, tomando-os depois nos braços e salmodiando uma suave e monótona invocação ao Senhor; afinal afastaram-se, elevando-se a alguns metros acima do lodaçal.

À beira de um lago, cujas águas imóveis pareciam mercúrio se elevavam bercinhos de junco trançado em que estavam depositados uns corpos que se comunicavam com as águas por um processo especial; podíamos perceber imediatamente o efeito salutar que as emanações produziam sobre esses infelizes corpos astrais.

Vi então que inumeráveis eram os enfermos que seguiam este tratamento e quão grande era a caridade destes missionários.

— Apressemo-nos, disse Henrique, o sol vai logo aparecer na parte do globo que habitas.

Percorremos assim, com Belzeth, muitas regiões do **Erebo**, todas diferentes e originais em muitos aspectos. Para todo erro ou infração da lei divina ou mesmo humana existem, tanto no **Erebo** como em todas as regiões astrais, provações diversas adequadas à prevaricação.

Tomei, de modo fluídico, muitas notas que prometi redigir mais tarde. Esqueci-me de dizer que tivemos algumas lutas em nossa excursão, porém Belzeth fez maravilhas; quando ele se eriçava, mostrando seus dentes agudos, o inimigo se punha em fuga!

De volta ao oráculo, encontramos Fael que nos esperava impaciente. Não tivera, felizmente, de lutar, pois era preguiçoso. Percebi-o logo. Quem não tem seus defeitos?

Apertamos as mãos, como fazem os homens, ao bom Belzeth, prometendo-lhe voltar e, seguidos de Fael, triunfante com sua nova posição, voamos rapidamente para a terra.

— Que devo fazer com Fael? perguntei de repente a Henrique, porque a idéia de abrigar aquela espécie de criado não me havia ainda ocorrido.

— Oh! não te incomodes com isso, caro Roberto. Fael será invisível a todos os olhos; ele irá procurar na atmosfera ou nas alturas o alimento apropriado à sua natureza. Sê bom e justo para com este auxiliar de uma raça inferior, mas não cedas jamais à sua vontade; ele é teu guardião e para ele esta é a prova que apressará sua regeneração... Irmão e amigo, até amanhã!

Despertei alegre por reencontrar minha família e até os móveis de meu quarto.

Esse triste **Erebo**, que eu acabara de visitar, me havia impressionado penosamente.

De repente lembrei-me de Fael:

— Onde estará o meu gigante? perguntei-me.

Alguma coisa de frio tocou-me a mão. Percebi então Fael agachado a meus pés; o pobre servo astral trouxera consigo o frio úmido de sua região.

Fiz-lhe compreender que não necessitava de seus serviços e que estava livre até nova ordem. Fael lançou-se pela janela aberta e desapareceu.

Experimentei então o meu poder sobre meu servo astral. Chamei-o mentalmente e, depois de alguns segundos, Fael reapareceu diante de mim, com ar assustado; girou em torno de minha pessoa, examinou o quarto para verificar se algum perigo ameaçava-me.

Certificado de que tudo estava bem, olhou-me fixamente como fazem os gatos inteligentes para buscar a causa do apelo repentino e, segundo ele, inoportuno.

Toquei-lhe familiarmente o cimo da cabeça, sorrindo; ele estava ajoelhado. Fael compreendeu que eu quisera experimentá-lo e retirou-se contente.

XXXII

Henrique chegou à minha casa muito cedo.

— Vamos somente dar um passeio pela cidade? Vieste tão cedo... Certamente estou muito contente por te ver, mas esperava que fôssemos, depois da meia-noite, a uma região astral menos triste que o **Erebo.**

— Iremos para a parte do **Cama-Loca** ou purgatório católico, limítrofe à atmosfera terrestre. O **Erebo** faz de certa forma parte dele, pois é o caminho que conduz a ele, ou melhor, o seu vestíbulo, achando-se no cone da sombra que a terra projeta.

Este caminho é obrigatório para todos os que morrem, como já te disse, bem como para os homens em desprendimento inconsciente; quando despertam, têm então recordações confusas e estranhas e visões horríveis.

Mas, para os iniciados, há caminhos secretos que conduzem mais rapidamente, e sobretudo mais facilmente, os viajantes; iremos contornar o **Erebo** em sua menor largura.

— Tomaremos um caminho em cornija, dise Henrique, sorrindo. Cheguei mais cedo para rever contigo tuas notas e reavivar tua memória, sobre certos detalhes de nossas excursões.

Nesta instrutiva e suave colaboração, passamos algumas horas.

Soou meia-noite no relógio da catedral. Partamos! ordenou Henrique. Deita-te vestido e cobre-te bem com tuas cobertas.

Depois, soprou sobre minha fronte e o desprendimento operou-se instantaneamente.

Fael, com os braços caidos, olhava maravilhado minha saída do corpo e acabou por se prostrar diante de mim! Henrique explicou-me que o pobre Fael achava mesquinho o meu aspecto dentro do invólucro físico, e que, vendo-me deixá-lo, estava mais que convencido da minha superioridade.

Fael ouvira uma parte de nossos projetos e antecedeu-nos. Senti-me contente de escapar à necessidade de entrar no cone de sombra e de me achar na planície dos remorsos...

Subíamos rapidamente. Eu me sentia muito bem naquela ascensão direta, quando nos inclinamos de repente para a direita; estávamos nas fronteiras da região percorrida na véspera. Percebia que não estávamos sós neste caminho estreito e tortuoso à beira de abismos. Henrique fez-me distinguir a natureza dos diversos viajantes que passavam como sombras junto de nós. Sentíamos que alguns procuravam reconhecer-nos, outros deslizavam absortos e finalmente muitos procuravam ocultar-se sob algum disfarce.

— Chegaremos logo? perguntei a meu amigo.

— Sim, Roberto, mas será preciso provavelmente forçar uma passagem a fim de chegarmos onde quero levá-lo.

Com efeito, alguns instantes depois, o caminho tornou-se mais largo; chegamos a um imenso planalto. Uma luz crespuscular, de grande intensidade de tons, feriu-me os olhos; pouco a pouco, ela espalhou-se em torno de nós. Só posso compará-la a uma iluminação elétrica muito forte de um globo azulado e embaçado.

O que confirma esta comparação é que, ao lado de extensões brilhantemente iluminadas havia outras absolutamente escuras; além de que as partes assim iluminadas eram-no desigualmente e pareciam imóveis.

Perguntei a causa disso a Henrique.

— Entramos no país da ilusão por excelência, disse meu companheiro. Aqui tudo são armadilhas e surpresas, cada objeto oculta uma força astral consciente ou semiconsciente, prestes a fazer o mal, mais do que o bem, aos ingênuos recém-chegados. Por isso os seres obrigados a viver nesta região mágica, ou a atravessá-la, compreenderam a absoluta necessidade de se agrupar em numerosas tribos para vencer as vontades pérfidas, revestindo-se de toda as formas, servindo-se de todas as astúcias para satisfazer suas paixões, sua cupidez, seus ciúmes das raças que possuem alma imortal, ou daquelas que têm uma alma mortal com alguma possibilidade de torná-la imortal, pois, como não ignoras, caro Roberto, o homem pode perder sua alma e esse é, como dizia nosso divino Jesus a seus discípulos, o maior dos males que podem acontecer ao espírito encarnado!

Fael partiu na frente, mas voltou subitamente até nós e, dirigindo-se a Henrique, que era mais experimentado, avisou-o que tínhamos chegado ao grande rio, que devíamos precaver-nos; que, por sua vez devia afastar-se para disfarçando-se, atacar os adversários, se fosse necessário.

— Como, ainda haverá luta?! exclamei, desanimado.

— Sim, Roberto, mas não é por não ter o aspecto de pugilato que é menos perigosa; ao contrário!

Tínhamos, com efeito, chegado à beira de um largo rio cujas águas, apesar de muito tumultuosas, pareciam correr lentamente. As margens deste rio eram sombreadas e floridas, o aspecto das imediações não me parecia justificar os temores de meus companheiros. Vimos uma ponte de construção ousada, porém leve, com aparência de solidez. Pensei, ainda que não a tivéssemos visto, que já existia antes de nossa chegada ali!...

— Desilude-te, observou-me Henrique. As ilusões começam; se tivéssemos a temeridade de passar por esta ponte, cuja elevação te faz lembrar a de Friburgo, ela se desfaria bruscamente e cairíamos no rio pérfido, cujas águas são apenas aparentes, pois não passam de um amontoado efervescente e gelatinoso de larvas de todas as proveniências, tanto de homens como de animais.

Estas larvas são o produto das forças psíquicas do plano terrestre ou do astral. Formam, por assim dizer, um grande rio composto de existências, quer em germes, quer em dissolução, que vão desaguar nos abismos do caos. Elas servirão, em tempos incalculáveis, para formar as primeiras matérias (protoplasma) de uma nova criação. Estas energias vitais não são conscientes senão pelo desejo de permanecer ativas, sendo este seu instinto mais rudimentar de vida. Por isso estes esboços de formas, guiados exclusivamente pela atração material para o elemento fluídico, se apoderam dele avidamente, sem fazer qualquer escolha. Insinuam-se assim com facilidade, tanto no corpo astral como no físico. Não podendo elevar-se na corrente que os engole e arrasta, atraem juntos a personalidade inexperiente que se aproxima demais deles. São ao mesmo tempo germes mórbidos para a alma e para os corpos astrais fluídicos.

Os elementais de todos os gêneros, inimigos dos homens, esperam-nos nestas margens para seduzi-los por mil ilusões, a fim de levá-los à corrente voraz ou despojá-los da energia vital. É um verdadeiro vampirismo.

Eis por que tantos homens, apesar de inteligentes, vêem soçobrar sua razão nas experiências aventurosas de desprendimento consciente ou inconsciente, tais como nas provocadas pela embriaguez do álcool, ou nas mais agradáveis, porém mais profundas, causadas pela ação dos narcóticos.

Vimos logo inúmeros viajantes aventurarem-se na ponte que nos parecia suspeita. Nenhum desastre lhes sucedeu; chegaram sem obstáculo à outra margem e pareceram continuar tranqüilamente seu caminho, mas nós os perdemos de vista, porque uma espessa floresta se achava do outro lado do rio.

Olhei para Henrique; estava persuadido de que seus temores eram vãos. Sozinho, eu me teria aventurado sobre aquele grandioso arco que me maravilhava por suas gigantescas proporções, que ultrapassavam de muito as mais arrojadas produções do engenho terrestre.

Henrique seguia meu pensamento; traçou no ar um signo mágico e a ponte grandiosa mas fantástica ruiu tristemente nas profundezas do rio, produzindo um silvo agudo. As forças que haviam contribuído para a formação dela viram, assim, desfeitos os seus planos. Sentindo a dolorosa contração de seu desabamento, as forças esforçaram-se sem resultado para resistir a esta nova cisão de sua estrutura, tão frágil devido à grande mobilidade de seus agregados.

Fiquei maravilhado.

— Agora, disse Henrique, vou cobrir-te com o manto protetor para que novos prodígios, mais atemorizantes ainda, não te desviem de nosso caminho, pois, meu amigo, aqui o querer é verdadeiramente poder. Se, pois, por qualquer causa, deixas esta força-princípio atenuar-se em ti, mesmo por uma distração inocente, tu te arriscas, num dado momento, a perder a faculdade de acumular em tua alma a vontade necessária no perigo ou ainda na realização de um desejo.

Como vês, é como na terra, mas num grau extremamente superior, como o são as matemáticas transcendentes para a aritmética elementar. Neste mundo astral, nada é pequeno nem desprezível; tudo é grande e conseqüente.

Assim falando, Henrique me havia coberto com as largas dobras de seu manto mágico e eu vi Fael enrolar-se como uma bola, esfregando seu corpo com movimentos estranhos. Logo pareceu-me um fardo acinzentado.

No momento em que íamos elevar-nos acima do rio para atravessá-lo, uma voz lastimosa e suplicante de mulher chegou aos nossos ouvidos:

— Por favor, dizia, bons espíritos, não desampareis uma infeliz de vossa raça, que, com o perigo de romper o fio fluídico (laço vital) que a prende ainda a seu corpo adormecido na terra, tenta ir encontrar sua mãe querida no purgatório, onde ela habita. Aqui cheguei há algumas horas, que me parecem um século, e tenho sofrido tanto com os demônios tão maus, que sou incapaz de me elevar acima deste rio maldito para alcançar a outra margem. Dignai-vos, quem quer que sejais, a estender-me mão benigna!

Olhei para a suplicante; sua beleza era maravilhosa, e sua súplica tocava-me o coração. Inclinei-me involuntariamente para protegê-la com meu manto quando Henrique, repelindo aquela bela criatura lastimosa com sua varinha, que tinha sob a manga, e que eu ainda não havia visto, disse:

— Infeliz!

Instantaneamente ela retomou sua forma monstruosa, que vomitou uma fumaça pestilencial por toda a sua figura e foi, pouco a pouco, diminuindo a ponto de se tornar quase imperceptível...

— É esta, explicou Henrique, a criação fictícia de uma entidade demoníaca, posta ali de propósito para que, aniquilando tua prudência por um momento, não pudesses, a não ser com muita dificuldade, retomar o teu corpo físico. Não me admiraria que Ardol tivesse sido avisado de tuas saídas astrais. É preciso redobrar a atenção e dirigir-nos o quanto antes para os centros habitados da região astral que devemos visitar; e que, de comum acordo, unamos nossas forças para atravessar, num vôo rápido, a corrente monstruosa, cujas emanações são fascinantes, mesmo a uma grande altura.

A floresta pareceu-me inextricável.

— Ilusão ainda, disse Henrique.

E, dirigindo-nos para um caminho conhecido pelo meu amigo que, por prudência e com grande pesar meu, o conservara oculto, descemos na entrada de uma cidade imensa, perto da qual Paris e mesmo Londres seriam consideradas como pequenas capitais.

O manto havia desaparecido.

Henrique e eu, seguidos de Fael, que retomara sua forma gigantesca, deslizamos pelas ruas magníficas e largas, ladeadas por edifícios que me causaram espanto com suas enormes proporções e pela maravilhosa ordem de seu estilo arquitetônico.

Os bairros sucediam-se uns aos outros e cada um deles tinha sua particularidade.

Nosso passeio foi longo, e feito com tamanha pressa que não pude examinar muito bem o que se nos deparava na passagem.

Achei-me numa cidade análoga às grandes capitais terrestres; esta analogia era marcante; homens e animais percorriam as ruas;

havia ali seres cuja existência é desconhecida pelo nosso planeta. O que me chamou sobretudo a atenção foi a grande diversidade de trajes; havia-os de todas as épocas; isso dava um aspecto pitoresco à multidão que se agitava febrilmente, indo e vindo na cidade imensa.

Quase todos caminhavam como na terra, porém em passo muito mais ágil. Os próprios velhos andavam com passo firme e seguro. Havia homens que, como nós, deslizavam levemente pela superfície do solo; outros, mais raros, atravessavam o espaço num vôo rápido, elevando-se muito acima dos tetos mais altos.

Enfim, umas espécies de hipogrifos ou pégasos levavam na garupa pessoas cujo rosto não se podia distinguir. Nuvens de vapor, quase sempre perfumadas, cobriam-nas com seus contornos móveis e cambiantes.

— Estes viajantes invisíveis, explicou Henrique, são entidades superiores pertencentes a uma região mais elevada, a região de **Rupa-Loca**, espécie de paraíso que todos nós um dia alcançaremos após a purificação de nossos corpos astrais, cujo estado grosseiro nos impede de aí penetrar. Nas fronteiras de **Rupa-Loca** só há as ilusões que levam ao bem. Os elementais dessas regiões felizes, apesar de participarem ainda dos sentimentos e sensações humanas, são favoráveis aos homens, de quem recebem mil benefícios, e são bastante adiantados para saberem que se encarnarão por sua vez nos planetas materiais e densos onde os homens, com os quais se acham em relação, serão mais tarde seus protetores ou anjos guardiães.

— Ah! exclamei. Podemos visitar esse paraíso?

— Dificilmente! Mesmo no meu caso, para ir viver lá ser-me-á ainda necessário sofrer uma segunda morte... É o que se dará em breve, e dou graças à Providência.

Depois, vendo que suas palavras me entristeciam, acrescentou:

— Mas ainda assim virei ver-te no **Cama-Loca**, nas tuas saídas astrais; porém, ainda falta muito tempo para que isso aconteça e eu devo fazer uma nova aprendizagem desse estado futuro. Ignoro tambem quais serão as funções que me estão reservadas... Vamos, agora, encontrar o Sr. G. de Mauriant; ele foi avisado de nossa chegada e se sentirá feliz em conhecer-te. Este amável escritor deve ficar muitos anos ainda no **Cama-Loca**: é necessário que ele cumpra aqui, numa vida absolutamente semelhante, em sensação, à vida incorporada, o tempo que deveria viver na terra se suas imprudentes investigações no plano astral inferior, proporcionadas pelo uso de diferentes narcóticos, não tivessem rompido, antes da hora, o fio de sua existência corporal.

Não faças jamais alusão a este acontecimento cruel, que o fez sofrer horrivelmente. Basta a recordação de suas lutas homéricas para recobrar a vida, para desalojar de seu corpo os maus espíritos que tinham se apoderado dele, para causar-lhe uma angústia mortal, perturbando, ainda que momentaneamente, seus órgãos fluídicos ainda muito materiais! Pobre G. de Mauriant! Felizmente, quantos amigos benevolentes o cercaram. A vida aqui lhe é suave, pois ele pecou apenas por uma curiosidade natural e não perversa.

Percebi que subíamos uma rampa escarpada, depois de termos atravessado grandes culturas, uma espécie de **Bois de Boulogne**, cinco ou seis vezes mais vasto que o de Paris.

— Vamos à cidade alta, disse Henrique. Aí mora o Sr. de Mauriant, num palácio oriental que lhe cedeu um amigo de uma outra época. Mas, na medida de sua riqueza fluídica e de sua ciência arqueológica, melhorou consideravelmente este palácio, feliz por pensar que seu sucessor gozará aqui das comodidades que introduziu.

— Espero, observei, que me explicarás os atos pelos quais o homem herda estes palácios, e qual o poder que os constrói.

XXXIII

Íamos atingir a cidade alta quando reconheci dois jovens conhecidos meus que haviam se suicidado há pouco tempo e na mesma época. Um, Miguel D., muito apaixonado por uma beldade que o desdenhava, envenenara-se. O outro, perdendo toda a sua fortuna, abandonara covardemente a luta, deixando uma tia enferma, que o havia cuidado desde pequeno, na mais penosa miséria, pois ela esgotara seus últimos recursos para o sustento de seu querido sobrinho.

Henrique conhecia também estes infelizes, mas menos intimamente do que eu, que convivia com eles em Paris, quando estudantes.

Paramos perto deles e dei-me logo a conhecer.

— Quê?!, exclamou Miguel, deixaste a terra, meu caro Dosset? Estás aqui em boas condições pelo menos? Certamente sou apenas um miserável infeliz, mas o pouco que poderei fazer por ti fá-lo-ei com alegria; será para mim até um favor poder ser útil para alguma coisa...

E Miguel pôs-se a soluçar. Abracei-o. Ele contou-me rapidamente, à maneira dos espíritos, as misérias de sua posição, que ele achava, de resto, muito justas por seu ato desleal para com a sociedade em cujo meio encarnara, e isto por uma tola vaidade.

— Pois, meu caro Roberto, disse ele, o sentimento real que me levou ao suicídio foi o despeito de ver Clarisse preferir um imbecil, mais rico do que eu. Perdi a cabeça sob o ilusório pretexto de amor profundo. Aqui entre nós, Clarisse era apenas uma viciada e bem conhecida no mundo da prostituição. Minha vaidade, meu egoísmo e meu amor-próprio cegaram-me e desertei do posto do dever... Ah! mulheres horríveis... Mas não... a culpa foi apenas de minha pobre tia!

Há pouco tempo estou aqui. Durante longos anos, fiquei ainda na terra, percorrendo os lugares onde eu vivia; soube muita coisa sobre meus contemporâneos, amigos e inimigos e, muitas vezes, corei de cólera vendo-me ridicularizado especialmente por aqueles a quem eu mais estimava. Sofri todas as torturas, desde a fome até os renovados desejos físicos de todo gênero, que eu não podia satisfazer senão raramente, e com esforços inauditos.

Na vida corporal o excesso de sofrimento produz a morte, ao passo que em meu estado, produz apenas desmaios mais ou menos prolongados, dos quais voltava para sofrer novamente o mesmo martírio.

Uma vez, fui levado a apoderar-me do corpo de uma jovem sonâmbula espontânea, de costumes levianos, para ver se assim atenuava meus sofrimentos físicos; mas um protetor desconhecido, que revejo em meus momentos de crise, fez-me compreender como era odioso o roubo de um corpo humano, possuído ainda por uma pessoa viva. Isto de resto acarreta graves inconvenientes ao miserável ladrão.

O segundo jovem havia se afastado durante esta conversa. Aproximei-me dele; estava envergonhado e ocultava com dificuldade, sob um traje em farrapos, o corpo carcomido de úlceras.

Era apenas um visitante momentâneo desta região. Miguel, por um esforço violento, conseguira arrastá-lo, por algumas horas somente, para aquele lugar.

Aquele, a quem chamarei Adriano, habitava as baixas regiões do **Erebo** e, algumas vezes, era forçado a voltar à superfície do planeta para ver, sem poder socorrê-la, a sua pobre tia a lutar com as dores físicas, privada até do indispensável para viver, e não tendo para o infeliz sobrinho senão ternos arrependimentos. Todas as vezes que a nobre senhora orava pela alma de Adriano, este se aproximava dela, e o remorso que sofria em presença de tanta bondade era o seu maior suplício, que lhe torturava o coração e obrigava-o a voltar ao lugar onde covardemente abandonou o corpo, o que lhe faz lembrar os horrores do suicídio...

Minha comoção foi tão grande que me senti desfalecer.

— Oh!, exclamei. Se os homens soubessem, quão poucos se dariam a morte!

Henrique e Fael tornaram a cobrir-me com o longo manto e não vi mais nada, mas estava todo trêmulo.

Enfim chegamos diante de uma magnificente habitação oriental.

Mauriant, em trajes orientais, estendeu-nos os braços.

XXXIV

— Bem-vindo sede, Sr. Dosset, feliz mortal que, sem perigo, penetrais nestas longínquas regiões.

E Mauriant levou-nos a uma grande sala guarnecida e mobiliada luxuosamente. Sentamo-nos em macios divãs ornados de brocados com grandes ramagens, como na terra. Trouxeram-nos refrescos e frutos saborosos. O serviço era feito por criados de nossa raça que, chegados ao **Cama-Loca**, se julgaram felizes por servir a Mauriant, junto ao qual gozavam de uma grande paz e usufruíam, sem muitos trabalhos, os confortos de uma vida luxuosa, que nunca teriam alcançado apenas por seu poder fluídico.

Mauriant tomou-me afetuosamente as mãos.

— Vamos tornar-nos grandes amigos, não é, Roberto? Devemos colaborar juntos em trabalhos literários que possam levar o homem a preocupar-se mais seriamente com o futuro da alma, da vida do além, desconhecida e mesmo negada por muitos. Henrique de Montzag, nosso amigo, que me prestou pessoalmente numerosos favores no tempo de minha horrível catástrofe...

E, a essa lembrança, tornou-se pálido e trêmulo. Toda a sua pessoa pareceu encurtar-se, encolher-se (as emoções do estado fluídico produzem sempre este resultado).

— Não falemos disso, Mauriant, interrompeu Henrique. Sim, eu pensei que vós seríeis úteis à instrução dos homens, reunindo vossos esforços comuns neste fim.

— Sinto-me muito feliz em poder, nesta ocasião, servir para alguma coisa — disse Mauriant, levantando-se e tirando de uma vasta secretária uma volumosa pasta — eu já tenho uma quantidade imensa de anotações tomadas ao natural, entre as quais se encontram aventuras que me são próprias, e recolhidas, posso bem dizer, entre dois mundos, pois por muito tempo percorri, invisível, a superfície do globo terrestre e o **Erebo**; há também as peripécias da minha vida nesta região, na qual me demorarei mais ou menos tempo, conforme as circunstâncias e as missões que me forem atribuídas, antes de retomar minha prisão de carne. Oh! sim, meus amigos, eis o pensamento que me atormenta e me lança uma sombra sobre a vida feliz que eu levo neste verdadeiro palácio, presente de um protetor das grandes alturas espirituais; sua imagem é reproduzida por toda parte aqui, pelo efeito de meu pensamento reconhecido.

E Mauriant no-la mostrou impressa no centro dos principais ornamentos, constituindo de certa forma parte integrante deles.

Era uma cabeça de homem ainda moço e muito belo, de uma distinção que poucos homens possuem na encarnação.

— Vosso retrato será mais tarde colocado junto deste, disse Henrique, pois eu sei que aspirais a tornar mais agradável ainda ao vosso sucessor a obra desta grande alma.

— É justamente o contrário que acontece, muitas vezes, na terra, opinei, pois geralmente as pessoas invejam os herdeiros.

Lancei um olhar curioso sobre a pasta de anotações que nosso anfitrião abrira a nossos olhos; notei dois títulos de romances, inscritos numa capa ou pasta contendo já muitas folhas.

— Isto, disse Mauriant, são materiais que pus em ordem para submeter à vossa opinião; serão, se quiserdes, as primeiras obras de nossa colaboração.

Henrique leu em voz alta:

— **O Criador de Jonatan** e **Os Infernais.**

— Bons títulos, não é verdade? perguntou Mauriant.

— Excelentes, sem dúvida, e vossas notas utilizadas, por um escritor de vosso talento, não deixarão de tornar verdadeiramente interessante a leitura destas obras.

Conversamos demoradamente sobre o nosso trabalho futuro; ficou combinado que, depois da partida de Henrique para o seu céu, G. de Mauriant se corresponderia regularmente comigo; escreveríamos juntos, e eu me encarregaria da parte material da execução; em seguida eu me desprenderia e iria, acompanhado por Fael, encontrá-lo nos confins do **Cama-Loca**, ou no Oratório de Belzeth.

Depois de visitar o palácio e seus grandes e belos jardins, despedimo-nos de nosso hospedeiro.

No dia seguinte, e nos três outros subseqüentes, foram à casa de Mauriant, a fim de conferenciar com ele sobre a colaboração futura, em que eu me interessava tanto mais quanto eu já destinava, em meu espírito, seus possíveis benefícios à formação de uma biblioteca espiritualista ao alcance de todas as inteligências e de todos os bolsos.

Minhas visitas consecutivas ao meu novo amigo deram-me a oportunidade de experimentar ainda melhor o plano astral que devíamos percorrer para chegar até ele.

Os elementais que formam, por assim dizer, a população autóctone desta região, têm a imaginação fértil das mais engenhosas astúcias para enganar os homens em forma astral, e seria preciso um volume à parte para descrevê-los parcialmente, o que se pareceria com uma coletânea de contos de fadas... Entretanto, eu poderia, mais tarde, consignar alguns num outro volume de meus escritos.

Aproximava-se já a partida de Henrique; alguns dias apenas separavam-nos da hora triste da despedida.

Mauriant convidou-nos para uma festa que se devia celebrar em seu palácio na noite seguinte. Aceitei o convite com alegria, tanto mais que iríamos encontrar pessoas conhecidas que habitavam as diferentes altitudes do **Cama-Loca**[1] e alguns mesmo habitavam no **Rupa-Loca**[2], e iriam à festa que Mauriant oferecia em nossa honra.

— Uma vez que terminastes vosso trabalho preliminar com Dosset, disse Henrique a Mauriant, na próxima noite ficarei com meu amigo. Vou levá-lo à cidade e imediações, a fim de que ele possa ter uma idéia mais nítida do meio em que vive seu colaborador.

XXXV

Assim é que, na véspera da festa dada em casa de G. de Mauriant, que devia ser a última noite de minhas peregrinações no astral com meu querido Henrique, este veio apanhar-me cedo no meu quarto, acompanhado por meu servo gigante, a quem comecei a estimar por causa de sua boa natureza e também pelo liame intelectual que minha companhia lhe proporcionava.

---

(1) Este termo sânscrito, repetimos, exprime o mundo do desejo e da paixão dos gostos terrestres não-satisfeitos. É a morada dos espíritos dos elementares, fantasmas e suicidas. — Ernest Bosc, **Dicionário de Orientalismo, de Ocultismo e de Psicologia**, 2 vols., in-12, com ilustrações. Paris, Chamuel Ed., 1896.

(2) Este termo sânscrito exprime o mundo das formas, isto é, das sombras mais espirituais que as que habitam o **Cama-Loca**. Estas sombras possuem uma forma e objetividade, mas não substância.

Atravessamos, como viajantes experimentados, as diferentes camadas do astral que nos separavam dos confins do **Cama-Loca**. Em cada passagem do rio pérfido, os obstáculos aumentavam. Naquele dia, uma noite espessa cobria as margens a uma tão grande distância que eu pensava haver me enganado de caminho e descido às partes baixas do **Erebo**, que eu não havia percebido a não ser de muito longe. Gritos, ribombos ensurdecedores, roçaduras sinistras nos rodeavam e eu senti um torpor glacial invadir-me. Se eu não tivesse sentido a mão de Henrique na minha, me julgaria perdido, e vítima de minha temeridade por ter vindo a essas terríveis latitudes astrais.

É evidente que, sem protetor, este efeito físico sobre meu corpo fluídico teria provocado uma ruptura do laço vital que me ligava ao corpo material. Compreendi, então, com terror, que Henrique e Fael lutavam para defender-me. Tive vergonha de minha inação, e meu esforço, em que pus toda a minha vontade, produziu uma tênue claridade na noite profunda que nos encerrava. Vi meu pobre Fael reduzido à metade de sua alta estatura. Grandes tufos de pêlo lhe haviam sido arrancados do corpo; pelos ferimentos que havia recebido em nossa defesa, escapava uma leve fumaça, uma espécie de vapor; era o fluido vital do pobre gigante. Corri a ele e, formando com minha vontade, excitada ao mais alto grau, uma forma gigantesca que eu manejava com ambas as mãos, assim como faziam os valentes cavaleiros da Idade Média com seus cutelos imensos, pus em debandada legiões de larvas, àquela noite fortíssimas para sair da corrente e nos atacar.

O ruído da nossa luta atraíra outras entidades que, como nós, atravessavam o mesmo rio. Vinham trazer-nos socorro, o que nos permitiu chegar, sem outras aventuras aborrecidas, à grande cidade pré-histórica de que fala a Bíblia e que existiu antes do Dilúvio. O nome desta cidade significava a "Vitoriosa das grandes serpentes"; é a melhor significação que dela posso dar em nossa língua.

Dirigimo-nos desta vez para o centro desta vasta cidade, onde se achava um grande lago, cujas águas eram bastante densas para permitir aos habitantes semimateriais deslizarem em sua superfície, utilizando para isso calçados de solas grossas que tinham fixas no centro uma espécie de rodinha, a qual, enterrando-se na água, dava estabilidade a quem as calçava.

Poderia dar aqui inúmeros detalhes sobre o modo de vida dos seres que observei nesta grande cidade e nos arredores, mas penso que, não podendo dar provas de minhas asserções, me arriscaria a ser considerado um simples mistificador. Limito-me, pois, a dizer resumidamente, sem mais explicação, quais os meios utlizados neste país, em diversas circunstâncias, meios que minha breve estada nessa localidade do **Cama-Loca** me permitiu observar.

Fizemos como os habitantes: atravessamos o lago por meio dos referidos calçados. Podíamos obtê-los dos comerciantes, em troca de qualquer objeto que, por nosso talento ou poder, podíamos criar.

Isto se fazia muito depressa. Notei que Henrique tinha uma especialidade: a de produzir, magneticamente, fitas de todas as espécies; mas eu achava que, sendo ele tão hábil em produzi-las, era todavia parcimonioso na quantidade que oferecia.

Perguntei-lhe a razão. Respondeu-me:

— É muito simples. Toda coisa aqui é produzida pela vontade esclarecida, pelo saber, pelo nosso fluido vital, que atrai, escolhe e aglomera os materiais contidos no ambiente; algumas vezes mesmo os elementos necessários se acham a uma grande distância do operador. Neste caso é necessário um grande dispêndio de forças. Acontece muitas vezes que a atração pela qual as adquirimos é combatida; os obstáculos quebram a corrente magnética e a obra falha. Como vês, assemelha-se com os esforços tentados pelos humanos na terra para realizar seus desejos em qualquer ramo de arte ou da indústria; mas, na terra, o dinheiro, este grande corruptor, substitui muitas vezes o esforço pessoal e impede o homem de empenhar-se em desenvolver suas faculdades mentais para obter a satisfação de suas necessidades e desejos.

— Ah!, atalhei, creio que tal é o sonho dos anarquistas; a produção de um trabalho ao alcance de sua inteligência que seria trocado segundo suas necessidades diárias, sem previsão nem provisão para o futuro.

— Sim! confirmou Henrique. O que é aqui a lei comum torna-se uma utopia no plano terrestre. Sem dúvida, um coração generoso levou em seu mental, ao voltar para o nosso planeta, a recordação da vida no **Cama-Loca,** onde cada um deve ser auto-suficiente e, para isso, trabalhar em uma via para a qual sua inclinação o torna hábil, a fim de fornecer aos outros o que eles não podem realizar com os materiais abundantes que a Providência põe sempre ao seu alcance.

— Que farei? perguntei a meu amigo. Sou bom músico, mas isto não é, talvez, um prazer que se possa comprar aqui!

— Desculpa-me, caro Roberto; eis-nos chegados à outra margem do lago. Experimente os teus meios.

— E meu violino?

— Tens um excelente na terra; sua imagem ou antes seu duplo fluídico pode ser evocado pela vontade; ele está embebido há muito tempo de tuas emanações, tu o obterás facilmente.

Não me persuadi a princípio da possibilidade de alcançar o espectro de meu instrumento. Fiquei indeciso um momento. Todavia, eu o imaginava dentro de sua linda caixa, sobre o consolo do salão. Era ali que eu me lembrava de tê-lo deixado na véspera.

Henrique e Fael esperavam, olhando-me com um arzinho de mofa. Um tanto espicaçado e arriscando a fazer falhar minha tentativa, apelei para uma grande força de vontade.

De repente, o instrumento apareceu por cima de nossas cabeças e desceu suavemente aos meus braços!

Não posso descrever minha alegria pela realização deste desejo.

Depois, meu entusiasmo arrefeceu, pois comecei a pensar se o violino em duplo astral possuiria o poder de vibrações que o caracterizava. Tomei o arco que viera também e preludiei. Oh, maravilha! Melodiosos acordes escaparam do instrumento fluídico, e eu me tornara um executor de primeira ordem. Logo, transportado por minha improvisação, esqueci-me de tudo o que me cercava e elevei-me acima do solo a uma grande altura; a harmonia me embriagava, a voz de Henrique chamou-me à realidade e vi então um curioso espetáculo: uma multidão de seres minúsculos turbilhonava em torno de mim. Tornavam, por seus gestos e atitudes diversas, visíveis os pensamentos que eu acabava de exprimir através de meu violino! As cenas que eu quisera pintar estavam ali vivas diante de mim, depois sob meus pés. Uma grande multidão afluiu à beira do lago para me ouvir, e aplaudia-me freneticamente. Cada qual me oferecia à vontade a hospitalidade ou o objeto que eu desejava, em agradecimento pela alegria que eu lhe havia proporcionado. Parecia mesmo que eu acabava, sem o saber, de suavizar os sofrimentos físicos daqueles infelizes cidadãos, cujo mental o som do meu violino pôde desviar de sua preocupação constante e, por este meio, libertá-los.

Eu estava mais maravilhado do que as pessoas que me rodeavam; mas uma lassidão que ameaçava aniquilar minha vontade apoderou-se de toda a minha pessoa. O caso estava previsto por meus companheiros; eles me haviam deixado agir apenas para instruir-me sobre as conseqüências de todas as coisas ali.

— No astral, explicou-me Henrique, amparando-me por meio de Fael, que a emoção admirativa e todas as sensações violentas haviam diminuído, os esforços e as realizações da vontade podem elevar-se a uma potência desconhecida na corporeidade, mas elas não são menos limitadas pelo organismo fluídico que, se não fosse prudentemente proporcionado, se romperia sob a força do excessivo poder. Produziste um efeito grandioso, caro Roberto; consolaste e mesmo curaste, mas teu dispêndio vital foi tão grande, que não deves produzir mais nada durante longo tempo.

A multidão, respeitosa, retirou-se sem curiosidade, nem obsessões. Fechei os olhos e tive uma síncope. Quando os reabri estava num lindo jardim; eu estava deitado num grande canapé de junco, sob um cheiroso caramanchão de laranjeira de cujas flores o solo estava juncado.

Sentado numa cadeira de balanço, Henrique conversava com uma jovem. Não me lembrava dos traços desta pessoa, mas tinha a certeza de conhecê-la. Sua voz, sobretudo, produzia um eco em meu coração. Levantei-me para observá-la melhor, porém ela, vindo até mim, e ajudando-me graciosamente a sentar-me, disse:

— Vejamos, meu caro Sr. Dosset, tendes a memória tão curta?

Dizendo isto, aproximou a face risonha de meus lábios.

— Francamente, nem todos têm, como vós, o dom de entrar e sair do purgatório à vontade. Por isso, esta vossa criada, e fez uma reverência de criadinha de teatro, está no posto fixo, neste lugar, há dois anos...

Aquela que me havia falado tinha sido, durante alguns anos, o ornamento do bairro latino. Depois, um belo dia, emigrara para a margem direita, onde havia demorado muito tempo. Era demasiado boa para saber manobrar com os clientes do bairro rico. Era do Sul, de olhos perturbadores que, como tantas outras, me havia atraído por sua graça especial e sua natural bondade.

— Morreste, então, Joli Bec?! perguntei-lhe tomando-lhe afetuosamente as mãos e tratando-a pelo nome da intimidade.

Todavia, eu estava pensando, surpreso, em como essa personalidade, que vivera no vício e na ociosidade, parecia gozar de uma existência feliz!

— Ah! vejo teu pensamento, Roberto, disse ela tristemente, recomeçando a tutear-me como outrora. Eis os homens com sua visão estreita e seus julgamentos temerários. Felizmente, o Criador, nosso Pai, pesa-nos em outra balança que não a vossa!...

Depois, apagando com um sorriso a amargura de suas palavras, acrescentou:

— Ora, eu sou má. Como se fosse possível escapar à influência do meio... Na terra costuma-se pôr no mesmo cesto frutos de proveniências diversas, mas aqui faz-se a escolha. Assim como há maçãs e maçãs, assim também há filhas do prazer e filhas do prazer!

XXXVI

Neste momento, ouviu-se o tilintar de um pequeno guizo e, quase ao mesmo tempo, saltou aos meus joelhos um cãozinho de raça bastarda e andar desgracioso.

Reconheci-o imediatamente; vira muitas vezes esse pobre animalzinho descadeirado num acidente em casa de Joli Bec.

— Ora, veja! — disse, acariciando-o, está também aqui, Negus?!

O animal lançou um olhar amoroso para sua senhora, que o tomou nos braços, cobrindo seu focinho de beijos.

— Encontramo-nos novamente! Gosta tanto de mim... disse Joli Bec. Não nos separaremos nunca mais... Quando eu tiver necessidade de retomar o invólucro carnal, poderei novamente levá-lo comigo, meu fiel amigo!

O animal como que compreendia sua dona; verdadeiras lágrimas corriam de seus olhos e seus ganidos tinham entonações afetuosas.

— Foste tão boa para Negus, acrescentei. Lembro-me de teres desagradado teus amigos e amigas, renunciando a assistir a **Teodora,** num camarote onde a tua deslumbrante **toilette** teria atraído as mais calorosas homenagens, porque aquela noite estavas verdadeiramente fascinante, e sabias muito bem disto; mas no momento de subires para o carro, viste rolar na neve um pequeno ser ensangüentado que não tinha forças nem para latir. Precipitaste-te para ele e, tomando-o delicadamente nos braços, maculando de sangue a elegante peliça malva, recolheste-te imediatamente ao quarto para lhe dar pessoalmente os primeiros cuidados. Recusaste absolutamente acompanhar-nos à **La Porte Saint-Martin.** Estávamos todos furiosos contra o infeliz cão que nos privava de tua presença. No fim de nossas solicitações, saímos sem vós e, durante oito longos dias, nenhum de nós vos reviu. Ficaste em casa a cuidar do cão, no qual um veterinário havia posto um aparelho... Por ocasião da minha primeira visita, estavas como sempre graciosa, mostrando-me o teu protegido.

— Que lindo, não é? disseste.

— Ah! como está feio! objetei. Dá-o à tua lavadeira que perdeu o seu; eu te trarei um outro digno de ser acariciado por tuas belas mãos. Será um animal de raça...

— Não, obrigada, respondeste. Este gosta de mim, é fiel e já nos compreendemos...

Quando o cão ficou completamente restabelecido, deste em tua casa uma festinha e, como o assunto do dia era Negus, batizamos o teu totó com este soberbo nome.

— Vou terminar a história, meu caro Dosset. Quando tive a sorte de deixar a terra, ceifada rapidamente por uma pneumonia...

— Que apanhaste quando foste socorrer uma amiga pobre, interrompeu Henrique.

— Psiu! Montzag, essas coisas não se contam!... Pois bem. Até meu último gemido Negus não saiu dos pés de meu leito! Quiseram obrigá-lo a sair; foi então que ele, tão dócil, mordia; Negus lambia-me constantemente as mãos e meu último olhar, depois de haver beijado o crucifixo, foi para o meu pobre cãozinho que eu deixei órfão. Pedi a uma amiga que não o desamparasse... Mas a vida das mulheres como nós, continuou ela, suspirando, é cheia de imprevistos. Clara, tão boa, tinha um amigo brutal que não podia suportar Negus.

Depois de morta, eu vinha freqüentemente à casa de Clara e era testemunha da dor sincera de meu cachorrinho pela minha falta... Ele estava sempre a se lembrar de mim... Crê, Roberto, que não pensei mais em minha triste posição, nem em meu corpo fluídico dolorido e fraco, mas unicamente no sofrimento de meu Negus. Enfim, eu orava ao bom Deus pelo único ser que me havia realmente amado na terra!

Um dia, o animal me viu! Sua alegria foi tão grande que, esgotado pela falta de alimento (Negus recusava tudo que a criada lhe dava por ordem de Clara), sucumbiu a esta alegria extrema! Vi-o sair repentinamente de sua bainha de carne e arrastar-se para mim. Eu estava encantada; Deus ouvira a minha prece!

Uma voz suave murmurou ao meu ouvido: "Minha filha, o amor que vem do coração é a grande magia; leva Negus contigo." Assim, eu e o cão fomos transportados para cá. Vi, então, o protetor desconhecido que me havia falado... Acreditei, por um instante, que fosse o Salvador, tão poderosos eram os raios de luz que emanavam de sua pessoa. Prostrei-me cheia de reconhecimento e arrependimento por meus pecados...

— Eu não sou quem julgas, minha filha, mas apenas um de seus fiéis mensageiros. O Divino Mestre disse: **Muito será perdoado a quem**

muito amou, sem egoísmo. Ele te dá por mim esta habitação; ela é tal como a desejarias se a produzisses. Um sono suave vai se apoderar de teu ser fluídico, durante o qual serás instruída sobre tua nova condição de existência. Negus partilhará teu repouso contigo. Ao despertar, te tornarás capaz de novos conhecimentos, para exerceres a caridade em nome de Jesus, entre as numerosas classes do **Cama-Loca,** mais miseráveis, talvez, que os mais infelizes mortais, pois há, sobretudo, entre eles sofrimentos morais e mentais.

E, fazendo-me repousar num leito, com meu cão nos braços, o anjo fez-me mergulhar num delicioso sono... Eis-me, agora, usufruindo desta bela vivenda, onde correm felizes os meus dias.

Apertei a mão de minha hospedeira. Sua história interessara-me intensamente e derramei lágrimas de enternecimento.

XXXVII

— Quereis julgar por vós mesmos a triste posição de algumas pessoas nas regiões baixas do **Cama-Loca?** Proponho-vos esta triste visita, Sr. Dosset, porque vosso amigo me disse que vos achais entre nós para estudar esta parte do plano astral.

— Com muito gosto, cara senhora, eu vos seguirei até aqueles a quem levais vosso socorro.

Acompanhados por Fael e pelo inseparável Negus, que ainda claudicava um pouco, todos três deslizamos, a alguns metros do solo, sem nenhum esforço físico, cerca de uma hora terrestre, e aterramos numa parte paludosa coberta de juncos e de arbustos acaçapados e rodeados de espinheiros gigantes que lhes entravam o crescimento.

Umas nuvens pesadas e cinzentas roçavam o solo. O clima era úmido e frio e uma espuma viscosa e negra forrava as choças de junco espalhadas aqui e ali, desordenadamente, junto aos charcos infectos.

Havia apenas uma claridade, suficiente apenas para poder ver o que estava à frente.

Joli Bec trajava um hábito monástico. Perguntei-lhe o motivo.

— Graças a este hábito, respondeu, meus conselhos são escutados e seguidos; estes pobres ignorantes estão ainda sujeitos aos preconceitos terrestres, que julgam a virtude pelo hábito que se leva. Eles me desprezariam e zombariam de minhas instruções se pudessem reconhecer a estudante leviana do bairro latino...

Joli Bec entrou numa daquelas miseráveis habitações em companhia de Negus, que passou na frente. Este foi entusiasticamente recebido por dois seres que estavam deitados num catre.

— Ah! Aqui está o cão! Sua dona não tardará a vir cuidar de nós...

Joli Bec sorriu e com sua doce voz (pois estes seres pouco intelectuais necessitam de uma linguagem articulada para compreender os pensamentos de outrem) disse-lhes:

— Caros amigos, tive visitas e por isso demorei. Mas sereis largamente recompensados pela bondade de meus visitantes que me acompanharam até aqui.

Percebi então que as pessoas deitadas diante de nós eram cegas e estavam cobertas de chagas horrendas.

Sentindo-se observados, o marido e a mulher soergueram-se em seus leitos e procuraram tocar-nos. Apesar de minha repugnância, esforcei-me por superá-la, estendendo-lhes a mão.

— Não faças isso, acudiu Henrique. O pensamento deles é pérfido; esperam, pelo tato, absorver bastante de teu fluido para recobrar a vista. Se este fato se desse, antes de terem atingido uma melhora em sua condição física, seriam extremamente maus como foram na terra em várias encarnações sucessivas; atormentariam aos mais fracos e seu fluido se tornaria tão deletério que a boa moça que os auxilia seria incapaz de vir em seu auxílio. Enfim, estes miseráveis pecadores seriam mergulhados, em conseqüência de sua maior degradação, no **Avitchi** ou inferno, por uma eternidade!

Recuei com horror.

Henrique, com um gesto enérgico, restituiu-lhes a vista por alguns intantes. Imediatamente levantaram-se e puseram-se a procurar uma saída por onde escapar; mas este momento tinha sido previsto por Fael que, armando-se de uma enorme clava, pôs-se diante deles defendendo a porta.

— A luz é bela para vossos olhos condenados à completa escuridão! disse-lhes Henrique.

— Ah! sim, senhor! E nós vos rendemos graças por no-la terdes restituído! Sois um santo! Dizei-nos vosso nome para que possamos chamar por ele, quando estivermos em necessidade.

— Eu não sou um santo, mas minha paciência em suportar as penas da existência terrestre deu-me o poder de vos aliviar, se merecerdes: tornai-vos melhores e vossos olhos se abrirão para sempre.

— É um feiticeiro, cochichou a mulher ao ouvido do marido. Ganharias mais escutando a mãe Sabu, a feiticeira. Por um pouco de dinheiro, ela nos teria ensinado suas manhas com o diabo e não estaríamos metidos nesta miserável prisão. Ah! se eu pudesse ficar em minha casa!

— Vossa casa não é aqui, atalhou Henrique. Estais longe da terra e mortos há muito tempo, há mais de vinte anos!

— Ah! isto é demais, amigo, retrucou a mulher, injuriando Henrique que, com um gesto, tornou novamente cego o par hediondo.

Joli Bec pôs ao alcance de suas mãos um alimento substancial e fez-lhe alguns passes magnéticos que os adormeceram. Este era, para aqueles infelizes, o melhor alívio.

Deixamos aquela horrível pocilga.

Nossa hospedeira empalidecera e parecia abatida. Henrique tomou-lhe a mão e, graças a esse simples contato, ela recuperou as forças que acabara de prodigalizar tão generosamente àqueles pecadores...

— Eles eram felizes na terra, disse Joli Bec. Eram proprietários de uma grande e rica fábrica na qual faziam trabalhar, além da medida e por um salário irrisório, os operários, pais de família que não tinham com que sustentar os filhos. Exploravam igualmente os jovens que trabalhavam na fábrica. Um dia, por falta de um reparo urgente que por sua avareza protelavam sempre, deu-se uma explosão que causou a morte de um homem na força da idade, pai de seis filhos e cuja mulher era cega. Estes maus proprietários regatearam a indenização que lhes fora movida e a pobre família morreu na mais horrorosa miséria!

Visitamos sucessivamente muitas dessas infelizes cabanas, bem como outras moradias em ruínas, feitas de madeira, de pedra ou de pau-a-pique.

Em cada uma delas se achavam desencarnados, mais ou menos sujeitos a rudes expiações. Joli Bec confortou a todos, conforme suas necessidades e capacidade intelectual. Por nosso lado, tivemos a alegria de juntar nossos dons aos seus.

Muitas cenas curiosas se passaram sob nossos olhos, variantes das que acabo de escrever. Todavia, uma merece atenção e é ao mesmo tempo lastimável e burlesca.

Atraiu-me a atenção uma vivenda de bela aparência situada numa baixada, e surpreendeu-me ver que nossa hospedeira fez um grande desvio para evitar passar diante dela.

— Por que, perguntei a Joli Bec, evitas esta casa que parece confortável, em comparação com aquelas sórdidas casas que acabamos de visitar? Sem dúvida, as pessoas que habitam são bastante felizes para dispensar teu benefício?

A boa moça sorriu.

— De fato, respondeu-me, as duas criaturas desencarnadas, habitantes desta vivenda aparentemente confortável, têm os objetos de primeira necessidade, os únicos que posso proporcionar aos mais fracos que eu. Seu gênero de sofrimento lhes é próprio e a minha influência é nula; por isso evito aproximar-me deste lugar de discórdia, cujas vibrações me são sempre dolorosas; todavia, como tenho hoje a vantagem de estar acompanhada por vós e pelo sábio Montzag, tentarei fazer desviar um pouco a interminável disputa da Sra. Bourguemastre e de Dorotéia, sua inseparável camareira. Na vida terrestre, estas duas pessoas se detestavam, porém, necessitando, por causas diversas, uma da outra, viviam em contínua discórdia. A senhora, rica, vaidosa, estúpida, escrava dos sentidos materiais, tinha constantemente necessidade da condescendência da serva, fora do que lhe devia em favores comuns. A criada astuta, filha de rústicos parisienses, explorava, há muito, gratuitamente, os vícios da Sra. Bourguemastre, esposa de um velho ricaço de Marselha e posteriormente viúva, cuja fortuna mal adquirida se consumia em prodigalidades para os aduladores e obsequiosos de toda espécie, que formavam a sociedade da rica viúva. O tempo trouxe não a moderação de seus desejos, mas a fadiga física, e ela tornou-se cada vez mais escrava de Dorotéia que sabia fazer-se indispensável. Esta moça, má e interesseira, afastou habilmente os parentes e amigos de sua senhora, e começou a vingar-se de seu desprezo e vaidade. Tornou-se feroz tratando sua senhora como a uma criança que, devido às contínuas admoestações, tornou-se completamente idiota. Um dia, o bom estômago, de que a natureza dotara a senhora, ficou tão perturbado pelas indigestões contínuas que foi necessário ir a Vichy, cujas águas são célebres para esta espécie de doença. Em sua última viagem, o trem descarrilhou e os corpos de ambas as viajantes se desfizeram em pedaços... Depois de um lapso de tempo assaz considerável, passado em estado de horrível pesadelo, despertaram as duas almas e viram aquele choque tremendo que lhes havia causado a morte e as horas ainda mais cruéis durante as quais se haviam dolorosamente desprendido de seus corpos mutilados. Elas se encontraram neste lugar ligadas uma à outra por um laço que detestam e fazem os esforços mais enérgicos para o romperem... mas, em vão!

— Vamos, propus, visitar essas desafortunadas.

Logo que nos aproximamos, as duas infelizes cessaram de gritar e vociferar e se puseram a reparar a desordem que reinava no único aposento habitável da casa com uma aparência apenas exterior de conforto, imagem verdadeira do estado de alma das proprietárias.

Ao entrar vimos uma confusão de móveis quebrados e cortinas rasgadas. A desordem e a imundície mais repugnante reinavam nesta casa. Os leitos, cujos colchões rasgados ao meio acabavam de ser cobertos com uma rica colcha de damasco salmão, onde, todavia, se viam marcas de dedos gordurosos, além de um forte odor de almíscar misturado ao fedor de bode, causaram-me um mal-estar insuportável.

A Sra. Bourguemastre adiantou-se graciosa ao nosso encontro. Em seu rosto murcho, outrora certamente belo, pusera rapidamente e sem muita premeditação a pintura e os ungüentos que costumava usar em outros tempos. Um vestido sobrecarregado de rendas e outros enfeites, à moda do ano em que morreu, dava-lhe um aspecto grotesco; mas o que mais me chocou foi ler em seu pensamento (o que era fácil, pois sua intelectualidade era das mais elementares) os desejos doentios do passado que a nossa presença despertava em sua pessoa.

Henrique corrigiu este estado de coisas que nos feria, dizendo à dama que ele podia ler em seu mental e que não viéramos a ela senão para aliviar sua miséria; que conhecíamos seu estado de alma e era inútil dissimular. Dorotéia, mais inteligente que a patroa, disse:

— Por favor, senhores, livrai-me da companhia desta perversa senhora, a quem uma sorte mágica me uniu desde nosso acidente do P. L. M. Penso às vezes que acabou minha vida terrestre, mas a ação que exerce sobre mim a Sra. Bourguemastre faz-me pensar que somos ambas vítimas de inimigos que nos encerraram numa grande casa em ruínas, como loucas.

Henrique deu àquelas infelizes a explicação do seu estado atual e o fez com uma autoridade que as convenceu; começaram então recriminações de todo tipo entre estas duas mulheres, chegando às vias de fato e dando-nos o espetáculo da mais horrenda luta, que habitualmente se esforçavam por ocultar aos olhos de todos.

À medida que uma delas obtinha superioridade na luta, a outra ficava abatida, e seu corpo astral tomava alternativamente a configuração de seus pensamentos maus, dando-nos uma curiosa exibição de sua natureza íntima.

Joli Bec deixou-nos. Sua alma sensível não podia suportar as horríveis convulsões destas baixas e ignóbeis personalidades. Finalmente Henrique encerrou a contenda, pondo-as em estado de letargia!

— A menos degenerada, disse ele, fechando a porta, despertará primeiro e, aproveitando-se do torpor da outra, escapará da casa. Ambas serão infelizes, sem dúvida, mas acabo de romper o liame mágico que as une, o que já é para elas um alívio. Este benefício será o fruto de nossa visita.

XXXVIII

De volta à encantadora morada de Joli Bec, achamos G. de Mauriant, que vinha convidá-la para a festa que ia oferecer-nos no dia seguinte. A jovem escusou-se com sincera humildade, o que realçou ainda mais sua beleza.

— Sabes, Joli Bec, disse-lhe Mauriant, que cada um, em minha casa, toma o traje e a aparência que melhor lhe convém no curso das encarnações planetárias, terrestres ou outras. Assim, ainda que sejas encantadora sob tua forma atual, podes revestir-te do invólucro que já habitaste... Acautela-te somente, minha filha, contra teus desejos presentes, que te inclinam à escolha do hábito das religiosas de S. Vicente de Paula; se compareceres vestida de religiosa será, sem dúvida, muito honroso, mas impróprio para a ocasião.

Joli Bec sorriu:

— Ficai tranqüilo, caro mestre. Durante seis meses fui atriz de teatro e conheço a arte de escolher o traje apropriado às circunstâncias.

Depois de uma refeição suculenta, composta de frutas e bolos, semelhantes aos das melhores confeitarias terrestres, mas infinitamente mais delicados e que parecem substanciais, despedimo-nos da nossa hospedeira, cuja veste de musselina branca, fechada no pescoço por um nó róseo, lhe dava o aspecto de uma menina em ponto maior.

— O tempo de voltar à terra se aproxima para Roberto, disse Henrique a Mauriant, que queria entreter-nos algumas horas em sua casa.

— É verdade, disse Mauriant. Fico tão contente em ver um habitante da terra nesta região tão afastada de Paris, de que eu gostava tanto! Não sou sensato. Ah! bem. Sim, em breve, tornarei a esse planeta tenebroso, que não é belo senão para os que não possuem nenhuma curiosidade e que apreciam apenas os gozos puramente materiais... E dizer que quando eu voltar para lá terei um desejo ainda mais intenso de conhecer o além... Ah! serei capaz de dominar este vestígio de curiosidade?!... Ah! Sr. Dosset, se puderdes então vir em meu auxílio, vinde! Pedirei para ser sapateiro, se preciso...

— Sim, disse Henrique, vossas mãos serão ocupadas, mas o cérebro, ricamente organizado, permitirá ao vosso pensamento agir fora do trabalho manual...

— É verdade? perguntou Mauriant. Mas então...

— Voltai à terra, meu caro amigo, com a idéia fixa de renunciar a vossas próprias satisfações, por mais nobres que sejam, para vos dedicar às de vossos irmãos. Não vos direi: tomai o hábito, como o fará Joli Bec (e com razão) mas tornai-vos, na pátria que escolherdes, um homem útil, um filósofo ignorado, pondo sua sabedoria ao serviço da Humanidade sofredora, arrastada para o abismo pelo materialismo, triste conseqüência do egoísmo, da inaptidão do clero romano atual para dirigir os fracos de espírito nas provações da encarnação. Para conduzirmos nossos irmãos, é preciso, antes de tudo, ser dedicados, o que podemos alcançar apenas pela mais completa abnegação.

— Louvo os vossos conselhos, Montzag, e me esforçarei por segui-los, respondeu Mauriant, suspirando. Porém, da teoria à prática vai muito... O velho amante da vida suntuosa e livre está em mim ainda bem vivo...

Conversamos algum tempo ainda sobre o mesmo assunto, fértil em notas e observações de todo gênero. Depois considerei meu contentamento de nossa peregrinação pelas cabanas sombrias, em companhia de Joli Bec e da comovente solicitude desta para com personagens tão repugnantes.

— Joli Bec é já uma verdadeira filha de São Vicente de Paula, este grande santo moderno, disse Mauriant. Tinha ele tudo na terra: nobreza e fortuna, mas deixou com prazer todas as alegrias do mundo aristocrático para se dedicar ao serviço de todas as misérias e assim formou uma corrente de caridade que arrastou após si, e sob sua proteção, uma multidão de almas generosas que se deram ao mesmo sacerdócio de amor e de misericórdia. O santo protege e adota todas essas piedosas mulheres e as sustenta e encoraja em sua santa missão. Ah! essas irmãs de São Vicente de Paula são as únicas religiosas que eu aceito e venero.

Depois, voltando-se para mim:

— Conheceis a história de Joli Bec, em sua última encarnação?

— Não, respondi. Esta encantadora jovem, ao contrário das outras iguais a ela, não se preocupava em gabar-se de seus avós.

— Pois bem, se a história vos interessa, Roberto, vou contá-la em poucas palavras.

— Com prazer, acudiu Henrique. Mas o tempo é escasso, meu caro Mauriant; não deis pois ao vosso talento de **conteur** sua habitual envergadura.

— Joli Bec, meus amigos, começou Mauriant, é filha natural de uma formosa provençal e de um seminarista de Dublin, sobrinho de um bispo irlandês. Seu pai veio ao litoral mediterrâneo em convalescença de uma bronquite que lhe ameaçava a vida, o que afligiu grandemente seu bom tio, o bispo, que desejava para o sobrinho as altas dignidades eclesiásticas. O jovem abade fixou residência numa linda cidadezinha, cujas costas encantadoras são banhadas pelas águas azuis do Mediterrâneo. Fora o jovem recomendado por seu tio a Monsenhor Joaquim Maria Frimard, bispo da cidade. Este excelente e digno homem mandou instalar o moço convalescente numa casa burguesa muito respeitável, cujos quartos mobiliados eram alugados no inverno a estrangeiros que lhes eram recomendados.

O vigário-geral de monsenhor instalou pessoalmente o jovem padre irlandês em casa dos Maillard, pedindo-lhes que lhes dessem o máximo conforto em sua casa. Alguns dias bastaram para o padre Luís Shons reparar as fadigas de sua viagem. Ele sentia-se feliz, primeiramente pelo restabelecimento de sua saúde, e em seguida pela vista do belo sol brilhante num céu sem nuvens, sobre o grande mar sempre azul. Enfim, não se cansava de admirar os magníficos jardins que rodeavam a casa que habitava, assim como os das vilas vizinhas. Escreveu cartas cheias de líricos entusiasmos a seu tio, o bispo. Muitas vezes ia visitar Monsenhor Frimard, que perguntava paternalmente, em todas as visitas de seu protegido, se ele continuava satisfeito com sua estada naquela boa cidade.

O jovem tomava suas refeições em casa dos proprietários, gente muito devota e cheia de atenções para com seus pensionistas, sobretudo para os eclesiásticos. Tudo foi muito bem durante um mês; mas um dia, o diabo, sob a figura deliciosamente provocante de uma formosa engomadeira, veio perturbar, não sem encantos, a alma cândida do jovem padre. A graciosa Bec, nossa engomadeira, era filha de uns cultivadores dos arredores de Toulon; a família era numerosa e os cultivadores, pobres.

Uma tia estabelecida em X., como engomadeira de roupa fina, pediu a seu irmão, Polidoro Bec, que lhe confiasse a sua filha mais velha, Graciosa, de quem ela era madrinha. Feliz por escapar à condição de camponesa, a pequena Bec acompanhou a tia. Por ser muito inteligente e ativa, tornou-se logo hábil no seu ofício. Por isso sua tia mandava-a levar roupas aos fregueses, que eram numerosos, principalmente no inverno.

A Sra. Piot encarregava-se de toda a roupa fina do seminário, do bispado, dos ricos estrangeiros que hibernavam na cidade de X. A lavadeira tinha também a seu cargo a engomagem dos Maillard e de seus pensionistas. Graciosa levava pois, todas as semanas, a roupa de Luís Shons ao seu quarto.

Até então o padre estivera sempre ausente à hora em que a moça vinha. Esta havia reparado no jovem quando ele passara em frente da loja de sua tia, perto dos Maillard. Tudo em sua pessoa a havia encantado: sua figura esbelta, sua tez delicada, seus olhos de um azul-pervinca, e até o seu andar indolente, tudo fascinara o coração da moça, pois, embora completamente desenvolvida, como o são precocemente as moças do Sul, a Srta. Bec tinha apenas dezesseis anos.

— Eu gostaria de vê-lo de perto e falar com ele, pensava a jovem. — É um padre; não há perigo para mim. Ah! se ele não fosse padre (pois julgava-o ordenado), por exemplo, eu não me exporia a me regalar com sua presença. Ele me agrada demais por isso! Quando o vejo passar, meu coração bate... Engraçado, isso nunca aconteceu com nenhum outro... É que este jovem é belo como um anjo de Deus... Dizem que é sobrinho de um bispo... E também que é muito instruído. Monsenhor Frimard estima-o muito. Foi a Sra. Maillard que contou ontem à minha tia... Que pena que este rapaz tão simpático seja padre!... Se ele fosse confessor, eu iria procurá-lo... Ah! não, não, eu sou uma moça bem comportada, e é preciso respeitar a religião."

Apesar de cheia de boas resoluções, Graciosa levou a roupa a Luís Shons um dia que ela sabia que ele estava em casa. Pusera-se toda elegante, quase sem malícia, mas o diabrete, que a impelia, fez realçar sua simples **toilette** de operária.

— Toc, toc...

— Entrai, disse uma voz suave.

A jovem abriu a porta, uma luz deslumbrante inundava o quarto; pela janela aberta entrava o perfume do jasmim que tapizava as paredes da casa.

Com o cesto no braço, Graciosa foi aureolada pela luz viva; tinha impresso em sua fisionomia o entusiasmo de seus cândidos sentimentos em relação ao jovem estrangeiro. O que significa que sua beleza natural estava grandemente realçada. Ela parou no limiar, olhando o jovem, cuja sotaina, completamente aberta, deixava ver o busto elegante e a perna fina apertada nos joelhos pelo calção negro. A sotaina fazia, então, o efeito de um largo sobretudo. Luís Shons, havendo se destinado à Igreja, não tinha, até então, reparado nas mulheres. Por isso a encantadora aparição de Graciosa lhe produziu uma sensação que lhe fizera afluir ao rosto todo o sangue do coração, causando-lhe uma perturbação desconhecida e embriagante.

— Entrai, minha filha, disse ele, para tomar uma atitude digna. Ponde a roupa sobre o consolo.

A jovem foi pondo as camisas, uma a uma, no lugar indicado, mas, sentindo-se olhada por aquele que ela comparava aos anjos, deixou cair uma delas no tapete. A camisa se desdobrou e Luís Shons, sem saber muito bem o que fazia, abaixou-se para erguê-la e entregá-la à jovem engomadeira. Esta abaixou-se também e ao mesmo tempo. Seus rostos e suas mãos se aproximaram e ambos se puseram a rir como crianças... O gelo fundira-se; um simples contato bastara para isso!

— Sois de X., senhorita? perguntou o padre.

— Não, senhor...

E a moça contou, em poucas palavras, sua história.

— Como vos chamais?

— Graciosa Bec, senhor.

— Lindo nome! E como lhe assenta, minha filha!

E o padre repetiu-o lentamente como para gravá-lo na memória: Gra-ci-o-sa!

A moça riu-se, mostrando os lindos dentes que ornavam sua boca pequena de lábios rubros e sensuais.

O padre e a jovem conversaram muito tempo. Por fim, a jovem engomadeira soube que Luís Shons, embora usasse o hábito eclesiástico, estava ainda livre, como todos os jovens, para amar sem sacrilégio. Era aquele o único ponto que levantava um obstáculo para a moça, que sentia uma irresistível atração por ele. Foram os primeiros amores para ambos. A cálida brisa primaveril que sopra um mês nas praias abençoadas do Mediterrâneo, acabou por tirar à realidade de sua posição respectiva, Graciosa e Luís, cuja saúde se fizera muito boa, graças ao desabrochar de suas novas sensações. Os dois amigos festejaram a primavera da natureza, o amante sem pensar no passado, nem ao que deveria levar aquela embriaguez comum. Graciosa não tinha nenhuma idéia preconcebida sobre o casamento. Sabia que não pertencia ao mesmo mundo de seu amante. Ele devia voltar ao seminário em Dublin no começo do mês de maio. Ela não teria jamais rival neste coração terno e puro; por sua parte, fazia temerariamente o voto de jamais se casar, guardando toda a vida o perfume celeste de seu primeiro amor.

Os jovens, não sei por que proteção misteriosa, não tinham atraído nenhum olhar curioso sobre sua união.

Um dia, porém, a jovem chegou triste à casa de Luís.

— Que tens, meu raio de sol? assim lhe chamava seu amante.

— Ah! meu bem-amado, sinto-me triste e, ao mesmo tempo, feliz...

— Como assim? Que é que te aflige? Fala...

— Ah! isto não será nada para ti...

— Mas, enfim, fala...

E lançando-se no pescoço do amante, Graciosa murmurou-lhe:

— Vou ser mãe!

Luís sobressaltou-se. Não havia pensado nas conseqüências prováveis de seus amores. Mas, para honra de sua alma, não teve um instante de hesitação:

— Eu te desposarei, cara amiga; irei viver contigo na América, trabalharei e seremos felizes. Meu tio me deserdará, minha família me desaprovará, mas se a natureza venceu, por meio de tua mocidade e de tua beleza, minha fraca virtude, é que não sou qualificado para entrar para as Ordens. Cessemos de nos ver durante alguns dias, pois vou tratar de regularizar nossa situação...

A jovem recuou e, juntando as mãos com admiração:

— Ah! tu não és um homem comum, meu Luís, mas um anjo de Deus. Não. Graciosa não passa de uma pobre moça ignorante. Tu lhe deste bastante felicidade aproximando-a de ti durante alguns dias... Vai, volta para tua família; não quero ser um obstáculo ao teu destino. Tens talento, és belo, és bom; vai para junto de teu tio e sê um padre verdadeiramente santo...

Graciosa retirou-se, sem deixar tempo ao moço de protestar contra sua determinação...

Querendo, porém, reparar a qualquer preço a sua falta, Luís decidiu-se a abrir-se com Monsenhor Frimard; e uma hora depois da cena que acabo de vos contar foi procurar o bispo.

— Como estais pálido e abatido, meu amigo! disse-lhe o bom bispo, sentado à secretária, diante da janela completamente aberta, que dava para os jardins do bispado. Que tendes, meu filho? Estais trêmulo; vejamos, sentai-vos perto de mim.

E Monsenhor tomou as mãos de Luís, que se desfez em lágrimas e contou sua excursão ao país de Citera com Graciosa; foi tão sincero e estava tão arrependido que o bispo não teve coragem de o censurar severamente.

Luís Shons comunicou ao monsenhor o seu desejo honesto de reparar sua falta, casando-se com Graciosa.

— Ah! isto agora é outra coisa, meu filho! Será preciso contar tudo ao vosso tio... Eu me encarrego desta espinhosa tarefa. Acalmai-vos, peço-vos; orai e esperai em vossa casa a resposta de vosso tio. Mas... a propósito, a pequena Bec insinuou-vos, sem dúvida, o seu desejo de tornar-se Sra. Shons?

— Ah!, exclamou imprudentemente o jovem, ao contrário, ela opõe-se a isso...

E contou com prazer a conversa que tivera com Graciosa a este respeito, a fim de que o bispo julgasse o bom caráter da amante.

Este bateu palmas.

— Ouço com prazer esses pormenores... A garota é muito sensata, se, todavia, essas palavras não encerram um subentendido...

O prelado disse estas últimas palavras baixinho.

O padre retirou-se. Cinco dias depois, apresentou-se novamente ao bispo.

— Eis a resposta de vosso tio, meu amigo. Vossa falta pode ser reparada de outra forma. Agistes sem premeditação e, graças a Deus, vossa carreira não será interrompida por este deslize quase involuntário de vossa mocidade, que a convalescença tornou desprevenida contra as ações do diabo. Ides partir para Dublin. Uma quantia conveniente será depositada pelo cônego Romain (encarregado do contencioso) em mãos do Sr. Poulard, notário, para prover à existência do fruto de vosso pecado, assim como o dote da criança até a maioridade. Ide, meu filho, e que a recordação de vossa fraqueza vos sirva de salvaguarda para sempre.

Luís estava consternado. Conhecia seu tio; toda resistência que opusesse seria em vão. Seu tio tinha em suas mãos, de certa forma, o futuro seu e o de seus irmãos. Demais, os preconceitos religiosos elevavam-se com força em seu espírito e o sacrifício de Graciosa foi aceito prontamente!

Antes de se despedir de Monsenhor Joaquim Maria Frimard, o pobre padre não pôde deixar de dizer-lhe:

— Ah! monsenhor, como sois protegido do céu por poder conferenciar quantas vezes e o tempo que quiserdes com a bela Bethilde de Treisoldy!

O bispo sorriu e respondeu:

— Meu filho, respondeu, os benefícios de minha posição!...

XXXIX

— Mas que ótimo narrador! exclamei tomando as mãos de Mauriant. Como conheceis detalhes tão precisos que fazem ver, ao mesmo tempo, a face direita e o reverso da Comédia Humana, como se fôssemos ator e espectador dessas realidades vividas?

— Nada mais simples, meu caro Dosset. Os livros ocultistas ensinam, com razão, que todo ato humano, ou antes, toda ação produzida na superfície do planeta está inscrita no **aura**[1] deste e, mais ainda, o pensamento que a gera no mental. Não há nem mesmo efeitos produzidos pela matéria inorgânica, ou pelos elementos, que não sejam registrados, no mesmo instante de sua produção, na esfera mágica respectiva. Se, pois, meu caro, estais preparado para vos transportar no espaço cósmico que o planeta percorreu até aqui, arrastado em seu curso espiroidal pelo sol, entrais diretamente nos arquivos colossais da terra, ao menos depois da aurora do último **Manvantara**[2]. Essas grandes solidões guardam com uma verdade perfeita a fotografia indestrutível de todo o passado desaparecido... Quando um investigador paciente e curioso nele penetra, pode despertar as imagens inertes e fazer vibrar artificialmente a mentalidade que as gerou... Então assiste a curiosas cenas de uma inesperada realidade, as quais deixam muito atrás todas as pinturas dos mais realistas de vossos escritores contemporâneos... Cada personagem imaginada toma repentinamente relevo, e as palavras pronunciadas exprimem exatamente o pensamento da pessoa que as pronunciou.

— Sim, disse eu, li mais ou menos isso em meus livros de ocultismo, mas vossa explicação me enche de surpresa; e o que dizemos aqui, caro Mauriant, fica igualmente impresso em alguma parte?

— Não duvideis disso, Dosset. A esfera receptora é diferente e sua modalidade aumenta de intensidade, pois no astral todo ato, todo pensamento, toda vontade é cem vezes mais intensa e mais rápida; é a vida terrestre elevada a uma potência desconhecida aos incorpo-

---

(1) Do mesmo modo que os seres, os mundos têm também sua aura. Cf. **Dicionário de Orientalismo, de Ocultismo e de Psicologia**, 2. vols., in-12, Paris, 1896.

(2) O Manvantara ou Manwantara é um período longuíssimo de tempo que não comporta menos de 306.720.000 anos (?). Mas o **kalpa**, que encerra quatro **yugas**, é ainda um período de tempo mais longo, pois compreende quatorze **Manvantaras**. O **kalpa**, que é um dia e uma noite de Brama, representa, como o **Manvantara**, uma simples atividade cósmica, um ciclo evolutivo, um período de atividade do Universo manifestado. — Cf. **Dicionário de Orientalismo, de Ocultismo e de Psicologia**, 2 vols., in-12, Paris, 1896.

rados. Fui, em companhia de amigos mais elevados do que eu em intelectualidade e em força moral, fazer algumas excursões a esta necrópole das ações vividas outrora na terra. Trabalhei ali como se trabalha em uma biblioteca, compondo, interrogando estes arquivos vivos para consignar o resultado de minhas investigações nos livros que eu espero escrever convosco, caro Dosset. Realizaremos assim o verdadeiro realismo. Sois do meu parecer, não? Revelaremos a hediondez da alma, mas com muito cuidado. A pintura exata de certas ações e o caminho infernal para a sua realização no plano objetivo seriam prontamente aproveitadas pelas almas perversas como uma lição prática!

— Sim, certamente, dissemos juntos Henrique e eu.

E Montzag acrescentou:

— A literatura em voga na terra é um veneno para o coração e a inteligência.

— Procurar na "besta humana" o que ela tem de semelhante com a animalidade, de que ela provém, é revolver a imundície, o lodo infecto, cujas exalações pútridas contaminam os cérebros ignorantes, os corações baixos; é despertar os germes do vício que o Ego espera abafar, reencarnando-se.

— Grandes responsabilidades assumem essas almas talentosas, estes escritores pornográficos, expondo aos olhos do grande público as chagas morais da sociedade. Quantas almas jovens pervertidas por esses livros atufados de obscenidades! Quão pesados serão para seus autores os benefícios materiais que deles tiraram!

— Ah! meus amigos, eu mesmo me senti um pouco perturbado na escolha de meus assuntos, disse Mauriant. Deus me perdoe! Meus remorsos são intensos e quero destruir, se possível, essas criações doentias de minha inteligência, em minhas futuras produções, em que direi a verdade, mas tendo grande cuidado de ocultar ao vulgo a parte mais subjetiva de minhas obras, em que tratarei do elemento psíquico.

— De acordo, Mauriant, e vos pedimos concluir o que ainda sabeis da família de Joli Bec. Aproxima-se a hora de voltarmos para a terra. Todos os galos já saúdam com seus sonoros cocorocós o astro radioso do dia...

XL

— Que pena, meus amigos, que o tempo vos seja sempre tão curto! Eis, em duas palavras, o fim da história.

A Sra. Piot, tia de Graciosa, foi chamada ao bispado e entrou no escritório do vigário-geral, que a admoestou por sua imprudência de enviar à cidade uma moça tão linda como sua sobrinha a entregar roupa, etc. e acabou por recomendar-lhe absoluto silêncio sobre algo que poderia prejudicar a Igreja. Disse ainda que ela devia, naquela mesma tarde, ir com Graciosa à casa da Sra. Poulard, onde encontrariam o cônego Romain, que lhes entregaria vinte mil francos para a criança que estava para nascer; a mãe gozaria, disse, dos juros dessa soma para educar o filho, que receberia o capital quando atingisse a maioridade. Em caso de morte da criança a metade do capital seria devolvida ao donatário e a outra metade ao bispado, que o distribuiria à pobreza envergonhada.

Eu abrevio a história, meus amigos... apesar das cenas alegres que desejava contar-vos!...

Enfim, ficou combinado que Graciosa voltaria a Toulon, mas foi instalada pela tia num arrebalde de Nice, em Santa Helena, na casa de uma velha senhora, onde ficou alguns meses. Ali ela deu à luz uma menina que reunia em sua delicada pessoa as belezas artisticamente combinadas de seus progenitores. Graciosa teve boa gravidez; estava contente com sua sorte e adorava, em sua filha, o amante. **Devota** foi o nome pouco harmonioso que foi dado na pia batismal à filha de Luís Shons.

Depois do desmame, a criança foi entregue aos avós. Graciosa, aborrecida por dever ocultar uma falta que, em sua alma amorosa e franca, considerava uma grande felicidade, não fez mistério do caso. Abriu uma modesta casa de engomadeira em Toulon, enquanto educava a criança.

Devota crescia em força e graça. Seu sangue mesclado dava-lhe um atrativo particular. Todos a estimavam.

Atacada por grave doença, Graciosa viu-se forçada a fechar sua loja. Finalmente recolheu-se à sua cidadezinha, onde viveu de suas pequenas rendas, dedicando a maior parte dela à sua filhinha, a qual não achava nunca que estivesse bem vestida.

— Minha filha será rica, não cessava de dizer e repetir à sua família, que já começava a censurá-la por habituar a menina a um luxo excessivo...

— Seria melhor que nos auxiliasse em vez de mimar tanto a tua bastarda.

Muitas recriminações desta ordem acabaram por fazer Graciosa aceitar um pedido de casamento de um primo seu, coxo, envelhecido, sem dúvida, por sua enfermidade.

Este hipócrita e avaro camponês não via nesta união senão um negócio: vir a apoderar-se do dote que pertencia a Devota. Ele teria, decerto outros filhos... A menina podia morrer... Que sei eu! Depois, a renda a partilhar já era considerável para um pobretão que vivia de seu magro salário.

Doente, desgostosa com as atitudes dos seus, enganada pelos protestos de seu primo, e pensando talvez em assegurar a tranquilidade da filha se ela viesse a faltar-lhe, Graciosa cedeu...

O contato habitual com este bruto astucioso, que logo revelou sua verdadeira natureza, entristeceu de tal forma Graciosa que esta perdeu toda a alegria e caiu, pouco a pouco, cansada de sua luta, num torpor doentio, em que descuidou até mesmo de sua cara filhinha... Esta, graças à afeição que inspirou às religiosas que a educaram, conheceu alguns dias de felicidade.

Destinaram-na ao ensino. Quando alcançou a maioridade, entregaram-lhe o capital depositado até então em mãos do Sr. Poulard. Começaram então os pedidos de empréstimo e mesmo de presentes, que foram um nunca acabar.

Seus irmãos e irmãs (que eram numerosos) e até sua mãe tanto instaram, que a pobre moça largou-lhe parte do seu capital. Livre, Devota partiu para Paris... O resto já sabeis...

Como seu nome soava mal aos ouvidos de seus ruidosos amigos, pediram-lhe que trocasse o nome por outro mais sonoro, o que ela obstinadamente recusou. Aceitou todavia o apelido de Joli Bec, que lhe assenta muito bem, e conserva pelo menos o sobrenome de sua mãe.

Agradecemos a G. de Mauriant os momentos tão agradáveis quanto instrutivos, e despedindo-nos dele marcamos uma nova reunião para a noite seguinte.

Henrique, para evitar atraso, fez-me tomar um caminho diferente na minha volta à terra. Era este uma espécie de corredor estreito e sombrio, pelo qual deslizamos vertiginosamente até a cidade de T., onde, levado por Fael, pois me sentia muito cansado, entrei em meu corpo. Já era dia e os ruídos da casa indicavam que estava próxima a hora da primeira refeição.

XLI

Uma noite a mais com meu caro Henrique... Depois vai deixar-me; prometeu-me, contudo, corresponder-se comigo de tempos a tempos... de vir mesmo ver-nos, não para satisfazer nossa curiosidade pessoal, mas para me dar os ensinamentos necessários à missão quo ou aceitei com todas as amarguras a ela ligadas...

— Caro Henrique, como te sou reconhecido pelo desenvolvimento espiritual que me permitiste alcançar. Só posso testemunhar minha gratidão trabalhando para despertar nas almas o desejo de procurar a verdade...

Vários são os caminhos que levam a ela, acessíveis mesmo às inteligências medianas; o devotamento, a santa caridade e a renúncia completa das satisfações puramente materiais, tudo isto conduz ao saber, à liberdade...

Depois lembrei-me da festa que devia realizar-se em casa de Mauriant e julguei que sonhava ao recordar a curiosa região do **Cama-Loca**, que percorri em meus desprendimentos com meu amigo. Dissera-me Henrique que esta era apenas uma pequena excursão no mundo invisível e que eu poderia, mais tarde, fazer outras igualmente interessantes em companhia do escritor de quem eu seria o colaborador.

E, dialogando assim comigo mesmo, eu me vestia. Fael tornara-se habilitado para prestar-me alguns serviços materiais, porém, somente quando nos achávamos a sós; preparava e acendia o lume, trazia-me minhas roupas com uma tal rapidez que um camareiro dos mais expeditos não poderia competir com ele. Adivinhava o meu desejo de vestir esta ou aquela roupa, sem que eu tivesse necessidade de dizê-lo nem indicá-lo com um gesto. Chegara Fael a ler-me os pensamentos no mesmo instante em que eu os formulava no cérebro, ou depois, como eu quisesse...

Aquela manhã, achei minha família reunida na sala de jantar; estava muito abatida. Uma carta de nossa cara Clairville acabava de trazer-nos más notícias sobre sua saúde. O ar puro, no qual ela vivia presentemente, abrandava em parte seus sofrimentos, mas não os suprimia... Sua cura tornava-se duvidosa nessas condições, dissera o bom Dr. Marmon a meu pai. Minha mãe deu-me a carta de Alice. Li-a, retendo as lágrimas, pois eu sabia que logo ela iria nos deixar. Eu não tinha a esperança, que minha mãe conservava, do restabelecimento de sua prima. Ao ler a carta, vi claramente o pensamento e até o reflexo do rosto daquela que escrevera a carta. Para mim, agora vidente, havia na carta outros pensamentos que não os escritos... Era o seu puro amor por mim, sua divina esperança de reunião na grande pátria celeste.

E, coisa maravilhosa, esta irmã muito amada tivera a convicção, ao endereçar-me sua carta, que eu nela poderia ler o invisível pensamento que ela projetava apenas para mim.

Empreguei o dia em anotar minhas precedentes excursões astrais, assim como em preparar-me para esta noite de adeus, que eu desejava e lastimava ao mesmo tempo.

Enfim, eram dez horas da noite e eu, depois de ter, como de costume, abraçado meus pais e minha cara Mina, recolhi-me ao meu quarto.

Henrique já me esperava. Maravilhei-me por vê-lo tão bem em estado natural; foi pelo menos o que pensei.

— As faculdades mediúnicas, disse meu amigo, progridem dia a dia; esta visão lúcida de um ser em estado fluídico parece-te natural; com efeito, é o que sucede para os sentidos internos desenvolvidos, mas não para o homem comum, que não só não procura despertar suas percepções como também nega tal possibilidade. A maior parte está de tal modo mergulhada no materialismo obscuro, que possui apenas o germe dos sentidos internos...

Eu pensava na lucidez com que tinha lido os íntimos pensamentos de Alice em sua carta, que não tinha, para a minha família, senão um sentido externo, expresso na escrita.

— Eu estava já a teu lado, quando lias esta carta, declarou Henrique, e te auxiliei com a minha experiência para te fazer compreender o uso de tua vista interna nesta espécie de visão. Agora que a exerceste uma vez, experimentarás fazê-lo outras vezes e estou certo que renovarás tua experiência. De resto, uma vez despertados, os sentidos internos tornam-se, em boas condições, muito ativos. A princípio, convém controlar severa e minuciosamente a exatidão do seu alcance; mais tarde acontece quase o mesmo com esses correspondentes externos que nos fornecem seus serviços sem esforços, segundo a lei natural.

Eu escutava Henrique, feliz por vê-lo reconhecer o meu desenvolvimento psíquico, mas triste pensando em minha querida Alice, tão adiantada em sua força espiritual psíquica que ia, sem dúvida, deixar o plano objetivo para habitar o astral, onde seu organismo interno se achava bastante desenvolvido para viver...

Nisto, Henrique levantou-se, veio até mim e, tomando-me as mãos, disse:

— Roberto, a morte não é uma separação, sabes muito bem disso. Por que, pois, cair na rotina dos terrestres, temendo os seus efeitos para os seres que nos são caros? Não passa de um sentimento egoísta que nos faz chorar a partida dos nossos amados deste mundo de dores; quando a separação se realiza nas condições normais ao destino do ser que nos deixa, não devemos afligir-nos, pois sua existência continuará num meio mais conforme a sua verdadeira natureza. Vamos, Roberto, deita-te o quanto antes e partamos. Mauriant e seus convidados esperam-nos... Quem sabe acharás entre eles alguns parentes ou amigos que não esperavas rever!

Fael ajudou-me a me despir. Alguns minutos depois desta breve conversa com meu amigo, atravessamos, numa ascensão rápida, o espaço enorme que nos separava da habitação de Mauriant.

Ao aproximar-nos de sua casa, vimos que se dirigiam para nós vários veículos aerostáticos de formas diversas; uns, a maior parte, tinham a forma das aeronaves horizontais de nosso planeta. Na barquinha se achavam uma ou várias pessoas. Visitantes chegavam em cadeirinhas sustentadas por criados de raça elemental, semi-humana, semi-animal. Graciosas carroças que pareciam fantasias para enfeites de prateleiras, de porcelana de Saxe, estavam cheias de flores, e a entidade fluídica, em ricas vestimentas, parecia sair e expandir-se de seus buquês odorantes. Estes graciosos veículos eram tirados rapidamente por animais fluídicos domésticos, que tinham vivido na terra entre os homens, e que encontraram no astral seus amados senhores ou benfeitores e eram felizes em continuar a servi-los.

Uma destas feéricas carroças deslizou bem junto de nós; tinha uma forma artística e estava ornada com flores de laranjeira e heliotrópios.

Uma jovem, coberta com um véu de tule rosa, saudou-nos gentilmente com a cabeça e a mão.

— Joli Bec! exclamei.

Mas o carro já estava longe.

— Notaste, disse-me Henrique, o par de gatos angorá que puxavam a carruagem?

— Não, caro amigo; vi uma coisa branca, cujos pêlos ou plumas eram agitados pela brisa suave, mas não distingui nada; aliás, minha atenção foi atraída, ao mesmo tempo, para todos os lados.

Nesse instante passava pela nossa frente uma grande berlinda, de 1836, mais ou menos; ela era tirada por uns cavalos que andavam vagarosamente. Tive, então, a oportunidade de perceber, encolhida entre as suas almofadas, uma mulher cujo rosto estava coberto por uma mantilha de renda negra, a qual deixava, todavia, visível os cabelos prateados.

— Imagine! exclamei. Eu julgava que eram desconhecidos no astral os sinais da velhice, uma vez que se pode, à vontade, tomar o aspecto que se deseja. Duvido que o da velhice seja adotado, especialmente pelas mulheres, cujo instinto primordial foi sempre o de agradar!

— Nada há, disse Henrique, mais sujeito a uma longa dissertação do que esta simples reflexão de tua parte; mas como o tempo urge e devemos entrar no palácio, limito-me a observar que, em toda morada temporária, o tempo exerce seus direitos, embora com uma sensível diferença, da mesma forma que nos planos puramente objetivos. Assim, no astral, o enfraquecimento das forças físicas, mentais, se queres, depositadas pela personalidade em seu curto **habitat** nos planetas materiais, produz no astral o equivalente da velhice corporal, de que a personalidade reveste às vezes as aparências. Além disso, acontece freqüentemente que uma entidade desencarnada que deseja lembrar ou fazer lembrar aos outros os episódios de sua velhice na terra, toma tal aparência, cercando-se da imagem dos objetos de que tinha por hábito servir-se.

— Parece-me que vi em algum lugar, quando menino, um exemplar físico da berlinda que acaba de passar...

Meu amigo sorriu.

— É bem possível! disse ele.

Havia uma multidão à entrada do Palácio oriental; os que chegavam eram numerosos. Cada qual levava consigo vários servos ou elementais de raças diferentes. De todas as aberturas do edifício saía uma luz deslumbrante.

Devo observar que nesta região semimaterial reina, em certas horas, como no globo, uma claridade relativa que se desprende, com intensidade variável, dos seres, dos animais e mesmo das coisas(1).

Mauriant, feliz por receber seus convidados, que eram seus amigos, emitia esta estranha claridade; não havia ali seres, por mais inferiores que fossem, dos que tomavam parte na festa, que não mostrassem sua alegria, sobretudo por uma claridade fugaz. Enfim, os animais, desjungidos dos veículos, davam-se aos divertimentos de sua espécie e produziam também suas débeis iluminações.

Bem longe, no espaço próximo do palácio, vibrava a alegria comum. Por isso, de todos os lados afluíam enxames de elfos, de fadas e de outras entidades do plano astral, que se vinham vivificar nesta quente atmosfera de benevolência e de harmonia fluídica. Brilhava esta multidão de formas aéreas por cima do palácio, como uma aurora boreal, que indicava, por seu esplendor, a uma grande distância, o festim de aroma fraternal que ali iria realizar-se. Demais, estas

---

(1) É o fluido ou "aura", que Reichenback denominou fluido ódico".

manifestações alegres afastavam as entidades malévolas e ciumentas que quisessem, talvez, manchar com seus eflúvios a felicidade comum.

Nossa chegada a esse imenso salão, no qual se achava Maurlant para receber seus hóspedes, causou sensação. Maravilhei-me de perceber, na reunião, entidades que, notáveis na terra sob títulos diversos, se haviam ligado a Mauriant para dar mais solenidade à nossa recepção.

Vi que todos os olhares pousavam sobre Montzag; por minha vez também olhei-o, mas qual não foi a minha estupefação ao notar que meu amigo, meu irmão, havia mudado de aspecto, assim como de vestimenta; era Henrique de Guise, o terrivel **Balafré.**

Com seu ar altivo, porém, amenizado por seu estado atual de alma, meu amigo e os demais que nos rodeavam se puseram a rir da minha surpresa. Disse-me Mauriant:

— Batalhei ao lado desse bravo! Ele era bom, apesar de seu ódio de raça... e todos os seus cavaleiros lhe eram sinceramente afeiçoados.

Ergui os olhos maquinalmente e à minha frente havia um espelho: vi-me em trajo negro, envergando uma casaca ridícula! Tive horror de mim mesmo, tão desconforme me achava naquele meio artístico e fantasista. Mauriant e Henrique compreenderam instantaneamente meu pensamento. Pondo Henrique a mão sobre a minha cabeça, a presente figura desapareceu e tive uma visão passada de um homem mais ou menos de minha idade, trajando um riquíssimo costume veneziano, como os que pintava Paulo Veronese. Seu traje dourado abria-se, lateralmente sobre outro de seda púrpura; na cabeça um chapéu bordado com pérolas e um pouco caído para trás dava-lhe um aspecto nobre. Fiquei absorto, durante alguns segundos, na contemplação desta imagem que se foi, pouco a pouco, revelando à minha consciência. Enfim, dei um grito; numa percepção clara como um raio, reconheci-me no elegante veneziano!

Henrique cessou de tocar-me. A visão desapareceu, mas o espelho diante de mim refletiu o costume que eu acabava de admirar... Os circunstantes felicitaram-me pela elegância da roupa e tudo isso, vi muito bem, era para me estimular a procurar, numa justa medida, reconhecer meu estado de alma presente, síntese de um passado esquecido, mas não completamente apagado, pois que podia ser evocado magicamente.

Percorri os diversos aposentos do palácio, todos ornados para a festa. Tive encontros curiosos. Quantos homens e mulheres célebres, dos quais os cronistas nos revelaram fielmente as principais características, e cujos traços físicos nos foram transmitidos, quase sempre melhorados, pelos retratistas de seu tempo!

Uma vez chegados os seus convidados, Mauriant abandonou o seu posto na entrada do grande salão. Viera a mim para apresentar-me aos seus amigos. Destes, uns se lembravam de me haver conhecido na encarnação de que eu trazia, se não os sinais, pelo menos os trajes. Por minha parte, eu não me recordava senão dos fragmentos da existência a que aludiam; mas havia solução de continuidade na minha lembrança.

Meu nome italiano não aclarava minha memória. Eu não deixara nome na História, nem qualquer vestígio na política, arte ou religião. Fora apenas um rico comparsa na vida, e creio que me davam uma importância maior do que eu realmente tivera num passado longínquo...

Uma mulher belíssima, vestindo um traje muito antigo e de uma riqueza extraordinária, veio ao meu encontro e, tomando-me a mão, disse:

— Sr. Dosset, em minha última passagem na terra, não nos conhecemos mas sei que apreciastes minha obra. Na época que esta pesada coroa me cingia a cabeça (reparei que tinha um grande círculo de ouro, incrustado de diamantes, na fronte altiva) pertencíamos à mesma família; fomos inimigos e fui cruel para convosco e para com os vossos. É uma história muito velha, passada na grande cidade onde vivemos e que as areias do deserto sepultaram.

Fiquei mudo de espanto e de admiração diante da soberba rainha que assim me interpelou:

— Ah! Não procureis estas recordações; estão muito afastadas de nós e são tão tristes... Por dores infinitas, eu e vós conseguimos apagá-las da memória.

Depois, pouco a pouco, os traços de seu rosto mudaram de expressão e, embora conservassem as grandes linhas, modificaram-se até que reconheci Georges Sand, nossa grande e espiritual escritora, tipicamente francesa, cujo retrato, executado quando tinha cerca de trinta anos, eu possuía em casa.

— Esta Semíramis permaneceu sempre rainha na encarnação de Georges, disse-nos uma voz sonora, atrás de nós.

XLII

— Balzac! exclamei, feliz por ver este escritor cujas obras e romances filosóficos eu havia lido e relido.

Vestia o hábito monacal branco, com o qual o pintou o seu amigo Boulanger, e do qual o museu de Tours possui uma soberba cópia.

Era a roupa que ele usava quando no seu gabinete de trabalho. Seus olhos tão celebrados pareceram-me tão brilhantes de luminosa inteligência, que achei que não haviam exagerado seu poder de fascínio.

— Roberto Dosset, disse-me o grande romancista-filósofo, cumprimento-vos por serdes realmente vós mesmos, isto é, um original e não o reflexo vulgar das criações romanescas a que os escritores imaginosos dão, infelizmente, algumas vezes, tal intensidade de vida no plano terrestre, que as fazem sobreviver ao seu criador! Estes protótipos exercem uma influência predominante no meio social, onde seus autores os formaram e dotaram de uma atividade artificial; estas imagens vivas prolongam sua existência, graças aos imitadores de suas personalidades automáticas, e que sofrimento experimenta seu progenitor ao ver propagar-se na Humanidade os vícios, os crimes e as baixezas dos produtos de seu cérebro! Quanto trabalho para apagar esses germes perturbadores semeados inconscientemente pelo escritor, pois ele ignora o poder da palavra!

O grande homem sacudiu a cabeça...

— Ah! Rastignac, de Marsey, Lucien de Rubempré sobretudo! Quantos homens marcastes com a vossa nefasta efígie! Ai de mim! E de vós todos, filhos de meu pensamento, a quem ensinei a constante preocupação pelo bem-estar físico, pelo dinheiro! Sim, eu despertei no coração de meus contemporâneos o amor pelo ouro; cometi um erro enorme que me acabrunha...

— Mestre, atalhei eu, sois também o pai de Serafita, e é assim que vos chamam na terra vossos admiradores. Luís Lambert levou muitas almas aos estudos filosóficos de ordem elevada. Contais no número de vossas criações da **Comédia Humana** tipos de real beleza de alma...

— É verdade, confirmou Balzac, e isso me consola um pouco. Mas os meus heróis que têm maior vitalidade são os que repudio e que gostaria de destruir para esmpre, os que procuram o prazer a qualquer preço... Faço o possível para inspirar aos letrados que vivem atualmente no globo, obras puras e sãs para a Humanidade; mas sou pouco compreendido e pouco escutado. É preciso ganhar dinheiro a qualquer custo! As necessidades que o homem criou são tão grandes... Para atingir o ganho unicamente desejado, é mister vender e por isso chamar, por todos os meios, a atenção do grande público, que lê hoje para encher sua inteligência sem idéias e seu coração egoísta. É preciso, para ganhar seu dinheiro, mostrar a esses leitores, tão próximos da animalidade, o requinte dos vícios, as torpezas de sua raça, as quais até aqui, não por pudor, mas unicamente por uma espécie de medo, os mais vis procuravam ocultar... O tom obsceno de certas obras literárias atrai a maior parte de nossa sociedade atual e isto é uma vergonha!

— O que é mais triste, disse uma voz atrás de mim (e eu reconheci Sainte-Beuve) é que o clero, guardião remunerado e pago pelas seitas, parece desinteressado por este estado de coisas, tão mórbido para as consciências. Vê-se cada dia mais crescer o mal e o culto do vício na terra. A censura não tem rigor a não ser que seja ferida a boa reputação da Igreja Romana ou seus privilégios, de um modo qualquer, por mais indireta que seja a censura ou a alusão desfavorável.

— Isto é um pouco por nossa culpa, meu amigo, acudiu Balzac.

A conversa sobre este assunto durou algum tempo e eu notei a relação íntima entre os encarnados e seus irmãos do astral.

Outras pessoas chegaram dispersando o grupo.

Acompanhados pelo hospedeiro, continuamos a percorrer os salões; cada um tinha sua decoração especial de feição artística própria.

Entramos numa galeria envidraçada, cheia de flores tropicais de perfumes penetrantes e cores brilhantes; alguns pares percorriam esta galeria, conversando em voz baixa. Era ali o **bom-retiro** das confidências.

Ouvi uma voz, cujo timbre não me era estranho.

XLIII

— Roberto, meu querido filho!

Voltei-me. A dama de cabelos brancos da berlinda estava diante de mim, com os braços abertos para mim!

— Minha avó! exclamei, caindo em seus braços. Minha avozinha querida...

Lágrimas de alegria embargaram minha voz.

Apertando-me maternalmente em seu seio, com palavras ternas entrecortadas de beijos, ela disse:

— Que felicidade para mim, meu filho, ver-te em meus braços como outrora!

— Não será isto um sonho, minha avó? Sois vós verdadeiramente que estais falando, ou apenas vossa sombra?

— Olha-me, meu caro filho, e toca-me. Vê bem que sou viva e tangível neste plano fluídico, e mais ainda, se possível, do que na terra!

— É verdade! confirmei, tomado de uma viva alegria em me certificar de que esta excelente senhora, minha mais doce recordação de infância, estava realmente perto de mim. — Ah! minha avó, perguntei subitamente, por que não vos destes a conhecer quando passáveis por mim em vossa velha berlinda que agora reconheço?

— Porque eu não devia atrair tua atenção antes da hora presente...

Fiz, como podeis imaginar, mil perguntas à minha avó paterna e a que referirei várias vezes foi esta:

— Sois feliz, minha querida avó? Habitais o **Cama-Loca**? Poderia eu visitar vossa habitação?

— Meu caro, respondeu ela, tenho infinita felicidade em não habitar o plano astral onde estamos neste momento; muitas vezes estive aqui depois de minhas encarnações terrestres, porém na última, naquela em que me conheceste, a minha estada aqui foi curta. Depois da segunda morte, fui transportada ao paraíso do Rupa-Loca; é lá que te esperarei e a toda a minha família para ascendermos, todos juntos, a uma região mais espiritualizada ainda. Dize a meu filho, teu pai, o que te anuncio. Não quero elevar-me sem vossa companhia. Trabalhar para vos aperfeiçoar é pois contribuir para a minha felicidade; este bom pensamento bastaria por si mesmo para vos garantir toda possibilidade de regressão. Graças à festa de Mauriant, à qual concorreram nossos guias superiores, obtive o meio de me objetivar para tornar minha personalidade perfeitamente reconhecível por ti.

Minha avó sorriu; lia o meu pensamento. Com efeito, eu estava feliz de rever o aspecto de outrora, até os seus cabelos brancos que eu gostava tanto de beijar.

Ela passou a mão alva e enrugada sobre os cabelos.

— Sim, tu gostavas tanto de meus cabelos e eu tive o cuidado de reproduzi-los exatamente.

Assim conversamos por alguns instantes, dizendo muito em poucas palavras, como se faz no astral entre as naturezas simpáticas.

— Não devo absorver-te inteiramente, meu filho; estás aqui para instruir-te. Vai, irei encontrar-te daqui a pouco.

E minha avó, com a presteza de uma jovem, afastou-se em outra direção.

Mauriant, que nos havia deixado entregues à nossa efusão, voltou. Guiou-me a um alto terraço de onde se descortinava uma grande parte da paisagem, mergulhada numa espécie de crepúsculo (ao menos foi o que me pareceu); saíam luzes mais ou menos brilhantes dos vãos dos edifícios. Entre estes havia alguns imensos na cidade alta e no campo que a circundava.

Mauriant me disse o nome dos proprietários.

— Que é este castelo gótico, com tantas dependências? perguntei, apontando-o com o dedo.

— É justamente a casa de Balzac. Este velho castelo feudal existe desde tempos imemoriais nesta zona astral.

— É uma bela cópia dos que existiram na Terra na Idade Média.

— Dizei antes que este foi o modelo daqueles.

— Realmente?

— É o que se verifica com quase tudo que se produz na terra; seus modelos existem no estado fluídico.

— De modo que Balzac escolheu por gosto, sem dúvida, esta habitação?

— Não; ele tinha direito a ela. Mas não posso dizer-vos a razão disso, esta noite: a explicação seria longa.

— Ele mora sozinho neste imenso castelo?

— Não, certamente; ele dá hospitalidade aos que lhe são caros, seus amigos e discípulos que têm de viver nesta região mais ou menos tempo. Há depois a multidão de suas criações intelectuais que se ligam a ele e, aqui entre nós, muitas vezes o aborrecem.

— Ele deve, disse eu, lutar às vezes com estas criações, cuja formação lamenta. Não é assim?

— Certamente, respondeu Mauriant.

— Neste caso, continuei sorrindo, se os poetas e romancistas poderosos são acompanhados dos produtos de sua imaginação, repetindo à saciedade o papel que os constitui, o pai de Mouquette será um dia muito importunado, se tiver de ver constantemente repetir-se diante de si o gesto tão familiar dela!

Mauriant riu-se muito de minha tirada e descemos aos salões. Estavam quase desertos; todos haviam saído para os jardins, que uma brilhante iluminação tornava verdadeiramente feéricos.

— Sr. Dosset, sinto-me um pouco cansada, disse-me uma senhora já madura, vestida à marquesa do tempo de Luís XV. — Quereis oferecer-me vosso braço?

E, sem esperar resposta, minha interlocutora passou o braço, ainda bastante belo, sob o meu. Embora tivesse cerca de quarenta anos, era ainda muito bonita; sua cabeleria, arrumada com a arte do coquetismo refinado dessa época de decadência moral, que felizmente não fora tão adiante na sociedade, quanto a desmoralização presente, me encantava pelo conjunto gracioso, apesar de artificial. Admirei, sem falar, a dama que, sorrindo com malícia, apertou suavemente meu braço. Eu procurava reconhecer quem poderia ser...

— Vamos, Dosset, não deis trato ao cérebro. Eu vos era indiferente, quando assim me vestia... como hoje ainda o sou! — acrescentou ela, coquete.

O timbre de sua voz mudara, ao pronunciar estas últimas palavras.

— Ah! Joli Bec, és tu? perguntei-lhe, apertando-lhe as mãos. Creio que sempre foste coquete, mesmo quando estavas mergulhada nas raças inferiores.

— Eu era uma gata, respondeu ela, e, não me lembro bem, é o mesmo, tenho certeza...

— Vamos, senhores, vamos todos para os jardins.

Mauriant, deixando-me com minha pequena marquesa, nos precedeu. Chegamos ao centro de um grande relvado diante do palácio, onde fora preparada uma sala quase inteiramente atapetada de urze e flores róseas que produziam uma impressão magnífica. No fundo, sobre um estrado oculto por uma leve cortina de seda rosa, achavam-se os músicos. Quando todos se sentaram nos macios bancos estofados com encostos recurvados, o concerto começou. Belas vozes sem igual na terra, ou pelo menos raramente igualadas em perfeição, executaram trechos escolhidos de nosso repertório antigo e moderno. Cantores e cantoras ficaram invisíveis. O jogo da fisionomia tão necessário aos nossos cantores não palpitava senão pelo sentimento, tão superiormente expresso, que a vista dos executores apesar de agradável, nada teria acrescentado. Era, aliás, deixar campo livre à imaginação ou às lembranças dos ouvintes.

Depois de curto intervalo, a cortina de seda rosa ergueu-se vagarosamente; apareceu, então, a cabina do ponto e um espetáculo curioso e divertido começou.

— O ponto é aqui o autor, disse-me Montzag, que acabava de sentar-se à minha direita, enquanto que minha querida avó estava à esquerda e me segurava a mão.

— Vou ouvir uma espécie de revista crítica da sociedade terrestre deste fim de século; os atores são elementais artificiais, criados pelo autor, que é um homem de grande valor literário e moral, pertencente a uma região astral mais elevada que esta. Dá-se freqüentemente este divertimento para instruir sem fadiga seus ouvintes. Maneja bem a sátira, mas não traspassa os limites da caridade; inflama-se algumas vezes, não contra as personalidades, mas contra as instituições prejudiciais à emancipação das almas. É um convicto da excelência das representações teatrais para o adiantamento da Humanidade, desde a infância mais tenra até a velhice mais decrépita. Vais vê-lo em ação.

As cenas mais vivas foram representadas ante nós com perfeição tal que eu não teria podido supor que fossem criações artificiais. Via Henrique o meu pensamento e inclinou-se para mim:

— O que tanto admiras não é senão o pensamento do autor que toma forma nesses autômatos. É como se o autor possuísse o dom da ubiqüidade e desempenhasse por si próprio, ao mesmo tempo, todos os papéis imaginados.

— É admirável! exclamei. Que sutileza nas críticas, que síntese brilhante das verdades sobre o estado presente de nossa pobre Humanidade! Quantas lutas ocultas são claramente desmascaradas!... É maravilhoso! E como se chama esta personalidade tão inteligente, que instrui, corrige e aconselha com tal sabedoria?

— É desconhecida por todos aqui, respondeu Montzag. Ele não vive senão para a sua obra e ele mesmo é a obra!

Neste caso, afasta-se muito dos costumes e tradições terrestres, onde a quase totalidade dos autores dramáticos trabalham unicamente pelo dinheiro e algumas vezes, acidentalmente, pela glória.

— Tua reflexão é justa, Roberto. Mas o espetáculo está terminando e nosso anfitrião convida-nos para o festim que deve finalizar a festa!

XLIV

Num abrir e fechar de olhos, podemos dizê-lo nesta circunstância, como que por um simples toque de varinha de fada, o teatrinho desapareceu. Em seu lugar, assim como no prolongamento da sala, que eu não tinha ainda visto, achava-se uma comprida mesa maravilhosamente decorada com todo o luxo imaginável. As mais belas flores casavam-se com peças de argentaria muito antiga, e artisticamente cinzeladas. Não conhecia cópia nenhuma na terra. Era arte em toda a acepção do termo! Lustres de Veneza multicoloridas, grinaldas em que se enlaçavam flores e frutos, tão bem imitados que se poderia jurar que fossem os mesmos que figuravam nas corbelhas da mesa, trabalhadas em metal precioso. Elementais de grande beleza, pequenos e escuros, que pareciam pertencerem à mesma família, acompanhavam os convidados. Pareciam inteligentes, mas não possuíam a palavra articulada. Notei que sua roupa tinha o mesmo corte e consistia numa espécie de estojo estreito, de seda, até o meio da perna, e que lhes modelava o peito um pouco chato. Sua vestimenta tinha uma cor diferente conforme a pessoa a quem serviam; dir-se-ia que era o fluido do conviva que lhes dava a cor.

Minha avó sentara-se à minha direita; seu elemental e o meu trajavam uma veste azul-elétrico, isto é, azul um pouco pálido.

O elemental que servia a Montzag, que estava à nossa frente, vestia um trajo cor de limão amarelo. À minha esquerda havia um lugar vago; convidei Henrique para ocupá-lo. Porém, meu amigo escusou-se, sorrindo de um modo estranho. Não insisti. Além disso, uma dama vestida de cetim branco, com um véu de renda branca que a cobria da cabeça aos pés, dirigia-se para o lugar vazio.

Logo que se aproximou de mim, ergueu o véu. Era Alice, que me olhou com seus olhos meigos e cheios de infinita ternura. Fiquei ao mesmo tempo tão surpreso e tão feliz, que quase perdi os sentidos...

Já o disse, creio, que as sensações assumem, em corpo fluídico, tamanha intensidade, que ocasionam longos desfalecimentos aos mais bem equilibrados.

Acompanhava minha irmã bem-amada um homem vestido de branco que não havia notado. Veio em nosso auxílio (pois devo dizer que toda emoção provada por um punha a ambos no mesmo estado do vibração).

Voltando a mim, agradeci ao guia benfeitor que trouxera minha prima. Era este guia aquele que eu já tinha visto em corpo astral no quarto de Alice.

— Eu sabia, disse minha cara irmã, que estaríeis aqui com vossa avó e obtive a graça de aqui vir ver-vos.

E sua mão apertava a minha enquanto ela sorria à minha avó. Subitamente experimentei uma horrível angústia...

— Alice, minha irmã, acabas de deixar a terra, de romper teu laço terrestre... e eu te vi pela última vez no dia de tua partida de T.

— Não, meu amigo, respondeu, desviando o olhar, sou ainda habitante do planeta.

E depois de uma pequena pausa, acrescentou:

— Roberto, gozemos da felicidade da nossa presente reunião, presságio daquela que será um dia eterna.

O guia tinha-nos deixado, ou melhor, fizera-se invisível!

O serviço da refeição começou; deliciosos manjares foram servidos em abundância; vários deles eram-me totalmente desconhecidos, mas pertenciam todos à produção vegetal. A bebida era uma água gasosa natural, de uma limpidez extrema e que tomava o sabor que cada qual queria. Chá e café foram-nos também servidos.

O banquete foi alegre. Sem ruído nem tumulto, os convivas se acomodaram segundo suas afinidades, de forma que uma harmonia deliciosa formava uma atmosfera moral cujo efeito calmante e benéfico é absolutamente desconhecido pelos homens. Apenas numa reunião em que se ouve boa música pode se obter uma sensação aproximada daquela que tínhamos então.

À saida, G. de Mauriant foi aclamado e calorosamente felicitado por todos os convidados. De fato, mesmo aqueles que já haviam tido a felicidade de assistir a tais recepções fraternais, diziam que o nosso hospedeiro havia esmerado.

Joli Bec veio despedir-se de mim; pediu-me que não esquecesse minhas preces à Causa Primeira, a fim de obter-lhe a graça de uma nova incorporação, na qual queria dedicar-se inteiramente ao serviço dos pobres deserdados.

Bendissemos a boa jovem e ela nos deixou satisfeita.

Com um véu de tristeza sobre seu rosto simpático, Montzag veio cumprimentar minha avó. Em seguida, tomou-me nos braços e abraçou-me longamente. Não ousei interrogá-lo.

Quando me despedi de seu abraço fraternal percebi, com grande dor, que minha prima havia desaparecido.

— Ah! disse eu ao meu amigo, abraçaste-me para me ocultar a partida de minha irmã muito amada...

— E meus olhos, cheios de lágrimas, lhe faziam ternas reprovações.

— Não, irmão, não foi por isso; mas para não te afligir com tristes adeuses, ela aproveitou-se da circunstância.

Neste momento soou no palácio uma melodia sobre-humana, superior a tudo o que acabáramos de ouvir. Era ao mesmo tempo magnífico e de uma doçura indescritível.

Estas vibrações de uma harmonia tão divina perturbaram-me os sentidos fluídicos e caí em êxtase...

Não sei se permaneci muito tempo neste estado, mas quando voltei a mim, estava no oratório de Belzeth, com a cabeça apoiada nos joelhos de G. de Mauriant, meu novo amigo.

Comovido, Fael olhava-me atentamente, ajoelhado ao meu lado. Interroguei-o com o olhar:

— Onde estou? E Montzag?

— Acompanhou seu mestre, caro Roberto; ele vos abraçou pela última vez nesta corporeidade astral. Vai, no recolhimento, sofrer a segunda morte, pois sua missão está terminada.

— E vós, Mauriant? perguntei-lhe, acabrunhado pela partida de meu amigo, embora houvesse previsto há muito tempo.

— Eu... eu vos acompanhei até aqui, onde deveis repousar, alguns instantes, de vossas múltiplas emoções. Depois irei com Fael levar-vos à vossa casa.

E com o coração amargurado, levantei-me. Dirigi algumas palavras de amizade ao cenobita elemental e nos despedimos dele, prometendo visitá-lo futuramente.

— Aconselho-vos um longo repouso, meu caro Dosset, disse-me Mauriant. Depois, quando quiserdes, avisai-me telepaticamente e eu irei ao lugar que me designardes na esfera da astralidade mais próxima e iniciaremos nossa obra de... Adeus!

Mauriant desapareceu. Abri meus olhos físicos à luz do dia terrestre! Eu estava triste, mas prometi a meus guias que havia de ser sempre reconhecido pelo grande favor que me haviam concedido de aprender e ver tantas maravilhas num lapso de tempo tão curto.

Uma grande lassidão seguiu minhas experiências renovadas em tão pouco tempo; por isso fiquei com febre e fui obrigado a ficar acamado durante uma semana.

Minha família, receosa, quis de novo mandar chamar o nosso querido Dr. Marmon, porém eu a dessuadi, tranqüilizando-a.

— Inútil, declarei. Forçaram-me as circunstâncias a precipitar minhas experiências ocultas; fortes emoções provadas contínua e rapidamente enfraqueceram-me o organismo fluídico, mas o repouso prolongado e a influência amorosa com que vós, caros pais, cercais constantemente vosso filho, o reconduzirão depressa a um estado de perfeita saúde!

EPÍLOGO

Poucos anos se passaram desde a minha última viagem astral em companhia de meu caríssimo amigo Henrique de Montzag e muitas foram as mudanças que se deram em torno de mim.

Tivemos a dor de perder a nossa prima Clairville, que morreu dois meses depois da nossa visita a Mauriant. Faleceu calmamente numa poltrona que mandara colocar diante da janela aberta de seu quarto, da qual se descortinava um magnífico panorama sobre os Pirineus. O pôr-do-sol, naquele dia, estava excepcionalmente esplêndido. Ela quis contemplar sua beleza pela última vez na terra, pois sempre desejara morrer num crepúsculo. Pediu à criada um copo de água com açúcar e quando esta voltou, alguns minutos depois, achou-a imóvel, com as mãos unidas em atitude de prece... Estava morta!

Todos nós lamentamos sua morte... Mas eu a sinto viva dentro de mim, e estou menos separado dela na morte que na vida.

No dia de sua desencarnação eu estava ocupado em meu escritório, à tarde, classificando o trabalho do dia, quando, de repente, senti uma profunda angústia seguida de um entorpecimento súbito; vi (isto sucedera-me várias vezes em estado de clarividência) a casa onde minha prima morava, seu quarto, cuja disposição e mobiliário eu conhecia como se os tivesse visto com meus olhos físicos. O esplendor do sol no ocaso atraiu-me o olhar.

— Alice deve estar na sala, pensava eu, para admirar este belo espetáculo; procurarei gozá-lo em sua companhia.

Mas não a encontrava. Estava inquieto; em torno de minha pessoa astral caiu uma obscuridade completa. Angustiado de novo, senti-me retomar, em parte, minha corporeidade, apertado por um forte abraço. Abrindo um pouco os olhos na penumbra de meu gabinete, vi minha querida Alice, risonha, inclinada sobre mim...

— Estou livre, disse-me ela, com uma voz muito débil. Meu último pensamento, juntando as mãos para render graças ao Criador por haver rompido meus laços terrestres, foi para ti, irmão de minha alma! Mais do que nunca eu sei que não nos separaremos jamais, pois que nos reconhecemos na terra. Já vivemos ambos no céu, não é, meu caro Roberto?

Eu ia responder e tomar suas lindas mãos transparentes pousadas nos meus ombros, quando ela se afastou suavemente.

— Não me toques, disse-me. Não estou ainda em estado de suportar sem dor o teu contato; meu espólio material não esfriou inteiramente. Sinto-me ainda ligada a ele pela atração vital que não teve tempo de romper-se completamente... Até logo; não chores, continuou ela, beijando-me nos olhos. — Tuas lágrimas são o resultado da ignorância sobre o futuro da alma que volta ao plano normal de sua existência, ou ainda do vazio que deixa a invisível presença aos olhos de carne! Tu o sabes, meu caro amigo, pois és clarividente! Para ti, portanto, a separação é bem menos triste; enxuga estas lágrimas, elas não são dignas de um filósofo, de um vidente... Tu receberás, meu irmão querido, um envelope lacrado contendo uma espécie de diário resumido de minha vida, especialmente da época em que me tornei médium, depois do que iniciei meus estudos de filosofia, que me ensinaram a voltar os olhos para a verdadeira finalidade da existência. Acharás ali os auxílios espirituais que eu obtive nas diferentes visões. Em tudo acharás, caro Roberto, o pressentimento que eu tive da existência na terra de minha alma irmã e, ao mesmo tempo, a certeza de encontrá-la um dia, mesmo que fosse por um dia apenas.

Eu escutava, com religioso respeito, a querida aparição e, antes que lhe pudesse fazer uma pergunta, ela desapareceu...

Falei à minha família da visita de Alice em corpo astral. A hora de sua desencarnação coincidiu com a da sua aparição fluídica.

Li e reli muitas vezes as páginas escritas por Alice em minha intenção, todas cheias de sua afeição por mim, e muito interessantes como documentos do espiritualismo.

Minha instruída prima tivera também a vantagem de ser guiada por um mestre avançado em ciência oculta, o qual tinha para com ela cuidados paternais. Em várias circunstâncias, ele a havia protegido fisicamente.

Penso em publicar, mais tarde, parcialmente, o diário de minha irmã muito amada. Ele poderá ser útil às pessoas que procuram com sinceridade os meios de se iniciar nesta ciência e aproveitar, sobretudo, a experiência prática das almas que fizeram a mesma via que elas desejam seguir.

Uma grande alegria lançou um véu sobre o luto de nosso coração. Ludovico de Montzag esposou minha irmã Mina. Nossas famílias uniram-se numa só.

Não havia passado um ano, quando Mina deu-me um sobrinho, um gordo e rosado bebê, que fez sua entrada no mundo no dia de Natal, faz hoje dois anos.

Este menino possui uma inteligência precoce para sua idade; é o retrato de seu avô Montzag; tal é a exclamação, quando o vêem, de todos os que conheceram o seu avô paterno.

— Possui o nariz dos Montzag, costuma dizer Mina, achegando-o ao seio.

Todos ficamos orgulhosos com o nosso filho, assim o chamamos em casa.

Não há dúvida de que é um espírito que revestiu um novo invólucro físico e que João de Montzag, que eu tanto estimo, é o mesmo que foi o pai de Henrique.

Meu pai e minha mãe gozam de boa saúde; apenas seus cabelos se embranqueceram. Ambos continuam a instruir-se na ciência oculta que os homens de coração e espírito pouco a pouco vão desvendando com seus escritos e suas lições.

Eu mesmo sou um trabalhador, se não hábil, pelo menos dedicado a esta missão de emancipação das almas e, graças à colaboração de G. de Mauriant, pude dar às massas pouco instruídas nesta espécie de estudo, o desejo de encarar virilmente o problema da prova terrestre, sobretudo de pôr a vida em consonância com os ensinamentos da filosofia religiosa que é a base de todas as religiões reveladas ou **doutrina da verdade revelada**, para uso das almas pouco evoluídas.

Meu pai inclina-se mais para a Teosofia; minha irmã e Ludovico, seu marido, são da Escola de Claude-de-Saint-Martin, o **desconhecido filósofo**, o admirador de Jacó-Boehme; enfim, minha mãe continua a observar os ritos católicos, mas com uma visão mais ampla e com um espírito de tolerância tal, que faria prosélitos à Igreja Romana, se conhecessem sua profunda caridade.

— Eu sou, antes de tudo, uma cristã, dizia ela sempre, e o Evangelho de São João é o meu código de vida.

— Então sois uma gnóstica? perguntou-lhe um dia o cardeal de Montzag, que viera batizar o seu sobrinho João.

— Não, meu caro compadre, respondeu minha mãe, sorrindo, eu vou buscar os ensinamentos de meu Salvador na fonte mais pura, eis tudo. O meu templo é o meu coração; eu sigo os ofícios católicos porque neles me recolho, e creio, com isso, dar o bom exemplo do respeito da hierarquia, mas no fundo do meu coração presto um culto de amor a Jesus, meu Senhor e meu Deus, sem ter necessidade de intermediário entre mim e ele.

A **Mística de Gorres**, o admirável tratado sobre este assunto, tornou-se a leitura predileta de minha mãe, e devo dizer que achei, em muitos pontos, a confirmação de meus estudos nas outras filosofias ou doutrinas religiosas antigas e modernas.

Teresa Fontaine, graças à carta falsa de seu pai, autorizando-a a casar-se com Laverdette, tornou-se esposa deste intrigante. Desta união nasceu um filho. A Sra. Laverdette raras vezes visita a sua família; seu marido a retém no campo o mais possível. Quanto a Laverdette, faz freqüentes viagens a Paris; algumas vezes recebe em sua casa Joel Ardol; tem criados de uma discrição perfeita, rara e particular, tanto que nada transpira do que se passa na casa Fontaine, de quem se fez senhor absoluto, assim como de tudo que pertence ao pobre Agostinho. Este ainda vive, todavia; seus melhores amigos, cansados de serem despedidos em todas as tentativas de vê-lo, não mais voltaram à sua casa.

Teresa, que eu vi há alguns dias, está pálida e mudada! Evitou minha saudação, sem dúvida por ordem de seu infame marido!

O Sr. Ninus Delmart, por causa de sua saúde, mudou-se para a Algéria, onde sua esposa faz a felicidade da colônia, por sua bela voz, nos concertos mundanos e de caridade.

Tivemos a tristeza de ver o nosso Dr. Marmon deixar T. Em conseqüência de uma consulta, na qual o doente exigiu que ele tomasse parte, pela confiança que nele depositava, teve uma calorosa discussão com seus colegas Maxêncio e Tripart de Boisjoly.

Nosso amigo não entrou em pormenores, mas, por minha clarividência, soube que Marmon, achando-se em face de um crime, perpetrado com a ajuda do segredo profissional, chegara a avisar aos colegas que ele desmascararia a infâmia. Por isso, tudo correu regularmente e o doente recuperou a saúde, a despeito das previsões facultativas...

Mas os miseráveis moveram uma guerra implacável ao íntegro médico. Armaram-lhe ciladas de toda espécie.

Uma noite chamaram-no às pressas à casa de um doente imaginário; serviram-se do nome de um dos seus mais antigos clientes. Para ir à casa do doente era preciso passar por uma rua pouco freqüentada. Falsos bêbados atacaram Marmon, que, ainda robusto, defendeu-se com bravura. Teria, sem dúvida, sucumbido se a Providência não lhe enviasse, na hora do conflito, um oficial de artilharia perdido naqueles lugares sombrios.

Desde então nosso amigo evitou sair a horas avançadas da noite. Foi então em sua casa que vieram feri-lo pela morte súbita da boa e dedicada Sra. Bazin, que amava tão sinceramente o seu senhor.

Para o doutor, a morte repentina da sua governanta, com os sintomas que a haviam produzido, era devida a um hábil envenenamento. Não havia dúvida a respeito; mas devido à natureza do veneno empregado, nada se podia provar. Conhecemos este veneno, mas preferimos não dizer o seu nome, como todo escritor deve fazer no que se refere aos meios que podem ser funestos, tanto à alma como ao corpo.

Quase perdida a força moral, abatido, doente, enfim, o nosso caro Dr. Marmon deixou T.

Foi fixar-se em Pau com seu sobrinho solteirão, como ele, e cuja mania é observar ao microscópio a vida das formigas.

Fizera ele, com êxito, vários relatórios sobre o interessante assunto na Academia de sua localidade.

Escreve-nos Marmon amiúde, interessado no último Montzag, pois teve a felicidade de assistir ao seu nascimento.

Numa de suas últimas cartas, comunicava-nos o casamento de Francina com um espiritista de Bordalais.

O pai Moutet foi viver com os jovens esposos, para não deixar a filha.

A Sra. Blaizot tornou-se minha paciente particular nas minhas experiências de materialização. Poupo suas forças vitais e obtenho com ela fenômenos tão precisos quanto curiosos. Magnetizada por mim, sente-se bem de saúde e já não tem os antigos terrores de enlouquecer.

Virgínia Pichon deixou nossa cidade por ordem de seu senhor. Ela fez uma longa viagem com ele a bordo de seu iate misterioso: **Le Thyphon**. Ali, Joel Ardol, para os novos serviços que esperava desta alma infernal, iniciou-a nos Arcanos de Tarot e sobretudo no modo de fazê-los servir a seus próprios interesses; montou-lhe um gabinete de adivinha numa cidade de águas, à qual afluem ricos estrangeiros.

Virgínia faz aí maravilhas e dá preciosos ensinamentos ao Mago negro, atraindo, mais e mais, novos adeptos aos diversos ramos da grande sociedade oculta dos irmãos da Mandrágora, cuja influência cresce, para maior glória do Espírito das trevas, inimigo do gênero humano.

Ardol Júnior, o farmacêutico, continua a gozar da estima pública; em sua casa os curiosos de todos os credos são bem recebidos e gratificados com boas esmolas.

— Que pena, dizia uma boa religiosa, ser este homem um judeu!

Manette, a pobre mártir, sua esposa, morreu vítima das experiências de seu cunhado Joel. Sendo católica, fizeram-lhe soberbas exéquias na catedral, onde lhe foi celebrada uma missa cantada por todos os membros da capela da paróquia.

Em sucessivas visões, assim como em numerosos desprendimentos astrais, só ou acompanhado de Mauriant, revi minha prima Alice; ela é feliz no **Cama-Loca**, onde quis habitar ainda, para me esperar, e de onde me auxilia poderosamente em meu trabalho de divulgador da Verdade.

★

Este livro foi impresso pela EDIPE Artes Gráficas, Rua Domingos Paiva, 60 — São Paulo.